简单就好

启迪人生智慧的菜根谭

于仲达 著

中央编译出版社
Central Compilation & Translation Press

图书在版编目(CIP)数据

简单就好：启迪人生智慧的菜根谭 / 于仲达著. ——
北京：中央编译出版社，2015.1
ISBN 978-7-5117-2526-4

Ⅰ．①简…
Ⅱ．①于…
Ⅲ．①个人－修养－中国－明代－通俗读物
Ⅳ．①B825-49

中国版本图书馆CIP数据核字(2015)第012412号

简单就好：启迪人生智慧的菜根谭

出 版 人：	刘明清
出版统筹：	董 巍
责任编辑：	邓永标 王 可
责任印制：	尹 珺
出版发行：	中央编译出版社
地　　址：	北京西城区车公庄大街乙5号鸿儒大厦B座(100044)
电　　话：	(010) 52612345（总编室）(010) 52612371（编辑室）
	(010) 52612316（发行部）(010) 52612317（网络销售）
	(010) 52612346（馆配部）(010) 66509618（读者服务部）
传　　真：	(010) 66515838
经　　销：	全国新华书店
印　　刷：	北京中兴印刷有限公司
开　　本：	145毫米×210毫米　1/32
字　　数：	288千字
印　　张：	9
版　　次：	2015年2月第1版第1次印刷
定　　价：	30.00元

网　　址：	www.cctphome.com　邮　箱：cctp@cctphome.com
新浪微博：	@中央编译出版社　微　信：中央编译出版社（ID：cctphome）
淘宝店铺：	中央编译出版社直销店（http://shop108367160.taobao.com）

本社常年法律顾问：北京市吴栾赵阎律师事务所律师　闫军　梁勤
凡有印装质量问题，本社负责调换。电话：010-66509618

推荐语

我们这个民族曾有无数次的跌倒,每一次都是通过"重释经典"而爬起来。起来的那条腿是"经济",跪着的那条腿叫"文化"。

戴震在我们民族的经典里,只读出了"杀人"二字;胡适在我们民族的经典里,只读出小脚、麻将;鲁迅从我们民族的经典里只读出"吃人"二字……他们是故意"误读"了,如果仅仅只有这些,我们民族会是怎样结果?令人赞叹的,直到现在,

中国文化依然还是西方文化无法征服的"他者"。假如这个民族都从基督教文明里找到"心灵归依",也就罢了。问题是我们不能。她也许是一位好母亲,但她是别人的母亲;我们不是吃着她的奶水长大的,我们跌倒了,她也不会滋养我们。

人类如今所面临的危机是物化世界观的泛滥。对营营役役的当代人来说,当遭遇生命困境、面对心灵牢笼时,往往习惯于选用西方的精神舶来品来化解,却生生忘记了它自有一种中国式的解决方式。我们习惯于看着西方,心灵却在旷日持久的荒地上抛荒。想如何安顿困顿的心灵,成为当代人的一种宿命、一种纠结。

身为中国人,骨子里流的是中国人的血液,不是哪个人想全盘西化就能全盘西化的。对于这一点,激进派自己也承认。对他们来说,所谓的激进,与其说是一种姿态,还不如说是一种策略。因为中国文化的惰性太大了,不如此地批判就无法让它有丝毫的改变。汲取这种智慧,就能很好地平衡你的生活。

我是谁?我从哪里来,将要到哪里去?天地日月是什么?它们从哪里来,将要到哪里去?千百年来,人们一直在深深地探究着一个命题:人类生命的核心或者说生命的支点在哪里?我们读经典,不需要别的理由,只这一个理由就够了:那里面有一种安身立命的"中国式生命智慧",可以抚慰我们疲惫的心灵。

《菜根谭》的生命智慧,是建立在对世界的通透的认识之上。

之所以现代人会如此喜欢它们，有它的原因。很多人回到中国古代的智慧中去寻找思考的方式，生活的方式。这是为什么呢？因为，一个是人们能从书中看到一些东西，能够让人修养身心，这种与世无争的态度能让人产生一种平和之气，甚至会觉得有一种精神的逍遥，或者是内心的平静。

一部《菜根谭》给人的教益，非同一般。宋儒汪民曾说："得常咬菜根，即做百事成。"政治家可以从其中找到经邦治国的谋略，商人可以找到处世的机智，僧侣则会发现慈悲和宽柔，哲学家发现思辨……而我喜欢《菜根谭》，更多的是喜欢作者流露出来的淡然的生命态度。所谓"风恬浪静中，见人生之真境；味淡声稀处，识心体之本然。"不由得暗自揣度，作者洪应明是否是一位禅僧大师？《菜根谭》透着禅锋，读后使人心灵豁然开朗。

书的作者于仲达，曾在北大哲学系、宗教学系澡雪心灵深造学习，尤其对佛教禅宗颇有体悟。他启发人们，在面对人生藩篱束缚时，传统经典依然能够引领我们去发现从容淡定的生命境界，为自己的生命找寻到真正的解脱。《简单就好——启迪人生智慧的菜根谭》一书的独特之处在于，作者从禅宗的视角来解读，书中不仅有至真至纯的说理性文字，更选取了许多富有哲理的佛禅小故事，给人带来不一样的人生感悟，相信读过之后会对自己的人生也有独到的见解。本书从中国传统文化根源出发，探究人文精神、生存体悟与生活睿智，诠释人生主题，

在轻松的禅境中，以思辨的方式体悟人生的大智大慧。

《菜根谭》不囿于一家之见，作者糅合了儒家中庸之道、释家出世思想和道教无为思想，结合自身体验，形成一套出世入世的法则。实在是一部容纳中国式心灵智慧的奇书。此书言简意深，词约旨远，以禅意观世态，发人深省。之所以从禅宗的角度切入理解《菜根谭》，也就在此。从禅宗的角度来看，禅，就在我们眼前，就在我们身边，就在我们的心底。然而，要想把这个活活泼泼的禅机参透，却非易事。禅强调自悟，强调一念之悟，强调一体之悟，强调直证之悟。这是人生的一种大智慧，是一种境界，而这种大境界是与自然合二为一的，这正是禅的魅力之所在。"孤云出岫，去留一无所系；朗镜悬空，静躁两不相干。"消融执著，可得身心自由。作者深得"明心见性"之妙，若太执著，反受其累。

咀嚼菜根，用一颗平和、淡欲之心去发现生活的美和真，能做到宽容、豁达、宠辱不惊，方能真正地享受生活的快乐。咀嚼菜根，让我们汲取智慧的营养，品味百味人生，发现生活的真谛。正如《菜根谭》中那句名言："宠辱不惊，闲看庭前花开花落；去留无意，漫随天外云卷云舒。"皆人间圣境，但唯有内心平和的人才能发现它，欣赏它。"云白山青，川行石立，花迎鸟笑，谷答樵讴。"境由心生，用平和的心去审视万物，那么你将收获一份超值快乐。

细嚼"心无物欲，即是秋空霁海；坐有琴书，便成石室丹丘"。你可以感觉到作者于纷繁时事以外始终保持一颗冷静的心。《菜根谭》如一溪清泉，透视人生禅机，潜心探究，心地澡雪，定能悟出人生真谛，涤去我们焦躁的尘灰，化解我们心中的积烦。

目 录

推荐语
第一章　开启本心的微妙法门

　　放下,是一种坦然,不是无奈,更不是放弃。由于心境的对立而造成了人我的斗争、世界的分隔。禅宗主张"任运随缘",与现实生活"打成一片",融大千世界为一体,认为一切都是自性的活泼泼的体现。禅宗通过超然于时空的"顿悟",去解脱心灵的桎梏,出离生死的牢笼,积极向上,自由自在。精神专注于一境,不被物欲所引诱,能做独立自主的人。彰显本心的清净至善,体验崇高的心性本体,开启自由心智的微妙法门。

《菜根谭》告诉我们，看破，放下，自在。看破红尘，就是看透尘世的虚妄污浊，不与之同流合污，而做到达观、洒脱。

1、美与丑都是相对的　　　　　　　　2
2、不妨让追逐的心静一静　　　　　　6
3、专注于生命本身的升华　　　　　　9
4、放下世俗的评判　　　　　　　　　15
5、茶去饭来皆真心　　　　　　　　　19
6、让拥挤的心灵空一空　　　　　　　25
7、障碍就从自己的本性中产生　　　　30
8、坦然面对世态炎凉的人生　　　　　34
9、心安便是吾乡　　　　　　　　　　38
10、放下坚硬的"自我"　　　　　　　44
11、淡泊的心态使人身心自在　　　　　51
12、心静如水，体悟生命的真实　　　　55
13、一撮生命的清茶　　　　　　　　　58
14、人人都有佛性　　　　　　　　　　62
15、省视自己，走出心灵的篱笆　　　　64
16、常怀觉醒慈悲之心　　　　　　　　69
17、世间没有永恒的烦恼　　　　　　　72
18、用包容的心态处世　　　　　　　　75

第二章 宠辱不惊，闲看庭前花开花落

《菜根谭》告诉我们，"彻见心性，即心即佛。"审视内心，恢复内心本有的清明与智慧。其实，人出生以来即有至性、真情，只因后来被错误的心态和观念污染了、荼毒了。如同血溅净水，这时便失去了干净纯洁，失去了和睦雍容，以至于最后变得迷生忘死……

六祖慧能禅师曾说："菩提本无树，明镜亦非台。本来无一物，何处惹尘埃。"心为菩提，只是生活为心蒙上尘埃，只要我们用佛心智慧去清扫便自现宁静天地。

19、随缘是一种达观　　　　　　　　　　80
20、智慧不起烦恼　　　　　　　　　　　84
21、眼盯住自己，你就是智者了　　　　　89
22、人生最大的敌人是自己　　　　　　　91
23、第一道关卡就是认识自己　　　　　　94
24、执著痛苦才是真正痛苦的根源　　　　97
25、宠辱不惊去留无意　　　　　　　　　100
26、需要的不多，想要的太多　　　　　　103
27、欲望往往闭锁了本该具有的智慧　　　107
28、弓满则折，月满则缺　　　　　　　　111
29、缘起缘灭的无常世间　　　　　　　　116
30、不要在利欲的诱惑中迷失了自己　　　123

31、方圆无碍，圆融为人	126
32、现代的人，需要心中的"安静"	131
33、放下，岸就在这里	135
34、内心的痛苦由心生	138
35、心不得安，是人生苦恼的根源	143
36、佛就在每个人的内心	146

第三章　"执相"为苦

"平常心"是一种超越凡俗、超越功名利禄的大悲悯、大情怀，是貌似不动声色，实则声色尽在眼底的超凡和脱俗。能否以平和的心态生活，对待他人，对待荣辱升沉，对待种种意外的遭际，是人生境界人生气象的重要表现。

《菜根谭》告诉我们，"执相"为苦——苦为乐，乐为苦，苦与乐的感受全在于一心。

37、时时省察处处忏悔	152
38、保持一颗清净纯洁的心	155
39、每一个人都是自己的枷锁	159
40、放下，心境就是一片阳光	162
41、做人不要太偏执	165

42、境随心转，就得自在	168
43、认识自己，才能改变自己	172
44、觉悟人生靠的是心，是悟性	174
45、时刻想着别人，你才会快乐	179
46、放下自己，不要拼命追逐	182
47、做人不可显得太聪明	186
48、保持内心的洁静	188
49、"清静"是一种修行	191
50、从小事中消融自我	193
51、执心是苦	197
52、心安是归处	202
53、珍惜已有的幸福	204
54、不要执迷于外相	209

第四章 活在无常的当下

人生在世，只不过数十个寒暑而已。一切是非成败、功名利禄，在历史的长河中不过是浪花上的泡沫，转眼成空。在一个智者看来，功名不过是一堆粪土。

《菜根谭》告诉我们，世事无常，人生无常。知足常乐，淡泊名利。无造作，无是非，无取舍，无凡圣。以一颗平常心，直面这个惨淡的世界。

55、于繁杂人事中超然物外	214
56、坦然不滞锋芒	217
57、恪守中道，不失人生的节度	220
58、能拯救自己的只能是自己	223
59、静心谛听花开的声音	226
60、没有什么可以留住	229
61、屏蔽妄念进入自在	231
62、回归自然找回灵性	233
63、看清事物的本质	235
64、都在为名利而奔波	238
65、把握当下的幸福	241
66、是否快乐，由心决定	245
67、"慈心"和"悲心"	249
68、吃苦了苦，苦尽甘来	251
69、用修行破除迷失的障碍	254
70、去除分别心、是非心、得失心	256
71、人死之后，如水归水	260
72、嫉恨是心灵的毒药	265
73、感谢曾经伤害你的人	268

第一章
开启本心的微妙法门

人之所以有痛苦和烦恼，是因为放不下执著心。放下不是放弃，放下是放下不该有的恶念和贪欲，放下让自己感到沉重的东西，放下不该属于自己的东西。放下，是一种生活的智慧。放下，是一种坦然，不是无奈，更不是放弃。由于心境的对立而造成了人我的斗争、世界的分隔。禅宗主张"任运随缘"，与现实生活"打成一片"，融大千世界为一体，认为一切都是自性的活泼泼的体现。禅宗通过超然于时空的"顿悟"，去解脱心灵的桎梏，出离生死的牢笼，积极向上，自由自在。精神专注于一境，不被物欲所引诱，能做独立自主的人。彰显本心的清净至善，体验崇高的心性本体，开启自由心智的微妙法门。

《菜根谭》告诉我们，看破，放下，自在。看破红尘，就是看透尘世的虚妄污浊，不与之同流合污，而做到达观、洒脱。所谓"放下"，就是把烦恼放下。烦恼来自杂念和妄执能达到解脱自在，了无牵挂的境界，便是"放下"。所谓"自在"，是指空寂无碍。春有百花秋有月，夏有凉风冬有雪。若无闲事挂心头，便是人间好时节。心外无物，宠辱不惊，闲看庭前花开花落；去留无意，望天外云卷云舒。这才是真正的超脱。

1、美与丑都是相对的

【原文】有妍必有丑为之时，我不夸妍，谁能丑我？有洁必有污为之仇，我不好洁，谁能污我？

【译文】事物有美好就有丑陋来对比，假如我不自夸美好，又有谁会讽刺我丑陋呢？世上的东西有洁净就有肮脏，假如我不自好洁净，有谁能脏污我呢？

道家认为：美与丑是相对的。因此采取"超越"的观点，要从人与万物平等的角度来思考有关美丑的问题。庄子在《齐物论》中说：

"猵狙与雌猿交配，麋与鹿作伴，泥鳅与鱼共游。毛嫱与丽姬是众人欣赏的美女，但是鱼见了她们就潜入水底，鸟见了她们就飞向高空，麋鹿见了她们就迅速逃跑；这四者，谁知道天下真正悦目的美色是什么？"

我们看到，人类所欣赏的美，只能局限于人类世界，对别的生物是不起作用的。问题在于：人类会以自己的审美眼光来判断万物。

其实，人的评价是相对的。美丑的判断显然受制于种族、时代与环境。亦即，即使在人类之中也没有共同的标准。美丑也受社会风气与个人习惯的影响。你看什么人习惯了，就会欣赏他的特色。庄子《德充符》中说：

"有一个人叫作阐跂的人，支离无脣（跛脚、驼背、兔脣），前去游说卫灵公；卫灵公很喜欢他，而看到正常人，反而觉得他们的脖子太瘦长了。另有一个人叫作瓮㼜的人，大瘿（脖子上长了大瘤），前去游说齐桓公；齐桓公很喜欢他，而看到正常人，反而觉得他们的脖子太瘦长了。"

学习道家，就很容易消解人类中心的价值观，觉得心胸也随着天地、四时、万物而变得无比开阔了。至于人间的美丑，又怎么看待的呢？

人们习惯于用高低贵贱来看待，只有把自己放在与众人平等的地位，才可能保持平和的心态。看待人，都想做人上人，这就难免经常心态失衡。佛教强调圆融之境，也就是不要分别。

圆是相对于缺而出现的，因此，佛教中强调的圆融，即为充满、充足之意，生命意义的圆满，就是要达到一种圆融无碍的境界，这也是佛教所追求的最高的体悟境界。在佛教看来，心本就是圆，只有圆融无碍，才能体悟到天地之心，才能去伪存真、圆悟圆觉，才是一种活生生的人的生命活动和最高存在形式。

如果我们体悟生命的意义，怀着一颗平静、圆融的心去面对生活中的一切人和事，你会发现，世界给你带来的并不是痛苦和无常的不安，宇宙中的万事万物都是那样和蔼可亲，在每个人的内心深处都埋藏着一颗本来的心，只是你以前没有察觉，这颗心就是慈悲的佛陀的心，只要你摆脱事俗中的执著与贪恋，你就会发现他，你的生活也会坦荡安然。佛陀就是用他那颗慈悲、圆融的心普度天下苍生，来得到至高无上的快乐，赢得世人的尊奉的。

人变得愚蠢的原因，有时不是智商太低、知识太少，可能正好相反。越聪明、知识越丰富的人，想法越多。美与丑，洁与污以及善恶、邪正、阴阳、长短等等，都是相对的，都是相互转化并相互制约的，有善就有恶，有美就有丑。生活中，人也有很多苦恼困顿，但是我们有时候太执著，而体会不到生命中本真至纯的欢欣。

禅师行脚时，因口渴而四处寻找水源，看到一个青年在池塘里打水车，禅师就向他要了一杯水喝。

青年羡慕地说道："禅师，如果有一天我看破红尘，肯定会跟您一样出家学道。不过，我出家后不会像您那样到处行脚、居无定所，我会找个隐居的地方，好好参禅打坐，不再抛头露面。"

禅师笑问："哦！那你什么时候会看破红尘呢？"

青年答道:"我们这一带就数我最了解水车的性质了,全村的人都以此为主要水源,如果有人能接替我操作水车,无牵无挂,我就可以出家,走自己的路了。"

禅师问道:"你最了解水车,我问你,水车全部浸在水里,或完全离开水面会是什么样子呢?"

青年答道:"水车是靠下半部置于水中,上半部逆流而转的原理来工作的。如果把水车全部浸在水里,不但无法转动,甚至会被急流冲走;同样,完全离开水面也不能车上水来。"

禅师说道:"水车与水流的关系不正说明了人与世间的关系吗?如果一个人完全入世,纵身江湖,难免不会被物欲红尘的潮流冲走。倘若全然出世,自命清高,不与世间来往,则人生必是漂浮无根。同样,一个修道的人,要出入得宜,既不袖手旁观,也不投身粉碎。出家光看破红尘还是不够,更要发度众生的宏愿才好。出世与入世两者并立,这才是为人处世和出家学道应该持有的态度。"

青年顿悟,并决心继续打水车。

如果没有对于外物的刻意追逐,或许会少一些心力交瘁,多一些生命的淡定优雅,怀着生命中一颗本真的心,或许就能多一些闲庭信步的从容。如果从善恶、是非、爱憎等各种杂念的缠绕中超脱,就能净明心见,摒除私心杂念,培养超脱的境界。

没有恶就没有善,没有丑也就没有美。从某种角度来讲,是恶造就了善,是丑成就了美。老子的哲学就有"祸福相依"、"有无相生","物极必反"的辩证思维。"物生有两",一切事物的存在都具有两个方面:"两两对反",没有一个事物不是作为对方的"彼"而存在,也没有一个事物不是作为对方的"此"

而存在;"曲则全,枉则直",对立的双方是可以相互转换的。这种对立思维能冲破自我为中心的独断,扩大人们的心智视野。

2、不妨让追逐的心静一静

【原文】夜深人静独坐观心,始觉妄穷而真独露,每于此中得大机趣,既觉真现而妄难逃,又于此中得大惭忸。

【译文】夜深人静,万籁俱寂时,独坐省察内心,你发现自己的妄念全消而真心流露,当此真心流露之际,明月当空,精神舒畅,感觉体会到了毫无杂念的细微境界。然而已经感到真心,偏偏难以全消妄念,于是心灵上会感觉不安,在此中感到悔悟的意念。

心往往是因为容易浮动才失去纯真的本性。所谓真心,就如同空中明月,光辉皎洁,没一点乌云遮掩。所谓妄心,就如同遮掩明月的乌云。然而妄心和真心的关系并不是像乌云和明月的关系,因为真妄一体,互不分离,譬如,深渊之水澄清如镜,包罗万象无不印映,这就是真心出现之时。如果能一点妄念也不产生,心灵明澈地静坐,随着飘动的云朵一起消逝在天边,就着清冷的雨滴洗净心中的尘埃,从雀跃的鸟鸣声中领会自然的奥妙,随落花缤纷潇洒自得。那么何处不是人间的仙境?何处不体现人生的真谛呢?

一生只知道追逐名利而不知道享受的人,心最苦累。可惜世上仍有大多数人为了各种欲望拼命占去所有清醒时刻,只余下少许时间来追寻生命的意义。

许多人在社会一致认同"赚钱很重要"的情况下,开始了一生忙忙碌碌、早出晚归拼命赚钱的生活,最后变成了金钱的奴隶。金钱对于他们来说已完全失去意义，只是一堆货币符号。更有不少人，居然还会因金钱而身受其害，陷入甚至淹没于金钱的泥沼之中。

　　从前，传说在沙漠中有一座美丽的城堡，当太阳刚出来时，可以见到城门、瞭望台、宫殿以及来来往往的行人；随着太阳渐渐升高，城堡就慢慢消失不见。往往有些人会以为它是一个快乐的天堂，却不知道这座美丽的城堡只是沙漠中空气形成的一个幻象，根本就是虚不可得的。

　　有一群从远方来的商人，无意间看到这座沙漠中的城堡，心想如果能够到那里做生意，一定能够赚钱致富。于是，他们飞快地赶去。然而，当他们越接近城堡，就越是找不到，他们沮丧地喊着："我好累！我好热！我好渴！"当阳光照在热气上时，他们却以为是水。于是，又急忙向前奔去，但是同样的，他们越是向前走，越是找不到。渐渐地，他们疲乏到了极点，最后来到穷山恶谷中，忍不住大叫大哭。就在这个时候，他们听到自己的回音，误以为是有人在附近。于是，燃起了一线希望，决定再打起精神继续向前走，走着走着，他们便灰头土脸，愈走愈灰心。最后，他们终于猛然发现：他们追逐的只是一个幻象。一刹那间，渴求的心立即停止，个个恍然大悟。

　　海市蜃楼就是一种美丽的幻象，它会让你痴迷以致疯狂地追寻，最终空无所获，甚至有可能在沙漠中迷失自己。平平淡淡才是真，为什么总是要在执意寻求后才幡然醒悟呢？人生是很短暂的，不过百年的时间。与其悲悲戚戚、郁郁寡欢地过，倒不如痛痛快快、潇潇洒洒地活。可人生一世，那么多的风风雨雨、坎坎坷坷，怎样才能活得精精神神的？用佛的眼睛去看，豁达才是人生的奥秘。

"清晨入古寺，初日照高林。竹径通幽处，禅房花木深。山光悦鸟性，潭影空人心。万籁此俱寂，但余钟磬声。"这是我喜欢的常建先生的《题破山寺后禅院》。

禅是动中的极静，禅也是静中的极动。寂而常照，照而常寂，动静不二，直探生命的本源。曲径通幽的翠竹深处，百花丛中拥簇着一间古朴的草房。山光青青，碧水幽幽。忽然几声悦耳的钟声，打破了清晨的静谧，应和着蓝天白云，悠悠远远，余音袅袅。钟声从寂静中升起，又在寂静中消失。将禅者宁静的心灵带向了无垠的天际，融合在时空的永恒之中。

燃灯法师说："拥有一颗清净心，是幸福之源泉。我们整天为纷繁复杂的人际关系所左右，为身外之物所烦扰，为名位所刺激，我们的心怎么净得下来呢？烦恼自然时刻也不会远离我们。"如果我们破除一切执著尘劳，丢掉身外乱性的贪婪和物欲，找回自己，这样就能获得身心的自然安宁，惬意、舒适、安逸、幸福的生活也随之而来。

清静是美，安定最乐。这是习禅、修心、养性最美好、怡悦且最崇高的境界。佛经的本质就是安详，我们可以在佛经中找到"安详"的真正意义和寻求安详人际关系的途径。

清静是一种超脱，是自我精神的解放，人要是成天被名利缠得牢牢的，得失算得精精的，树叶子掉下来就悲悲伤伤的，那还豁达吗！豁达就要有点豪气。乍暖还寒寻常事，淡妆浓抹总相宜。凡事到了淡然，就到了最高境界，天高云淡，一片光明。人肯定要有追求，追求是一回事，结果是一回事。你就记住一句话：事物的发生发展都必须符合时空条件，有时无空，有空无时都不行，那你就得认了。人活得累，是心累，常唠叨这几句话就会轻松得多："功名利禄四道墙，人人翻滚跑得忙；若是你能看得穿，一生快活不嫌长。"

当你走入大自然怀抱中时，可以安静地坐在那里，跟大自然融为一体，感受大地充满规律的脉动，倾听风的气息和草的语言，你会有许多感触。一草一木、蓝天白云，整个山脉大地都是你的老师。徜徉在大自然中，它本身就是一种很舒服的享受，体会一种融入、开放、合为一体的舒畅感。刹那之间，你也在学习：我们可以安静、无念，什么都不想，然后生起一股感恩、惜福、惭愧的心。所以任何一种嗜好，哪怕是爬山、郊游，它都可以给我们带来许多启示，让我们更深刻地透视自己，帮助我们开发内心世界。

清静是一种宽容。恢宏大度，胸无芥蒂，肚大能容，吐纳百川。飞短流长怎么样？黑云压城又怎么样？心中自有一束不灭的阳光。以风清月明的态度，从从容容地对待一切，待到廓清云雾，必定是柳暗花明。

3、专注于生命本身的升华

【原文】天地景物，如山间之空翠，水上之涟漪，潭中之云影，草际之烟光，月下之花容，风中之柳态。若有若无，半真半幻，最足以悦人心目而豁人性灵。

【译文】自然万物，皆有本性。如山间空翠的植物，水中的涟漪，草木云烟，月下花朵，风中柳枝摇曳的姿态，亦真亦幻，悦人心性。

佛教认为，人的真如自性，被无明愚痴蒙蔽了，所以会给

虚幻的境界，搞得烦恼不安。但一旦认识自性，智慧之光朗朗照耀，烦恼痛苦就会没有了。专注于内心的自觉，是不会为外物牵挂的。

《庄子·秋水》记载了这样一则故事：

庄子和惠子一道在濠水的桥上游玩。

庄子说："游鱼在河水中游得多么悠闲自得，这是鱼儿的快乐呀。"

惠子说："你不是鱼，怎么知道鱼的快乐？"

庄子说："你不是我，怎么知道我不知道鱼儿的快乐？"

惠子说"我不是你，固然不知道你的想法；你本来就不是鱼，你不知道鱼的快乐，是可以肯定的。"

庄子说："请从我们最初的话题说起。你问我'你哪里知道鱼的快乐'之类的话，说明你已经知道了我知道鱼的快乐而在问我，我是在濠水的桥上知道鱼儿快乐的。"

南怀瑾先生说："内保之而外不荡也。"内在的心境，永远保持不受外界的影响。外面的境界不管如何，都无法影响到你。庄子就是这样，专注于生命本身的升华。庄子和惠子对话，推心置腹谈论问题，丝毫无功利心态。庄子从"道通为一"的本体论立场出发，认为不同个体间存在沟通的可能。这是人类灵性的最高体现，闪烁着人类智慧的光芒。

梁启超在《论自由》一文中说，人有"真自由"，有"伪自由"。什么是真自由？心灵的自由才是真自由。身体能够自主，心灵却不得自由，只是"伪自由"。其实，道理是同样的。人，一旦像庄子那样游于物外，外物不系于心，钱多钱少毫不在意，有名无名也不在乎，贫富得失淡然处之，怎么会不快乐呢？

禅师大珠慧海说:"迷人向文字中求,悟人向心而觉。"心向内求,才是智者的境界。生活工作中遇到困难和烦恼是正常的。真正有用的解决方法是:向内心求,而不向外部求。通过反观内心,找出问题的根源,很多问题自然迎刃而解。而从外部的人、事、物找原因、找答案,很难真正把握问题的核心和原因很难很好的解决问题,而且可能根本解决不了问题。问题是果,自己心中的"贪、嗔、痴、慢、执"才是因。解决好了自己的内心,自然解决了问题本身。向内求,是指根本;向外求,则是本末倒置。

禅宗历来重视自我关照,主张"菩提只向心觅"。佛徒的信心不向外觅,只向内看。禅宗强调"万法唯心"、"唯我独尊",认为"心"是世界的本源,万物都是由"心"触缘所现,并无自性,世界六尘而已,乃一心之迷妄所化,本不实有。在禅宗看来,悟道成佛,解脱自由的关键是要保持明悟自己那颗清净之心。只要能以一种清净状态生活着,按照本心的自然状态立身行事,就最真实地体现了佛教真义,就自然成就了佛道,从而得到解脱自由。慧能在《六祖坛经》中说:"见性之人,立亦得,不立亦得。去来自由,无滞无碍。应用随作。应语随答,普见化身,不离自性,即得自在神通,游戏三昧,是名见性。"

有位演员饰演一位得道高僧,由于第一次接到这种角色,他难以把握,虽反复揣摩,仍不得要领。他带着困惑来到寺庙,请求方丈指点迷津。

老方丈一杯清茶相待,其间只说了一句话:保持内心平静。

演员回家后,琢磨许久,终于领悟。他饰演的高僧,身披袈裟,端坐蒲团,双手合十,面目慈祥,那种内心平静释放出的能量,使他的演出获得了成功。

安静又是一种风度,是仰首望月、低头观蚁、起身浇花、俯身亲子的怡然。静坐如禅,身心清净,久而久之,就会达到天人合一的境界。正如达摩面壁多年,顿悟成佛。或许,这便是安静的嬗变。

安静也是一种修炼的境界。一位研究哲学和心理学的朋友对我说过:人在心理平静时是自由的,能量也最大。在静中,远离了外界的喧嚣扰攘,摒除了原有的许多痴心杂念,对于生命价值和生活质量有着切肤之感。安静之中,没有虚情假意,没有阿谀逢迎,没有冷嘲热讽,没有明枪暗箭,只有放松地休息,回归自我。所以说,人在静中有足够的时间思考,往往能够找回真实的自我。而今人呢?终日置身于快节奏的生活中,总觉得纷繁扰攘,琐事不断,很难清静下来,真可谓"难得浮生半日闲"。

弘一大师曾在他的一把扇子的扇面画了一朵白莲,题词解释道:"只缘尘世爱清姿,莲座现身月上时。菩萨尽多真面目,凡间能有几人知?"

大师毕生追求艺术,追求佛法,不断追求和升华生命的意义。淤泥莲花,不随世俗而流转做人应如莲,拥有一颗无尘的心,即使身处淤泥,也要用自己的坚毅换来一方的祥和。

快乐好比一只蝴蝶,你若伸手去捉它,往往会落空半;但如果你静静坐下,它反而会在你身上停留。向外的人生,是一种追逐的人生。而向内的人生,是一种反观的人生。人们常说:境由心生,境随心转。我们内心的思想可以改变外在的容貌,同样也可以改变周遭的环境。不论你在生活中遭遇了怎样的困难,不论你心情多么烦躁,始终要记得学会微笑。

"慎独"是中国儒家创造出来的修身术,最早载于《礼记·中庸》中:"道也者,不可须臾离也,可离非道也。是故君子戒慎乎其所不睹,恐惧乎其所不闻。莫见乎隐,莫显乎微,故君子慎其独也。"所谓"慎独"或"慎其独",可通俗地解释为:小心翼翼地固守本性,无怨无悔地遵循道德,矢志不移地追求理想。其实说到底就是"慎心",在各种利诱面前靠强大的精神防线来抵挡形形色色的诱惑。

鲁迅先生说过:"我的确时时解剖别人,然而更多的和更无情的是解剖我自己。"看来他深谙"慎独"的重要。曾子说过"吾日三省吾身",古人尚有完善自我的人生理想,现代人则更应见贤思齐,力争达到这种修身的境界。

《道德经》中说:"致虚极,守静笃。万物并作,吾以观复。夫物芸芸,各复归其根。归根曰静,是谓复命。复命曰常,知常曰明。不知常,妄作凶。知常容,容乃公,公乃王,王乃天,天乃道,道乃久,没身不殆。"意思就是:这世间,一切原本是虚空到极点,专一,心无旁骛,清静无为。万事万物都在变化,因此要追寻万物的本质,必须恢复其原始的虚静状态。万物的生长虽蓬勃复杂,其实生命都是从无到有,从有再到无,然后又回到原来的状态,回到根。

百丈怀海禅师说:"灵光独耀,迥脱根尘。体露真常,不拘文字。心性无染,本自圆成。但离妄缘,即如如佛。"这一开示可谓直开心源,显发本性,是非常重要的。他的心性论特别注重心灵的自由自在,强调佛是自由人。

"灵光"是指发自本性的智慧之光,这种智慧之光不是出自眼、耳、鼻、舌、身、意六根与色、声、香、味、触、法六尘的,是超越感官与感觉的;心性本体无始无终,是真常不变的,这种真常本性自在独立,不是文字所能表现和拘束的。心性本来清净,不受任何染污,是圆满具足,成就一切善法的,因而不需要刻意修行,只要摆脱妄缘,就能证得真如,成就佛果。

这一思想既体现了怀海的创造,又是上代祖师的传授。六祖惠能大师在回答智常关于本心性的疑问时指出:

不见一法存无见,大似浮云遮日面。

不知一法守空知,还如大虚生闪电。

此之知见瞥然兴,错认何曾解方便。

汝当一念自知非,自己灵光常显现。

六祖强调自己灵光是时常显现的,关键是要不起知见,即便是所谓的正知正见也不能起。这种灵光,就是世人本有的菩提般若之智,就是放大光明的自心地上觉性如来。这种灵光不是来自于人的感性认识,也不是后来习得的知识,而是本有的智慧。

佛性圆满自足,犹如满月:"心月孤圆,光吞万象。光非照境,境亦非存。光境俱亡,复是何物?"心性无染,本自圆成,强调心性本来清净,圆满具足,只要离开虚妄外缘,就能成佛。寒山诗云:"吾心似秋月,碧潭清皎洁。无物堪比伦,更与何人说?"禅月明似秋空月,自在无碍,将清辉洒向了大千世界。禅宗思想认为,人人都有光明圆满的佛性,但却往往受到外物的迷惑,心月遂为妄念的浮云所遮蔽,"云驶月运,舟行岸移亦复如是。"但此时并未失去自性的朗月,"月在云中,虽明而不照;智隐惑内,虽真而不通。"因此,就是要通过修行拨落妄念的浮云。

一个人在学习、奋斗、求道等等各个过程中,其追求的最高境界莫不是"无字秘笈"。它看似无形,实则包容一切;看似虚无,实则参透万物。大音希声,大象无形,大道至简,大智若愚,其道理也是如此。其实,人生就像一张白纸,看起来什么都没有,因为一切都藏之于你心。

4、放下世俗的评判

【原文】大地中方墒,人企中方恰,世界中方亭,以俗眼观,纷纷各异,以道眼现,种种是常,何须分别?何须取舍?

【译文】天地间的万物,人与人之间的错综复杂的感情,以及世上不断发生的事情,如果用世俗眼光去观察就会感到变幻不定头昏目眩;如果用超世俗眼光去观察事物,就会发现其本质永恒不变。可见不论对人对物或对事,只要能一本大公无私的平等态度去对待,又何必要有分别取舍呢?

人心如果不产生任何妄念,又何必要去操心呢?佛家所说的观心,反而是增加修持的障碍。天地间的万物原本是一体的,何必等待人去整齐划一?庄子说:"物我齐一",是把本属同一体的东西给分开。

自我中心的妄念,是对自己的身体、想法、价值观所产生的执著,这种执著有时会与客观事实,以及环境里的人、事、物产生对立,既然有对立,就容易发生摩擦、矛盾,并造成痛苦。"水无波自定,镜无尘自明"。"万物之始,大道至简"。在现实生活当中,有很多的痛苦和烦恼都来自于自身,也就是自己和自己较劲儿。抛开分别,抛开判断,抛开杂念,抛开心

中的欲望。只要心中排除了评判，快乐就会随处可见。

在一座寺庙里，住着一位老和尚和他的两个徒弟。一次，两个徒弟看到屋里飞进一只蜜蜂。蜜蜂努力地朝窗外飞，却被窗上厚厚的玻璃挡住了，一次次徒劳地摔下来。

徒弟甲说："这只蜜蜂真是愚蠢呀，既然知道这个方法行不通，为什么还要努力呢？它这样做，即使飞一辈子也不可能成功。"他从中得到领悟：世上有些事，不能强求，该放手时就放手。

徒弟乙说："这只蜜蜂真顽强，它那么勇敢，失败了也不屈服。"他也从中得到启示：做人就应该像蜜蜂那样，锲而不舍，败而不馁，百折不回。

于是，两人争执起来，谁也说服不了谁。

最后，他们只好去找师父来评理："我们的观点，究竟谁的才是正确的呢？"

老和尚说："你们谁都没错。"

两个徒弟不解。心想，怎么可能两种观点都对呢？难道师父是故意做好人，不让我们再争执了？

老和尚早就看出了他们的心思，他微笑着，拿出一块大饼，吩咐他们把大饼居中切开。徒弟二人照做了。

老和尚问："两个半块饼，你说哪半块好，哪半块不好？"

他们回答不出。

老和尚说："你们总是看到相异的地方，而没有看到相同的地方，形式上的差异，掩盖了质的相同。"

佛讲六根清净，身体去除浮躁、波动、欲望、喧闹，以达到澄明之境。

认识自我的最高层次就是彻底觉悟,彻底地消除了"我见",消除了"小我",没有了分别心,也没有了任何私心。佛家所求的清净本我,就是要求找回迷失的本我,以真正的自我,看清世态的真相。如果发现了那个被人世间的无尽欲望遮蔽的"清净本我",人的心中再也不会产生错误的念头,任何邪恶的念头也不会在心底萌动。实现了人性的彻底升华,心灵已经彻底净化。这就是慧能所说的"菩提本无树,明镜亦非台,本来无一物,何处染尘埃"的境界。这也就是老子讲的"无"的境界和释迦牟尼讲的"四大皆空"的境界。

去掉一切烦恼,去掉私心杂念,回归一颗平常之心吧!把自己心里堆的那些不愉快的东西都放开一点,把心中的思想包袱统统抛掉,让自己活得更快乐一些,这不是更好吗?要去除心中不应有的杂念,让自己多享受一些宁静。静,是一种清闲自在,是一种心平气和,更是一种境界。

在一个寂寞的秋天黄昏,无尽广阔的荒野中,有一位旅人蹒跚地赶着路。突然,旅人发现薄暗的野道中,散落着一块块白白的东西,加以注意之下,原来是人的白骨。

旅人正在疑惑思考之际,忽然从前方传来惊人的咆哮声,随着一只大老虎紧逼而来。看到这只老虎,旅人顿时了解白骨的原因,立刻向来时的道路拔腿逃跑。但却迷失了道路,旅人惊慌失措地逃到一口空井前,只见井口垂下一条藤蔓。情急之下,旅人便毫不犹豫抓着藤蔓垂了下去,希望借此逃脱老虎的追踪,然而这只老虎好不容易等到即将入口的食物,居然被溜了,可以想象到它是如何的愤怒,在崖上狂吼着。好感谢啊!幸亏这藤蔓的庇荫,终于救了宝贵一命。旅人暂时安心了,但是当

他朝脚下一看时,不禁"啊"了一声,原来脚下竟是波涛汹涌底不可测的深海,怒浪澎湃着,而且在那波浪间还有四条毒蛇,正张开大口等待着他的堕落,旅人不知不觉全身战栗起来。但更恐怖的是救生的藤蔓,在其根接处出现了两只白色和黑色的老鼠,正在交替地啮着藤蔓。旅人拼命地摇动藤蔓,想赶走老鼠,可是老鼠一点也没有逃开的样子。而且每当摇动一次藤蔓时,便有水滴从上面落下来,这是枝上筑窝的蜜蜂巢所滴下的蜂蜜。

由于蜂蜜太甜了,旅人完全忘记如今正处于危险万分的死亡境地,于是便舔了五滴。顷刻间,树身晃动,四散的蜜蜂飞下来刺蜇旅人。

释尊开示这愚痴的旅人之相,便是指所有人类的"人生之实相"。那么这段譬喻释尊是意味着什么呢?

心一味地追逐外物为邪,外物跟随心为正。世人的心中熏染了众多的妄想、执著和名利欲望,这才越来越不见自己的本来面目。用现代的话说,就是迷失了自我。只有性净心明,自性永在,才能活出真正的自己,才能活得幸福。现代的人,都说容易迷失自我,容易找不到真实的自己,因为现代社会的节奏太快,自性都被各种欲望淹没了。

人生中处处充满迷惑,能在这个迷惑的世界中保持心静,保持清醒的人不多,大多数人都是一样的,偶尔灵光一现悟到人生真谛,但当迷惑出现,又会陷入追逐的常态。

这寓言说的是人生。人被无常的老虎逼进了枯井,井下是生老病死、地水火风四条毒蛇,正在盘踞吞噬。而生命的藤又被象征昼夜的黑白二鼠啃啮着。五滴蜂蜜,则比喻五欲:财、色、名、食、睡。一点甜头,就能让我们忘记危险,这样的人生是多么的被动，又是多么不自由呀。

佛就是让人认识世界与自我，回归到一个真实与率真的世界。人生的最高境界便是重新认识整个世界，包括生与死、贫与富。所有一切回归本性，回归自然。

现代人心为形役，为物牵绊，为性困囿，对荣华富贵，名闻利养，拼命追求，苦心劳神，不知疲倦。而当岁月逝去，蓦然回首，却发现一切不过是一场空，深深感到轮回世间的作业毫无意义，这是何等的凄凉境况！

5、茶去饭来皆真心

【原文】性天澄澈，即饥餐渴饮，无非康济身心；心地沉迷，纵谈禅演偈，总是播弄精魂。

【译文】凡是一个本性纯真的人，饿了就吃渴了就喝，全都是为了增进身心健康；凡是一个心地沉迷物欲的人，即使整天讨论佛理，研究偈语，也不过是卖弄才学而毫无益处。

梁武帝是中国历史上最有名的崇佛皇帝。他即位的第三年（公元504年）正式宣布归佛，发愿信奉佛教。在位期间一直致力于写经、建寺、度僧、造像，故当时金陵城中佛庙梵宇众多，香火旺盛。

梁武帝自以为很有功德，所以，一见达摩，他就很得意地告诉了自己所做的种种善事，然后问道："我做了这么多善事，有多少功德？"

达摩答："没有功德。"

"为什么没有功德？"武帝问。

达摩答："这只是生死轮回场里的小功果，由俗世因缘造成，如同虚影跟随形体一般。虽有好的因缘，却并非永恒的真实。"

武帝问："那什么才是真正的功德呢？"

大师答："清净智慧，达到妙圆境地，一身自然空寂。这才是真正的功德。这样的功德，必须依仗无上的智慧，不是靠那些有为之事——世俗福报之类所能求得的。"

禅宗的观点是：造寺、写经、铸佛像、布施、供养之类，只能算"积福"，自修身才是"功"，自修心才是"德"。梁武帝不修自己的身心，所以"并无功德"。可惜他听不懂这番话的意思。

武帝又问："什么是佛圣第一义理？"

达摩答："廓然无圣。"

武帝问："既然无圣，那么，现在和我说话的人是谁？"

达摩回答说："我不认识。"

梁武帝不能领会达摩的话，当时就变了脸色，不再言语。达摩的回答是相当简单的，但这位虔诚的佛徒皇帝却不能把握达摩答话中的精神。达摩见梁武帝不能领悟，话不投机，觉得南方人才气小，见识浅，注重事相而不明义理，便起身告辞，准备渡江北上。

达摩走后，梁武帝的老师志公禅师进来问："听说西天来了个高僧，现在在什么地方？"

武帝答："话不投机走了。"

然后，把自己与达摩的对话告诉了志公，志公一听，却大加赞叹："达摩大师开示的禅理，如此深切！看来他就是观音菩萨的化身，乘愿到这里传佛心印的。陛下您碰上了等于没碰上，见了等于没见，可惜啊！"

梁武帝一下幡然醒悟,顿时懊悔不已。马上就准备派人去追。

志公禅师微微一笑说:"就是把全国的人都派出去,也追不回来了。"

武帝不信,还是派人去追。这时达摩已经到了扬子江边,忽听身后人声喧嚷,回头一看,见是一队人马追来。于是,他随手折了一枝芦苇,扔到江中。然后踏上苇叶,飘然乘浪,向北而去。这就是著名的"一苇渡江"的故事。

魏孝明帝孝昌三年(公元527年),达摩来到北魏境内,在那里传授禅法。可是,他的禅法却不很受欢迎。达摩并不气馁,又到洛阳、嵩山一带游化传教。

达摩通鉴世事,德超尘表,冥心虚寂,内外俱明。逐渐地,通过长期的接触交往,人们较深地了解了他的思想、学问、人品,终于纷纷归信。

达摩的禅法承自西天诸祖。其源头,即佛祖"拈花微笑",迦叶"破颜微笑",因付"正法眼藏"。释迦牟尼如来所传的这种禅法,被称为"如来禅"。因为这种禅法是由达摩祖师传入中国的,所以又被后人称之为"祖师禅"。

达摩的祖师禅,以《楞伽经》为主要理论基础。它的一大特色是"安心"。它的具体内容就是"壁观"。所谓"安心",根据达摩自己的解释,是"外止诸缘,内心无喘,心如墙壁,可以入道"(见唐·宗密《禅源诸诠集都序》卷二),即指完全停止对外在世界的认识,连自己的呼吸都感受不到,从而"与道冥符、寂然无为"。所谓"壁观",即面壁静观。不仅指面对墙壁而坐,而是指悟入佛理(真理)的无上境界。达摩根据《楞伽经》如来藏佛性思想,认为众生本具佛性,与佛同一真性,只要凝心壁观，屏除杂念，由定发慧，就可证悟佛性。

相传达摩大师就曾在嵩山少林寺面壁静观。他整日整夜地面对石壁坐着，一言不发，连小鸟在肩上筑巢做窝都浑然不觉。故人们称他为"壁观婆罗门"。至今，在少林寺的西北面，还有达摩洞，相传就曾是这位长着满脸卷曲络腮胡须的南天竺高僧入定的地方。达摩就这样默坐冥想，长达九年。成语"面壁九年"（或作"九年面壁"）就出自此典。

这则公案，其意丰富，在于消除学人的妄想分别，静心体道，回归本性纯真的心，所谓"佛法但平等，莫作奇特想"。带着一颗世俗机心求佛，南辕北辙。

世上快乐的人，心灵层面都是无心、向善、超越自我、能为他人着想的人。至于那些讨论佛理，沉沦物欲，整天拿学佛作为装饰自己行为的人，是无法真正快乐的。一个自私自利的人，他的心会慢慢地堕落，到最后，为了达到私人私利，常常伤害别人，结果众叛亲离。一个人应该要有自信，但过度执著自我就是一种伤害。因此，要将心灵往上提升，转变贪心、嗔恨、嫉妒所造成的烦恼，就必须从对心的理解及为他人的付出来改善。

佛教常把污染我们心灵的杂念喻为尘埃。《华严经》上说："清净的水器，会映现物影，但是破器、浊心的众生，则无法显出如来佛祖的身影。"清净之水如镜，当然可以彰显万物；但是破了的水器无法容水，浊了的心，也看不到自己的容颜，当然就见不着自性的光明了。

世人求法总在心外，这是错误的。抛却忧虑，斩断愁苦，须从心开始，净化心灵，可以使你消除错误观念，了却无明烦恼，从而达到身心的真正愉悦。江西大寂道一禅师示众云:"道不用修,但莫污染。何为污染?但有生死心、造作趣向,皆是污染。若欲直会其道,平常心是道。谓平常心,无造作,无是非,无取舍,无断常,无凡,无圣……只如今行、住、坐、卧,应机接物,尽是道……"

"春有百花秋有月,夏有凉风冬有雪,若无闲事挂心头,便是人间好时节。"宋朝无门慧开禅师所作的这四句诗偈告诉人们:请知足吧,请学会自我调节吧,不用过于担心。春天有百花,夏天有凉风,秋天有明月,冬天有白雪,这些都是在不同时刻能够象征着令人心境豁达的事物,就看你有没有悟性去感受它们。接受事物本来的面目,真正地去接纳正在发生着的一切事物,你就会发现:大道至简,大爱无痕,一切本如其所是!

"心",有真、妄。妄心是指烦恼,真心是讲的智慧。所谓妄心,即是人类的意识作用。而所有人类的意识作用都是主观的,有利害、得失的判断或观念,都不是真的,所以叫烦恼。唯有离开意识的作用,外在的环境和现象是什么就是什么,不加上自己主观的、判断的,那才是真的,才是智慧。一些人,总认为修行就是烧香跪拜,实际上错了。境由心造,相由心生,那就要努力做到"心如明镜"。不然,心若蒙上层层迷雾,如何能映出真实?映出的只。能是扭曲的境像。万法唯心所造,一定要开发自己本性内在的般若智慧,远离分别执著,也才谈得上"修行"。

你有没有反省自己:是否已经做到身为一个人该尽的职责?就佛教徒而言,在做一个好的佛教徒之前,要先做一个好人;不能做一个好人,讲太多宗教上的大道理也没用。现代这种佛教徒实在太多了，道理说得很多，反观自己的时间却愈来愈少。我们很少有机会反过来观察自己的生活，到底在做些什么，自己的心态是否有所改变。身为一个宗教传播者、社会教育者，或是社会关心者，不管是法师还是老师、教授，应该重视确确实实地观察自己。

常常观察自己的心，就有办法改变不好的习性，使心灵中沉沦的部分往上提升。仔细观察后，对我们比较实用的只能是：我们不喜欢别人怎么对待我们，就不要这样去对待别人；我们喜欢别人怎么对待我们，就这样去对待别人。这必须先有爱心，而爱心不能只停留在心里，要付诸行动。善良的心就像肥沃的土地，如果你不去种植农作物，它会长出茂盛的杂草；善良的心要付诸行动，才能让自己和别人受益。如果没有以智能付诸行动，一段时间后，善良的心也会被你的主观意识所湮灭，长出杂草来，这时你的爱心都变成了伤害。

所以，有足够的爱心，更要有足够的智慧来付诸行动。一切看我们的动机。如果心中都是不善的念头，就会常常担心别人的想法或动作是不是针对我，或伤害我。如果好朋友之间也是你猜测我、我猜测你，很快地，彼此的关系就会变质，甚至成为仇家。家庭关系也是如此。当你处处防着别人、别人也处处防着你时，隔阂会愈来愈深，彼此的关系也只能往负面发展了。

如果学会把自己的念头都往善的方面去发展，会变得非常快乐；那种快乐无法用金钱购买，也无法以世间的吃喝玩乐来取代，无法用言语表达。由此，伤害就会减少了。

6、让拥挤的心灵空一空

【原文】徜徉于山林泉石之间，而尘心渐息；夷犹于诗书图画之内，而俗气潜消。故君子虽不玩物丧志，亦常借境调心。

【译文】人如果经常漫步山川林泉岩石之间，就能使凡念渐去；人如果能经常流连在诗词书画的雅境，就会使俗气消失。所以有才德修养的人，虽然不会沉迷于飞鹰走狗而丧失本来志向，但是也需要经常找个机会接近大自然来调剂身心。

苦短人生，与其追逐外物，不如放任自己的身心，默默地听从天地的造化。放任往往使人狂放自大，过度收敛心又会归入枯寂。只有善于把持自己身心的人，控制的开关在自己手中，可以收放自如，从而取得平衡。

《金刚经》中有四句话："一切有为法，如梦幻泡影，如露亦如电，应作如是观。"佛说：四大皆空，五蕴非有。世间万物都只是虚幻，过分执著和沉湎都是不智之举。

南隐是日本明治时代著名的禅师，有一次，一个人向南隐禅师请教什么是禅，却喋喋不休地自个儿说个没完。

南隐禅师将茶水倒到杯子里。杯子里的水满了，禅师还是继续倒。

来访的人叫了起来："师父，水已经满了！"

大师微微一笑说："哦？你也知道水满了啊？如果你不把杯子里面的水倒掉，我怎么可能往里面再注入水呢？"

来人听了，当下豁然大悟。

我们的思想，就如这一只杯子。如果里面已经装满了水，智慧之水就不能再注到它的里面了。这个杯子中已经装满了的水，就是我们根深蒂固的思维定势。而要感悟禅的智慧，必须

从这种思维定势中走出来,清空归零,打开自己,这样才能得到最大的收获。

所以,从现在起,就让我们倒空杯子里的水,一起来体会禅的无上智慧吧!

空中,梧桐落叶飘零;眼前,萧瑟秋花凝霜。

一位秀才问赵州禅师:"此情此景,如何感悟人生?"

赵州禅师淡淡地说:"不雨花犹落,无风絮自飞。"

禅僧说禅,通过些须禅语,体味禅思妙境,坐卧停留,都有智慧。心的宁静超越了你呼气的尽头,所以,如果你的出息平顺,不试图偏要呼气出去,你的心就会全然完美的宁静状态。

因此,每天花一段时间修习,只管打坐,不妄动,不期待任何事,如同你正活在生命的最后一刻。每一刹那,你都能体会到临终一刻之感。在每一次的吸气和呼气间,有不可计数的瞬间,而你的意图是活在每一个瞬间。

首先,练习让出息平稳流畅,然后让入息平稳流畅。当你这样呼气,自然地,你的吸气会从那里开始。你体内新鲜的血液,从外在带来所有的养分渗透,充满你的全身,你彻彻底底地充电了一番。然后,你开始呼气,延展那份清新地感觉到"空"中。因此,一刻接着一刻地,不需努力去做任何事,你持续"只管打坐"。

很多人将静坐当做一种锻炼身体的手段,实际上从佛教的角度看,静坐对身体的养生功效,只是它的副产品,而达到禅定状态,调整心念,促进精神上的健康,才是静坐真正的目的。那么,坐禅又要调整什么心念呢?我们日常的心念有什么需要调整的呢?

有一天,佛印禅师登坛说法,苏东坡闻讯赶来参加,座中已经坐满听众,没有空位了。

禅师看到苏东坡时说:"人都坐满了,此间已无学士坐处。"

苏东坡一向好禅,马上机锋相对回答禅师说:"既然此间无坐处,我就以禅师四大五蕴之身为座。"

禅师看到苏东坡与他论禅,说道:"学士!我有一个问题问你,如果你回答得出来,那么我老和尚的身体就当你的座位;如果你回答不出来,那么你身上的玉带就要留给本寺,作为纪念。"

苏东坡一向自命不凡,以为必胜无疑,便答应了。

佛印禅师就说:"四大本空,五蕴非有,请问学士要坐哪里呢?"

苏东坡为之语塞。

禅者认为我们的色身是由地水火风四大假合,没有一样实在,不能安坐,因此,苏东坡的玉带输给了佛印禅师,至今仍留存于金山寺。

两人的对答,实际上暗含机锋,我们从中可以领悟到坐禅的道理。很多人在坐禅的时候注重身体和心理的感受,殊不知这些感受都是"四大之身"的范畴,都是世间感知,它们都是"杂念",并不是禅定的真相。坐禅时的心境,就是要放下一切,不起杂念。

人类的精神世界,就好像一个舞台,各种想法就像一个个演员,时来时走,不一定什么时候就出现在舞台上,一刻都不会停止。对现代人来说,想要不起杂念是很难做到的。唯一的方法就是把心思集中,越是集中在一点上,其他的杂念就越会被淡化。

所以,刚开始修习禅定的人不能太心急,不能过于执著。

从前有一位老太太住在庙旁,经常听法师说静坐是如何的好,但一直都忙得没有时间去学习。一天,她来到寺中跟法师请教,想和其他人一起静坐,体验一下静坐是否真能给人带来智慧。可她坐下才五分钟,就慌忙起身离开寺院。

后来那位法师问她:"我好不容易跟方丈讲,允许你和其他人一起静坐,你怎么不珍惜,而只坐了五分钟就起身一走了之呢?"

那位老太太回答道:"你有所不知,静坐的确很好,虽然我只坐了五分钟,但连二十年前有人欠我的一笔豆腐账都想起来了,所以忙着去要豆腐账去了。"

这则故事虽然有趣,却很说明问题,人在静的时候,杂念会很清晰,这个时候,我们要学会控制,才能达到"定"的状态。所谓"定",实际上没有那么复杂,它就是心住一境,活在当下,吃饭时吃饭,睡觉时睡觉,同一时间内专心致志做一件事,这就是"定"。其实老太太静了五分钟就想起二十年前的事儿,这正是"有所得"的表现,只不过,她没有控制住自己的急切,更没有意识到豆腐账本身就是杂念,还以为这是静坐带给她的好处,所以急匆匆去要账了,这自然很难达到坐禅的境界。

佛语说"佛心自现",你看别人是什么,就表示你自己是什么。禅师心如佛,所以,他看万物皆为佛。生活也是如此,你用什么样的眼光去看待它,它就会回报你什么。倘若我们能够时刻做到心中有佛,让仁慈、善良、快乐、慷慨和爱在心底生根发芽,那么,世界就会变得更加美好。他人是另一个自我。不要随意贬低、侮辱别人,那其实是暴露了你内心的阴暗,也是在贬损你自己。遇到热烘烘的快乐，你就尽情尽兴地笑；遇到冷冰冰的痛苦，你就酣畅淋漓地哭。

当代散文作家刘亮程在他的散文集《一个人的村庄》里，用一种悲悯的眼光、善意的眼光、爱惜的眼光看待这个世界，于是，到处看见了阳光的灿烂、鲜花的欢笑、蚊子认认真真地觅食、老鼠在兢兢业业地劳动、毛驴在生机饱满地交媾，总之，满世界都是令人欢喜的东西和气象。

住在村东头的人，被早晨的第一缕光照醒了，这是一天的头一茬阳光，鲜嫩、洁净、充满生机。做早饭的女人，收拾农具的男人，沐浴在一片曙光中，这顿鲜美的阳光早餐，不是哪个地方的人都能随意享受的。阳光对于人的喂养，就像草对于牲畜。光线的质量直接决定着人的内心及前途的光亮程度。

一个用心感受阳光的人，必然蓄满爱意。刘亮程是一个对生命特别敏感的人，他对阳光就特别敏感，他的文字处处闪现出这种阳光的明媚。他为什么能够发现动物、昆虫、植物跟自己一样喜欢阳光呢？就因为意识到它们跟自己一样也是生命，同样也应该受到尊重。他特别强调世界一切生命的联系，强调这种一体性。

也许我周围的许多东西都是我生活的一部分、生命的一部分，它替匆忙的我们在土中扎根驻足，在风中浅唱。任何一株草的死亡都是人的死亡，任何一棵树的夭折都是人的夭折，任何一粒虫的鸣叫也都是人的鸣叫。

正是这种敬畏和怜惜，才可能将人性提升到善良、美好、丰富、博大的状态。用善意的心灵看世界，从日趋冷漠、麻木、单一、冷硬、刻板的氛围里突围出来。

大千世界芸芸众生,可谓是有事必有缘,如:喜缘、福缘、人缘、财缘、机缘、善缘、恶缘等。万事随缘,随顺自然,这不仅是禅者的态度,更是我们快乐人生所需要的一种精神。其实,有什么样的心灵就决定有什么样的世界。其实说穿了,人们之所以不快乐,无非是因为三个不:一是忘不了。忘不了过去的事,尤其是愁事、烦事、伤心事,诸如小时候受过多少苦,感情上遭过什么创伤,做过什么后悔的事,恋人怎么背叛了我,别人做了什么对不起我的事等等;二是想不开。是对现状不满意,心理感觉不平衡。这样的人比较多,总觉得自己活着是受了委屈,全世界都欠自己的。为什么一样干活别人比我挣的钱多,为什么爱人结婚了新郎不是我,为什么同事都升职了我还是原来的我,为什么别人的老婆比我的老婆漂亮等等;三是放不下。总对将来担忧,喜欢操用不着的闲心。只要把这三个不抛开,以平和轻松的心态面对生活,自然看到的就是一个不一样的世界。

7、障碍就从自己的本性中产生

【原文】孤云出岫,去留一无所系;朗镜悬空,静躁两不相干。

【译文】一片浮云从群山中腾起,毫无牵挂自由自在飞向天际;皎洁的明月像一面镜子挂在天空,人间的宁静和喧嚣都与之毫无关联。

陶渊明《归去来兮辞》中有"云无心以出岫,鸟倦飞而知还。"云朵已经无心出山,鸟儿飞累了而回家。这是一种多么自由的状态啊!

在佛家眼中,心中无物,四大皆空。我们虽达不到这种境界,但也应当时时擦拭心中杂念,以使其不被尘世所染。

弘一法师托钵游历杭州时,恰逢日寇大兵压城,满城商店闭门打烊。百姓纷纷背井离乡逃难,几个原本准备接待弘一法师的故交因忙于送家人避难而没有及时等到弘一法师。

到杭州时,弘一法师已囊空如洗,他一路打听着到灵隐寺挂单,因为大兵压境,寺内的和尚已倾寺外逃,寺里只有一个德高望重的方丈和一个小和尚留守寺中。

弘一法师来到灵隐寺外,只见寺门紧闭,寺前麻雀悠闲觅食,车马几乎绝迹,大师敲开寺门,那个看守寺门的小和尚不认识弘一法师,不耐烦地对法师说:"现在城外日寇大兵压境,我们寺里的和尚都四散逃命去了,哪还顾得上你这云游僧人呢?别来这里挂单了,你赶快到别处逃命去吧!"说着就咚地关上了寺门,弘一法师无奈,只得忍着辘辘饥肠,拖着几乎迈不动的老腿离开了灵隐寺。

离开灵隐寺后,法师无处可去,只好信步沿西湖一路走去。此时恰值五月,西湖之水丰盈澄澈,湖中微风徐徐荷花盛开。走到离灵隐寺不远的一个湖岸,只见湖中荷叶田田,洁白的荷花像云朵一样绽开在湖面上,大师顿觉心魂澄澈,万物清朗,不觉停下脚步,遥望荷花在岸边坐了下来。

中午时分,守寺的小和尚经过湖边,见早上被他拒绝的云游僧人没有远去,还在寺前的湖岸旁席地而坐,小和尚好奇地走上前去说:"你这个僧人,还不赶快到别处逃命,坐在这里做什么呢?"弘一大师闻言,头也没回,只是指着湖中的朵朵莲花说:"你快坐下来看,这荷花开得多么的好啊!"小和尚一怔,又劝弘一法师说:"荷花开得再好,哪有性命要紧?你还是赶快走吧,几朵荷花哪有性命重要!"大师不理不睬,依旧痴痴地遥望着湖水中的荷花，小和尚无奈，摇摇头叹息一声拂袖走了。

回到寺里，小和尚对方丈说："不知从哪里来了个痴僧人，早上来咱们寺里挂单，被我拒绝了，劝他还是逃命要紧，不想他竟被西湖中的几朵荷花迷住了，现在还坐在湖边呆呆地赏荷花呢，我好心好意又去劝他走，他却不理不睬，只说荷花开的真好，还邀我同他共赏荷花呢，你说这僧人是不是太痴呆了。"

方丈一听，立刻责怪小和尚说："你怎么不开门让他进来呢，这样的僧人一定是得道的高僧啊！"小和尚不解地说："看他蓬头垢面痴痴傻傻的样子，可能是个疯僧，怎么能是高僧呢？方丈叹了口气说："大兵压城，他却不去逃命，挂单被拒，他却不马上另投他方，几朵荷花却能让他如痴如醉置生死于度外，不是心地澄明，四大皆空的高僧，谁能做到呢？"方丈站起来说："快，快带我去见高僧！"

俩人来到湖边，见那僧人果然还在如痴如醉地赏荷，方丈忙说："不知高僧来敝寺，请高僧海涵！"弘一法师回过头来，指向湖中说："瞧，那荷花开得真好！"

方丈小心翼翼问："敢问大师法号？"法师说："贫僧法号弘一"，"弘一？"小和尚大吃一惊，难道他就名扬四海的弘一法师？在寺里安顿下弘一法师后，小和尚问方丈说："你怎么能知道他就是高僧呢？"方丈说："一个在乱世中能胸藏荷花的人，他不是佛，也是距佛不远的人。"

心的本质本然纯净、宁静、清明、无苦，障自本性，却被束缚。必须心中意念澄静，心境虚空，忘记忧思愁虑，解脱形体束缚，这样才能自如自在地生活在真实美妙的境界之中。

心原本就是虚妄不实的，人性本来就是清净的，只是由于产生了妄想胡念，才把真如佛性给遮蔽住。要想清净自在，就须看破世间一切事物虚妄的本质。养生求静，要尽量使身心处于万虑皆息而独存一念的境地，要做到心随己动，而不是心随物动。

修道悟道之人，不应终日沉湎于尘世的私欲之中，要做到心无妄念，心无贪欲，勿得多求，一切随缘。如此这样，做到清心寡欲之后，就拥有一颗明净的心，再以此心反观世界，一切大智大慧就应有尽有了。

认识自己的本心，就必须要回过头来。我们的心，本来宽阔无边；我们的心，本来平素淡雅；我们的心，本来勤奋无住，只是我们未能契合这个"本来"。只要契合了这个"本来"，也就获得了人生智慧。正所谓"迷己逐相娑婆苦，回头证真是彼岸！"

2007年，我曾经写下《归园田居》一文，渴望自由自然的生活。现录如下：

科技飞速，钢筋混凝，飞机高铁，生态污染，饮食毒害。人人奔命，不知自危。现代化之恶瘤，日滋夜蔓，身处其中，归在何处？

不如泛舟江海，效乡野农夫，冲出樊笼，找回真我，挣脱都市藩篱，回归田园，恣意山水，任性自适，身心清朗，超然物外，涵养性情，旷达胸臆，怡情忘机，了无挂累。

大自然有崇山峻岭，茂林修竹；又有清流激湍，映带左右，流觞曲水。虽无丝竹管弦之盛，一觞一咏，亦足以畅叙幽情。天朗气清，惠风和畅，仰观宇宙之大，俯察品类之盛，所以游目骋怀，足以极视听之娱。循古人行迹，赏神韵山水。视接千载，

思通万里。人之一生,俯仰一世,或因寄所托,放浪形骸之外,如行云自由翱翔,如流水款款流淌,形迹毫无拘束。

肇自然之性,成造化之功。归隐山水,肇由本性。湖面氤氲,万山空寂,远处雾锁群峰,青黛如画,白墙黑瓦,古朴凝重,那就是心灵的居所。如此空明澄净,在其间弹琴长啸之人是如此安闲自得,尘虑皆空,放逐灵魂,与自然交融一体,体悟"天人合一"的绝妙境界。

反观今世之人,追名逐利,纵情声色,嗜欲贪心,患得患失,精神焦虑,不知谦退,处心竭虑,真气耗散,精神损亏。正气不存,邪病妄乘,虽有利药良医,能救其万一乎?

天高地迥,觉宇宙之无穷;兴尽悲来,识盈虚之有数。滟滟春波,何处月明?江流宛转,花林似霞。人之一生,不过百年,寄寓逆旅,如白驹过隙。放浪山水,悠然自怡,谁与吾同归?

8、坦然面对世态炎凉的人生

【原文】饱谙世味,一任覆雨翻云,总慵开眼;会尽人情,随教呼牛唤马,只是点头。

【译文】一个饱经人世风霜的人,任凭人情冷暖世态炎凉如何翻覆,都懒得再睁开眼睛去过问其中的是非;一个看透了人情世故的人,人们随意对他呼牛唤马,都会若无其事点点头。

人情冷暖,世态炎凉,自古而然。饱尝了世态炎凉的人,任由世间变化万千,他总懒得睁眼看看世界。这个世界上一大半的悲剧是因为人们的瞻前顾后而造成的。许多人喜欢让自己沉溺于各种痴心妄想之中,例如,在工作时不好好工作,在恋爱时不好好恋爱,在娱乐时不好好娱乐。这使得他们总是在"得不到"和"已失去"两种痛苦状态间摇摆不定，并抱怨自己的人生毫无乐趣。

有个小和尚，每天早上负责清扫寺庙院子里的落叶。

清晨起床扫落叶实在是一件苦差事，尤其在秋冬之际，每一次起风时，树叶总会随风飞舞落下。每天早上都需要花费许多时间才能清扫完，这让小和尚头痛不已。他一直想要找个好办法让自己轻松些。

后来有个和尚跟他说："你在明天打扫之前先用力摇树，把能摇落的叶子统统摇下来，后天就可以不用扫落叶了。"

小和尚觉得这是个好办法，于是隔天他起了个大早，使劲地猛摇树，这样他就可以把今天跟明天的落叶一次扫干净了。一整天小和尚都非常开心。

第二天，小和尚到院子一看，他不禁傻眼了，院子里如往日一样的落叶满地。

老和尚得知此事后，对小和尚说："傻孩子，无论你今天怎么用力，明天的落叶还是会飘下来。"

小和尚终于明白了，世上有很多事是无法提前的，唯有认真地活在当下，才是最真实的人生态度。不要预支明天的烦恼，过好今天比什么都重要。

过去的今天已经不属于我，未来的今天也非我能确实拥有，时光一去不回头，没有人能度过相同的两天。这就是时间的永恒性。

《庄子·大宗师》说，不忘记自己从哪儿来，也不寻求自己往哪儿去，承受什么际遇都欢欢喜喜，忘掉死生像是回到了自己的本然，这就叫做不用心智去损害大道，也不用人为的因素去帮助自然。这就叫"真人"。

人生无须为了将来过分担忧。明天还未来临，如果老是为了明天伤透脑筋，那么清晨醒来的时候，便会觉得非常疲惫，也就无法以平常心正确地看待一切了。这就是南怀瑾先生认为人生活着的价值。一切的作为，不去追究最初的动机是什么，也不要追求结果怎么样。一个人如果忘记了无始无终的时空观念，对现有的生命悠然而受之，天冷了就穿衣服，天热了就脱衣服，受而喜之，才能顺其自然，活在当下。

心里老是悔恨过去的所作所为，恐惧未来可能发生的事情，都会损害眼前的生活。人只有将每天的生活过得深刻而又真切，才会享受丰盈的过去，也才能开创璀璨的未来。所以，我们应该使内心的生活井井有条，内心的主人静心修道悟道。

有一天，一个人来到佛陀面前，问道："梵行圣者，你们居住在树林简陋的茅屋里，每天仅仅吃一顿饭，为什么还这样喜乐？"

佛陀回答："不悲过去，非贪未来，心系当下，由此安详。"

佛陀寥寥数语，便道出了人生幸福的真谛：不耽溺过去，也不妄求未来，活在当下。

未来是现在的继续，现在是过去的未来。"过去"、"现在"、"未来"是相对的，也是一体的。"活在当下"，是佛教一个很重要的理论，就是减轻人的重担和压力，要人从"过去"、"现在"、"未来"三副担子下解脱出来。不是生命、财富和权力使人们成为奴隶，而是对生命、财富和权力的执著使人们成为奴隶。

人生犹如一只时钟，心如钟摆。未经锻炼的心总是摆荡在过去与未来两点之间，为过去已发生的事而懊恼、悔恨、耿耿于怀，为将来未知的事而胡思乱想、忧心忡忡，因此，普通人总是活得很累。在现实生活中，很多人并没有生活在现在，他们总是将时间和精力浪费于瞻前顾后上。

所谓"当下"，就是指你现在正在做的事、待的地方、周围的人；从这些人、事、物上面，全心全意认真去接纳、品尝、投入和体验这一切。

当你活在当下，而没有过去拖在你后面，也没有未来拉着你往前时，你全部的能量都集中在这一时刻，生命因此具有一种强烈的张力。人们之所以总是会有这样或者那样的麻烦，是因为人们总是生活在过去或者未来，而往往被我们所忽视或者并不予以理会的则是我们生活的"当下"。而一个真正懂得"活在当下"的人便能快乐来临的时候就享受快乐，痛苦来临的时候就迎着痛苦，在黑暗与光明中，既不回避，也不逃离，以坦然的态度来面对人生。

鲁迅在世时，曾有人称之为"世故老人"，其中贬义，不言自明。于纷纭幻诡的生态世局之中，洞若观火，稳如磐石，岂非一种很高的人生智慧？从"旧营垒"中走来的鲁迅，读过太多的古书，又身历太多的变故，心中装的"世故"，实在太多。鲁迅也曾说，太"世故"固不好，太不"世故"亦未必好。可见他对于"世故"并不笼统反对，这是因为他深知生存的不易。也因此不难理解，低调是一种修炼、一种体悟。越是有才华而且正直的年轻人，越要谦虚、内敛，学会藏自己的锋芒，否则，就会被嫉妒的暗箭射伤。锋芒的本意是指刀剑的尖端，比喻显露出来的才干。有锋芒是好事，是事业成功的基础，在适当的场合显露既有必要，又理所应当，但锋芒可以刺伤别人，也会刺伤自己，运用起来应该小心翼翼，平时应插在剑鞘里。

9、心安便是吾乡

【原文】宠辱不惊，闲看庭前花开花落；去留无意，漫随天外云卷云舒。

【译文】对于荣耀屈辱无动于衷，心地安宁，欣赏庭院中花开花落；对于升迁得失漠不关心，随意观看天上浮云随风聚散。

人生之荣辱，就如庭院前的花朵盛开和衰落那样平常；人生的去留，就如天上面的浮云飘来飘去那样随意。在古人看来，情欲物欲到头来同样是一场空，故心境宜静，意念宜悠。心地常空，不为欲动，让身外之物自然而去，才能保持身心自然愉悦。

经常把自己的身心放在安闲的环境中，世间所有的荣华富贵和成败得失都无法左右我，人间的功名利禄和是是非非就不能欺骗蒙蔽我了。

柔曼江南，秀色西湖。水鸟翩翩，碧波微漾。有段日子，我住在西湖畔边，每天晨起，推窗望去，便可望见湖水淡淡的青烟，澄澈而又空灵。自然的风景，可以浸润一个人的灵魂。

不久以前，有朋友建议说，江西有处幽静的去处，堪比世外桃源。我问什么地方，答曰："云居山"。

选一个清凉的早上，我们一行人就出发了。

到达云居山时，已是傍晚，我们没有急着上山，而是先住下，好好休息了一夜。次日，天蒙蒙亮，我们就上山了。

清晨，正是东方欲晓、晨曦初露的时候，迎着徐徐的轻风，踏着晶莹的露珠，呼吸着山野的清香，沿着蜿蜒盘旋的嵩云公路，和众多的晨练者一道，开始了往云居山的锻炼。

沿途，上山晨练的人不少，三个一伙，四个一群，争先恐后，勇往前行。公路两边树上的小鸟，草丛中的虫儿，山坡上的蚂蚁。山林复苏，大地呢喃，整个云居山仿佛都苏醒过来。晨光熹微，东方泛白，只见群山巍峨，峰峦高耸；森林茂密，古木参天；奇花异卉，芳香馥郁；莺啼燕啭，飞禽鸣叫。啊，春景撩人，山林嬉戏，云腾雾绕，缥缈如仙，这是一幅叫人多么震撼而又温馨的山景春意图呀！

云居山景色宜人，漫步清幽小径，竹林深处日影浮动于疏枝繁叶之间，山风习习飘散空气芬芳清鲜，翠竹以挺拔的气势优雅地向天空伸展，碧叶在空中随清风摇曳清秀潇洒，宁静的竹林偶有翠鸟清鸣、秋蝉幽唱，令人心旷神怡超凡脱俗，仿佛踏入了仙境。

天空高远、澄静、畅亮。一眼望出去，天地间是那么干净、安宁、静默。不远处，一群牛样在悠闲地享受着草场的阳光。

山上山下，到处都是僧人们劳作的场景，一派令人羡慕的田园风光。僧人们，肩背草筐、手拿镰刀、光着脚丫，踏着长满青草的软绒绒的田埂，忙碌在田间，他们在辛勤劳作。天空瓦蓝瓦蓝的，有一丝丝香风似有若无地拂着人面。

熟悉僧人生活的人都知道他们的生活起居：天亮前起来诵经，白天有时去田间劳作，夜晚听钟声，一日三餐素食，一个房间，一张床，一顶蚊帐，生活极其简单。这里很早就有"农禅生活"，即一边劳作，一边参禅。"农禅"不仅仅是从事农业劳动和到禅堂打坐那么简单，而是一种精神，就是把禅法融入于世间，在动中实践和巩固禅法。用一诚大和尚的话讲，叫"农禅并重，重在自养和动中参禅。"农禅家风源自百丈怀海禅师，其"一

日不作,一日不食"的农禅生活至今为禅门所乐道。其后南岳怀让、马祖道一、百丈怀海心心相印、灯灯相传,"一日不作,一日不食"遂成为后代丛林农禅生活的直接依据。这些僧人远离世俗,只求寻求内心的宁静,藏身于幽谷中,静静地享受阳光、雨露、风霜,田间大地,处处是道场。

望着僧人们忙碌的背影,不由得感叹,走在都市里的人们或许是无法体味这种静谧和温馨的,他们在那里尽享都市的繁华,在灯红酒绿的都市里,有人们正在奋斗的身影,有人们正在享受的歌舞,有的正在茶馆里约会,有的……也许这样的物质生活是很丰富的,可是却缺少了乡村的那份淳朴的气息,质朴的乡情。

沿石阶而上,只见宽敞的坪院里,绿树掩映,花草含翠,香炉鼎立,檀烟缭绕。

早上,来寺内烧香拜佛的人还不多,有的就像我这样的晨练者,其他的则是寺内的僧人和男女居士。三三两两,往来有序。有的打坐,有的诵经,有的则在打扫卫生。梵钟悠扬、木鱼阵阵、经声佛号、檀香袭人,呈现出一派宁静、庄重而又肃穆的气氛。当我怀着崇敬的心情走进寺内,面对此情此景,也不禁安静和肃然起来,似乎走过了一路风雨,卸去了一身疲惫,忘却了世事争端,远离了红尘烦恼,凝聚成对生命单纯的注视,像树根般朴纳,似古城墙般浑然,无所谓智慧与诡柔,只有慈祥与虔诚,只有崇敬与向往,因宁静而辽阔,因淡薄而悠远。

我在殿外静静地瞧了一阵,内心也不禁安然和肃静下来,仿佛尘心受到了洗涤,思想也归于一种安宁,似乎尘世的一切喧嚣、犹愁、烦恼都随风而去,世界变成了一片净土,带给人们的是宁静、安康、幸福！我慢慢地走出紫竹林，脑海中浮现出的依旧是那梵钟悠扬、木鱼声声、青灯古佛、檀香袅袅！

接触大自然，是让心绪彻底放松，心境澄明，也是借助山水洗涤自己、净化自己。摆脱生活乃至生命的苦恼，并不在苦恼的本身，而是当事人一定要有一个开阔和安详的心灵世界，在于自我意念的清静。人们只有止息内心的纷扰，才不会被外在的苦恼所困扰。

在生活中，很多女人都像那个被情感、家庭、社会所缠绕的少妇一样，找不到安心的所在。唯有像佛祖一样讲觉悟，好好地在自己的身上下工夫，从内心里，去改正自己的一言一行，才不至于觉得无休止的劳苦。

人的痛苦多半停留在主观世界的深渊里，所有的恐惧不安多半来自逃避与敷衍，无法摆脱烦恼。而要解脱人生的烦恼一定要在体验烦恼之后，才会找出真正的方法。

现在的人一心想心无杂念，但终究也没有办法达到完美的地步。只要先前的杂念不存心中，对于未来的杂念不去生起，只将现在的杂念随着机缘打发掉，就会渐渐达到无杂念的境界。

日本著名风景画师东山魁夷说："寂静的古老、破败的寺院，一座旧独木小桥与它相连，桥下是一片残浅的莲花塘，小桥被樱花所簇拥，树上的樱花一朵朵悄然飘落，落满了莲花塘。"气候对人会产生影响，有如山间的空气会喂养灵魂，启发灵性。置身自然山水间，一颗平常心安静了下来。我喜欢大自然，因此生命永远不会褪色。有一种心灵，有一种修养，有一种憧憬，那么生活就会有动力，就会有阳光心态，就会有生命的精神。当你体会江南烟雨和朦胧残月，当你远观大漠孤烟和长河落日，

当你体会青青竹林和落木萧萧,你会感受到她永远是你灵感的源泉。在曲曲弯弯的江南古巷子里转悠,你能感受那些沉睡的历史,感受屋瓦里与古朴的气息,感受春天翻出的氤氲味道。

外在的纠葛、攫取太多,心就没有办法安宁,更无法净化。人对外在无限制地索取,常常是以支付心灵的尊严为代价的。我们应该抬起头来,看看屋外的松林,听听松涛的呼唤,眺望远处的大海以及满风的帆船,我们的心中就会有对生命新的转移与看待。

若想摆脱人生中的各种困惑,必须要做到淡漠清心。将一切烦恼、困惑看淡,那天天都将是好日子。心的安宁才是幸福的根基,不管这个时代如何浮躁,作为人,一定不要放弃洗涤自己、净化自己。把心放在可以安定的位置,任凭风浪起,稳坐钓鱼台!

在生活中随缘而安,纵然身处逆境,仍从容自若,以超然的心情看待苦乐年华,以平常的心境面对一切荣辱。平常心是一种人生的美丽,非淡泊无以明志,非宁静无以致远。不做作,不虚饰,洒脱适意,襟怀豁然,平常心不仅给予你一双潇洒和洞穿世事的眼睛,同时也使你拥有一个坦然充实的人生。平常心是一种经历挫折和失败,不断奋斗努力,才能历练出的人生境界。它不为虚荣所诱,不为一切浮华沉沦。

时光荏苒,人生短暂。要快乐地品尝人生的盛宴,需要每个人拥有一份宠辱不惊、不卑不亢的平常心态。当我们出入豪华场所,用不着对自己过时的衣着而羞愧;遇见大款老板、高官名人,也用不着点头哈腰,不妨礼貌地点头微笑;即使身份卑微,也不必愁眉苦脸,要快乐地抬起头,尽情地享受阳光;

即使没有骄人的学历，也不必怨天尤人，而要保持一种积极拼搏的人生态度。我们用不着羡慕别人美丽的光环，只要我们拥有一份平和的心态，尽自己所能，选择人生的目标和生活，勇敢地面对人生的种种挑战，无愧于社会和他人、无愧于自己，那我们的心灵圣地就一定会阳光灿烂，鲜花盛开。

宠辱不惊，是一门生活艺术，更是一种处世智慧。人生在世，生活中有褒有贬，有毁有誉，有荣有辱，这是人生的寻常际遇，不足为奇。古往今来万千事实证明，凡事有所成业有所就者无不具有"宠辱不惊"这种极宝贵的品格。宠也自然，辱也自在，一往无前，否极泰来。

在现实生活中免不了会遭到不幸和烦恼的突然袭击，有一些人面对从天而降的灾难，处之泰然，总能使平常和开朗永驻心中；也有一些人面对突变而方寸大乱，甚至一蹶不振，从此浑浑噩噩。为什么受到同样的心理刺激，不同的人会产生如此大的反差呢？原因在于能否保持一颗平常心，宠辱不惊。

拥有了一颗平常心，就拥有了一种豁达，一种超然，故达观者宠亦泰然，辱亦淡然。失败了，转过身揩干痛苦的泪水；成功了，向所有支持者和反对者致以满足的微笑。其实，生活就如同弹琴，弦太紧会断，弦太松弹不出声音，保持平常心才是悟道之本。

在物欲横流，处处充满诱惑和陷阱的社会中，能保持一颗平常心并非易事。在平常心的世界里，一切都被看得平平常常，即"宠辱不惊，闲看庭前花开花落，去留无意，望天空云卷云舒。"

当然，保持平常心绝不是安于现状。保持平常心，宠辱不惊，是人生的一种境界，它不是平庸，它是源于对现实清醒的认识，

是来自灵魂深处的表白。人生在世,不见得权倾四方和威风八面,也就是说,最舒心的享受不一定是荣誉的满足,而是性情的恬淡和安然。所以说,宠辱不惊,用一颗平常心去对待、解析生活,就能领悟生活的真谛。

人生要做到宠辱不惊,就要保持一颗平常心,宠辱只是人生的寻常际遇,因此,以平常心对待生活,就能够达到宠也自然,辱也自在的境界。

10、放下坚硬的"自我"

【原文】以我转物者,得固不喜,失亦不忧,天地尽属逍遥;以物役我者,逆固生憎,顺亦生爱,一毛便生缠缚。

【译文】能以我为中心来操纵一切事物的人,成功了固然不觉得高兴,失败了也不至于忧愁,因为广阔无边的天地到处都可悠游自在;以物为中心而受物欲所奴役的人,遭遇逆境时心中固然产生怨恨,处于顺境时却又产生不舍之心,些许小事便使身心受到困扰。

自我是最难消融的,这是最可爱、最坚固、也是最讨厌的东西。人人都知道用自我中心的观点来衡量人、要求人、评断人、指责人、支配人、改造人,即很少想到其他的每一个人,也有各人的自我中心。

站在佛法的观点看"自我",可分成两个部分:一是"人我",包括你、我、他,细究之,则只有主观的"我"以及客观的"他";《金刚经》中,以"我、人、众生、寿者"来涵盖。二是"法我"即是五蕴,包括色、受、想、行、识,前一属于物质界,后四属于精神界。五蕴总称为"我",就是"法",所以,五蕴也称为五蕴法，它是三界之内的生死之法。

在亚洲，有一种捉猴子的陷阱。他们把椰子挖空，然后用绳子绑起来，接在树上或固定在地上，椰子上留了一个小洞，洞里放了一些食物，洞口大小恰好只能让猴子空着手伸进去，而无法握着拳头伸出来，于是猴子闻香而来，将它的手伸进去抓食物，理所当然地，紧握的拳头便缩不出洞口，当猎人来时，猴子惊慌失措，更是逃不掉。

没有任何人捉住猴子不放，它是被自己的执著所俘房，它只需将手放开就能缩回来。什么是执著呢？执著是自心对外境的一种执取状态，换句话说，就是当"眼、耳、鼻、舌、身、意"这六根对境之后，意根在对境之上又添加的种种心念，诸如常执心、实执心、希求心、好恶心等等。"我执"，也就是指，人无法彻底了解自己，是很严重的一种心灵病态，所以，对种种有关于"我"的事物产生错觉，认定为是我所拥有，是我的，因而过分执著，以至于捆绑束缚了自己。

红尘看破了不过是浮沉，
爱情看破了不过是聚散，
美丽看破了不过是驱壳，
生命看破了不过是无常，
时世无常，何必执著，
淡然心中，轻轻放下。

思考问题若设置了对象，放到了二元对立的角度，那么，起心、动念、开口都是错，这个叫做"执取"。心中的欲念使我们放不下，内心的欲望与执著，使我们一直受缚，我们唯一要做的，只是将我们的双手张开，放下无谓的执著，就能逍遥

自在了。

有一位绅士,急着去处理一些事情,但是,在途经一座独木桥时遇到了麻烦。

到了独木桥之后,绅士刚上桥走了几步,就看到桥的对面走来了一位孕妇。于是,绅士很有礼貌地退了回来。

孕妇过了桥后,绅士再次上桥,急忙向对岸赶去,但是走到桥中央时,一个挑着两大担柴火的樵夫匆忙的迎面走来,绅士什么也没说,再次退了回来,让樵夫过了桥。

有了这两次的经历,绅士在上桥之前,等了几分钟,确定桥对面确实没有人时,才又上了桥。上桥之后,绅士迅速地向桥对面赶去,眼看着就要过桥了,谁知这时候,桥对面赶来了一位推着独轮车的农夫。

绅士觉得自己马上就要到桥对面,而且已经让过两个人了,不应该再让了,于是摘下帽子,非常有礼貌地向农夫说道:"尊敬的先生,你看我马上就要下桥了,能不能先让我过去呢?"

农夫生气地说:"难道你没有看到吗,我正急着去集市呢!"两人协商不妥,于是争吵了起来。

这时候,河上驶来了一叶小舟,舟上坐着一个胖和尚,于是,二人同时叫住和尚,让和尚来评理。

和尚两手一合,看了看农夫问道:"你真的那么着急过桥吗?"

农夫说:"我真的很着急,晚了怕赶不上集市了。"

和尚说道:"既然你那么着急赶时间,为什么不给绅士让一下路呢?只要你稍微让一下,绅士过去了,你不就可以早点到集市了吗?"

农夫无话可说,但还是不愿意让路,这时,和尚对绅士说:"你为什么要让农夫给你让路呢,仅仅是因为你快到桥头了吗?"

绅士感到非常委屈,辩解道:"在此之前,我已经给两个人让过路了,如果这样一直让下去的话,我可能永远也过不了桥了。"

和尚反问道:"那你现在过去了吗?你既然给那么多人让了路,给农夫再让一次又何妨呢,既然过不了桥,至少应该保持绅士风度啊,何乐而不为呢?"

绅士听了,惭愧地低下了头。

人之所以痛苦,在于追求错误的东西。其实在生活中,我们让一让别人又有何妨呢?做人不能太自私,要多审视自己的言行。所谓烦恼都是自己造成的,你的痛苦、悲伤、忧虑、烦闷皆是你自己对这些问题的一种执著,别人无法左右你心灵的选择,苦与乐完全在你一念之间,选择权在你,别人根本无能为力。对于你的苦恼,别人无能为力。

有人说:"我也想放下执著,可是内心就是放不下,怎么办呢?"实际上,"放不下"的根本原因就是自己对所执著的外境还没有"看破"的缘故。大觉世尊告诉我们,世间的万事万物都是"无常、苦、空、不净"的,而世人却形成了"常、乐、我、净"的颠倒认知,有了这四种颠倒认知,就进一步产生了常执心、实执心、希求心和好恶心等种种执取心念。如果我们能够经常思维自己所执著的外境具有"无常、苦、空、不净"的本性,则自然就会渐渐放下执著。

当我们的身体因为沉重的包袱而疲倦和痛苦时,绝大多数人很容易会察觉到身体的痛苦是因为身上的包袱所致,因此,

自然就会想到要放下身上的包袱。但是,当人们的心灵感到疲倦和痛苦时,很少有人会想到让自己的心灵放下对外境事物的执著,不仅如此,人们还会愚昧地将心灵的痛苦归咎于外境事物的不如意。

事实上,仔细观察就会发现,世间一切心灵的痛苦都来源于自己的内心对外境放不下,一旦内心能够放下,痛苦从何而来呢?所以,解决世间一切痛苦最省事、最便捷、最彻底的方法就是放下内心对外境的执著。

越州大珠慧海禅师俗姓朱,在越州大云寺出家受业。

他刚参拜马祖道一时,马祖问他:"你从什么地方来?"

慧海答:"从越州大云寺来。"

马祖又问:"来我这儿打算做什么呢?"

慧海说:"来求佛法。"

马祖说:"我这儿什么也没有,你来求什么佛法?你自家的宝藏不顾,抛家离舍地在外乱走求什么?"

慧海一听感到很惊奇:"自家宝藏?哪个是慧海的自家宝藏呢?"

马祖说"你正在问我的,就是你的自家宝藏。一切原本具足,无欠无缺,要用即用,自在无碍,哪里还用向外求取呢?"

慧海听了马祖的话,当下自识本心。不由欢喜赞叹,踊跃不已,作礼向马祖致谢。

抛弃杂念,可以看见清明世界。无欲无求,才能体会佛意。世人遇事总会想得到别人帮助,却恰恰忘了自己,久而久之形成一种依赖,于是自己便成了累赘。人活在世上,总是在充满迷惑的状态下生活:既不了解自己,也不能真正的认识世界。

试问你知道'我'是谁吗？这个问题看来很简单，有人可能会不假思索的回答，'我'就是我。其实这是一个很深奥的问题，你以为'我'是我，请问你究竟以身体为'我'，还是以思维为'我'呢？倘以身体为'我'，身体乃四大假合，四大解散'我'在何处；如以思维为'我'，思维乃建立在经验及概念上得以延续，并无独立可言。

回到你清醒的感觉，唤回你自身吧。当你从睡眠中醒来，你明白那苦恼你的只是梦幻，现在在你清醒的时刻来看待这些有关你的事，就像你曾那样看待那些梦一样。观照内心，善的源泉是在内心，如果你挖掘，它将汩汩地涌出。唐朝有位叫懒残的禅者，隐居山林之中，面对青山绿水，一瓶一钵，了无牵挂，他曾经写下一首禅诗：

世事悠悠，不如山丘。
青松蔽日，碧涧长流。
卧藤萝下，块石枕头。
山云当幕，夜月为钩。
不朝天子，岂羡王侯？
生死无虑，更复何忧。
水月无形，我常只宁。
万法皆尔，本自无生。
兀然无事坐，春来草自青。

烦恼中最难放下的是"我"，最难转移的是"我的感觉"。一般人的"我"很刚强、很傲慢，往往认为自己是世界的中心，可以主宰世间，认为我是优秀的，我好就是好，永远都不会变的，因此，才产生"自我"对立与"人我"对立的苦恼。其实，五蕴本空,"我"不是真我。如果"我"是真实不变的,那"我"就不会老、不会病、不会死,然而,人们却无法主宰自己的生命,令其不老、不病、不死。不仅身体不是我,身体之内的念头也不是我!

欲望、选择之所以累人,是因为过多的欲望和选择让你对自己的得失看得特别重,你的累和烦恼都来自于你的"自我"。我的投资、我的车子、我要挣高工资……现代人的每个选择都离不开"我"字,它们都因为"我"的存在而存在。

"我"就像一个容器,有这个容器才能装下包括车、工资、投资、荣誉、面子等等这些东西。所以,一个人如果忘我了,他就不会觉得累,因为用来装那些欲望的容器没了。

有两种人是不会觉得累的,一种是悟道的高僧,他们可以进入忘我、无我境地,无欲无求,虽然风餐露宿,粗茶淡饭,但他们不会觉得累,甚至也很少生病。一种是精神分裂病人或者痴呆者,他们的人格已经不存在了,他们的"我"被疾病打碎了,他们肯定不会像平常人那样表现出"自私",因为他们承载自私的容器——"我",不存在了,所以他们不会觉得累。

能被"自我"累到的人,肯定是不管什么事情、什么时候都把"自我"放在第一位的人。他的生活总是一段一段的,每段都过得不轻松,因为,他的目标太功利,全部是为了"我",就算一个目标实现了,他也消停不了,还要继续累下去。他迟早会感到孤独、绝望、心力交瘁。

最高境界的爱其实是"奉献之爱"。奉献的时候是忘我的,所谓"予人玫瑰,手留余香"就是这个意思。在你帮助人的时候,你其实是很轻松的,因为此时你忘掉了自己的不舒服、不愉快,所以这种爱既是利人的,更是利己的。

最低境界的爱是"索取之爱"。"索取之爱"之所以低级,是因为它不利人也不利己,因为它是基于"自我"的需要。我需要一个伴儿,所以找了你,我需要多少钱,所以我管你要,我需要一套房子,你得给我买……很多这样的夫妻,即使一时满足了,最后也得不到幸福。当他的"自我"满足以后,不再有新的需要的时候,他就开始折腾,更重要的是,很多寄存在"自我"中的烦恼、伤痛也因为对"自我"的过度关注而被放大了,所以他不可能不累。

11、淡泊的心态使人身心自在

【原文】古德云:"竹影扫阶尘不动,月轮穿沼水无痕。"吾儒云:"水流任急境常静,花落虽频意自闲。"人常持此意,以应事接物,身心何,等自在。

【译文】古人说:"竹影虽然在台阶上掠过,可是地上的尘土并不因此而飞动;月亮的圆轮穿过池水映在水中,却没在水面上留下痕迹。"今人说:"不论水流如何急湍,只要我能保持宁静的心情,就不会被水流声所惑;花瓣纷纷谢落,只要我的心经常保持悠闲,就不会受到落花的干扰。"一个人假如能抱这种处世态度来待人接物,不论是身体还是精神该有多么自由自在啊!

人的幸福,不是得到五欲六尘的享受,而是一定要保有完整的本性和一颗清净的心。用最简单和最充实的方式去回归你的真性,并且在最微末的事物里去体会它、欣赏它。若已平静,接受它;若尚未平静,一样接受它,那就是心的本质。

古代有一次画师之间的比试，要求的主题是：深山藏古寺。画师们纷纷立足于自己的生活感受，巧妙构思，各显神通。

有的画师画出了第一种意境：古木苍郁的山林中，古寺露在半山坡中。有的画师表现出了第二种意境：山林中隐现寺院的局部。还有更少数人画出了第三种意境：山林中只露出一只旗杆。只有一个画师画出了第四种意境：一个小和尚在山脚下的小溪边打水。

最后大家一致公认第四种意境的画作是立意最深远的，技惊四座，拔得头筹。第四种意境好在哪呢？

巧就巧在这位高明的画师，没有画古寺，但是通过和尚挑水暗示出这附近一定有寺庙，而且庙一定在深山中，画面上看不见。

就把"藏"的意境表现出来了。这就是"清净心"的境界，让人深思。情绪只不过是——些不具实质的念头，本质是空的。无来处，无去处，无停留处。能体悟空性的人，自然就能回归自性。清净心就是佛教所指的真性，清净心就是佛性，就是自性。

一日，为了考察弟子的悟性高低。禅宗五祖弘忍大师把弟子们召集在一起，对他们说："你们各人都作一首偈子送来给我看，如果有人真有悟性，我就把衣法传授给他，作为禅宗第六祖。"

上座神秀先作了一首偈子，五言四句，写在廊壁上，这首偈子是："身是菩提树，心如明镜台；时时勤拂拭，勿使惹尘埃。"

弘忍大师看了，摇了摇头说："这偈只到了门槛上，还没有进入门内。"

当时厨房里有个僧人，很能吃苦，名叫慧能，正在舂米，听到窗外的弟子们在诵读神秀的偈子，琢磨了一下，总觉得这首偈子没见到本性。他来到廊间，也想作一首偈，可是不识字，就请人代写。

不料被人讥笑他说："你这个粗人还想作偈子，真是稀奇！"慧能反驳道："要学无上菩提，不可轻视初学，下等人也可以有上等的智慧，上等人也不一定有悟达大意的智慧。如果轻视别人，这就犯了无量无边的罪。"

那人听了，感到慧能出语不凡，就同意代他执笔。

慧能的偈子也是五言四句，这首偈子是："菩提本无树，明镜亦非台；本来无一物，何处惹尘埃。"

大家看了，无不惊讶，异口同声地说："奇哉！奇哉！真是不可以貌取人啊！"

弘忍大师得知后，也赶来看偈，连连点头："慧能这偈才是见地透彻，悟达大意！"

为了避免引起妒忌，弘忍大师私下秘密传授衣法给慧能，并嘱他迅速离开。

慧能遵命，到了岭南，大力弘扬"顿悟见性"的南宗，是为禅宗六祖。

在佛家看来，心中无物，四大皆空。我们虽达不到这种境界，但也应当时时擦拭心中杂念，以使其不被尘世所染。人性本来就是清净的，放下功、名、利、禄……不要让这些东西玷污了我们清净的本性。色、声、香、味、触五样东西污染了我们的清净心及本性。

拥有一颗清净心，是幸福之源泉。燃灯法师说："如果我们破除一切执著尘劳，丢掉身外乱性的贪婪和物欲，找回自己，这样就能获得身心的自然安宁，惬意、舒适、安逸、幸福的生活也随之而来。"一生只知道追逐名利而不知道享受的人，心最苦累。

尘埃虽小，却容易荫蔽在深处。尘世中的人们对过去的事情更要"事如春梦了无痕"，及时扫去心头的尘埃，让内心得以解脱。只有内心宁静的人，才能享受清风下的花朵随风摇曳的飘然洒脱，雪夜中的月光逐云辉映的明朗清宁，这种怡人的景色。少欲则心静，心静则智慧开，智慧开则境界无限。合理的欲望是上进的，是积极的，过多的欲望就会带你走进烦恼的生命乐园。生命是有限的，不要在给自己有限的生命招引烦恼了，要学会放弃一些过多的欲望。

王维《终南别业》中："兴来每独往，胜事空自知。行到水穷处，坐看云起时。"王维淡泊宁静，随遇而适，心中有"云水人生"，像水一样游出世间，像云一样行脚天空，有一颗包容天地的云水禅心。《碧岩录》里，雪窦也有颂云："三界无法，何处求心？"心于三界，行云流水，自性自在，真空妙有，乃天地境界。

真正的快乐是什么？身心自在，心地清净，一尘不染，这就是大乐。

人受到外物的影响，跟着外物的环境转，必须回转来，向内追求自己。想要知道的这个道是个什么，必须要回转来自知，才能找到这个东西。所以说，"自彼则不见，自知则知之。"从外面找不到，要从自己内心找才能知道。

12、心静如水，体悟生命的真实

【原文】山林是胜地，一营恋变成市朝；书画是雅事，一贪痴便成商贾，盖心无染著，欲境是仙都；心有系恋，乐境成苦海矣。

【译文】山川秀丽的林泉本来都是名胜地方，可是一旦沾迷留恋，就会把胜景变成庸俗喧嚣的闹区；琴棋书画本来是骚人墨客的一种雅好，可是一产生贪恋念头，就会把风雅变成俗不可耐的市侩。所以一个人只要心地纯洁，丝毫不被外物所感染，即使置身人欲横流之中，也能建立自己内心的仙境；反之一旦迷恋声色物欲，即使置身山间的乐境。也会使精神堕入痛苦深渊。

保持心灵的虚空寂静，这方面多下些苦功夫，经常反省自己，可以超脱外物的束缚，可以享受到自然的机趣。

如果一个人能够做到内心安定，他就能处理任何事情，从而使自己的处境得到改变。佛陀的心清澈无碍，他明了世间的一切道理和事实真相，他的心像荷一样静素清纯，人的本性也像泉源一样清澈明净，但后因世事的污染，蒙蔽了本性，看不清真实的面貌。所以，只有在日常生活中去修炼，做到进退无著，才能返回本性，保持清净心不被污染。清净、平等、清澈无碍的发心，是我们的本源。所以，一旦发现不清净、不平等就需静心修炼，这是智慧的选择。

慧能大师最先去了法性寺。在那里，他看到两个和尚在飘动着法幡（佛教里一种写着佛号的小旗子）的旗杆下面争论不休。

一个和尚大声叫道："明明就是旗子在动嘛！这还有什么好争论的？"

另一个和尚反驳说："没有风，旗子怎么会动？明明就是风在动嘛!"

两个人争论不休,谁也不服谁,周围很快聚了一堆看热闹的人,大家都议论纷纷,莫衷一是。

慧能大师摇头叹了口气,走上前去对人们说道:"既不是风动,也不是旗子动,而是你们大家的心动啊!"

有人说笑着把这事报告给了住持方丈。方丈听罢大吃一惊,急忙率领众弟子前来拜见慧能大师。顶礼膜拜道:"阿弥陀佛!望大师能长驻此地,指点弟子们迷津。"

于是,慧能大师就在此设坛讲经说法,不久禅宗的思想就传遍了大江南北,今日更是风靡了世界。

从这则故事可以看出禅师们对心外事物的观点,完全是返求自心,而不是滞留在事物的表象上面。现象的存在是片面的,其所以有分别,完全因为自身的起心动念。心静则万物莫不自得,心动则万象差别自现。

一位禅者说得好,"人者,心之器也。"整个世界的脉动,都存乎于人心,为心所主导,为心所感动。

生活越是无碍,越是快乐。因为它简单、所求不多,所以,内心也更充实和丰富,就像梭罗说的:"我们的生命都给琐碎的事情浪费了,要简单,尽量简单。"简单就是放下,就是把对我们的生命没有意义的东西割舍,只珍惜最珍贵的,对外界的其他一尘不染,真正做到理事无碍、事事无碍,自然看山是山、看水是水,真如自在。

如果问,佛陀在菩提树下安坐悟道时,他到底悟到了什么?其实最重要的一点就是,他发现了妄想将佛性掩盖了,他知道了这是众生沉迷不悟,在六道中轮回的主要原因。而学佛修行,就是要打掉这些妄想，从眼、耳、鼻、舌、身五识开始，一个个打掉。妄想越少，得到的果位就越高。佛陀后来说法传道49年，其核心内容就是打掉妄想，不胡思乱想。一个人能不妄想不胡思乱想，他的内心自然变得祥和清明，烦恼痛苦也会随之消失。佛经上讲八万四千种法门，念佛也好，拜佛也好，只有一个目的，就是让人不妄想，明明白白吃饭，踏踏实实睡觉。禅宗马祖禅师说，饥来吃饭，困来睡觉，就是这个意思。

但是，在这个严重污染的时代，我们的心不可能不受到污染。环境诱惑的力量太大了，比过去不知增加了多少倍。人心浮躁，人情淡薄，人与人之间的失信和背叛，让我们看到了太多的虚伪、欺侮和诈骗。在这样处处险恶的缝隙里生存，自然难得清静，不免生出自私怨恨来，为了名利起争执，去争夺。很多人有一个毛病，喜欢轻听轻信。一些心怀叵测的小人就是利用人的这个弱点，不择手段地去搬弄是非，制造各种误会，他们却坐山观虎斗，隔岸观火。人一旦受到这些干扰，就很难再保持内心的平静，而陷入更多的愁苦之中。所以，佛陀教导众生要看破，学着解脱出来，做个局外人。

对于我们普通的众生，这是一种积极的人生态度。这并不用我们像真正的出家人那样跳出红尘、逃避现实，而可以像梁实秋说的那样："在现实的泥洞偶然昂起头喘几口气。"这是我们对生活有了明确认识后的正确选择。既然在这个社会上生活，就不免内心被烦恼污染。在这样的时候，我们只有暂时让自己解脱出来，做个局外人，勇敢地面对现实，去克服消除那些烦恼，让自己放松、释然、坦然。"去留无意，任天空云卷云舒；宠辱不惊，闲看窗外花开花落。"这样遇事想得开，看得透，放得下，不以物喜，不以己悲，淡泊名利，自然能够克服现实中的那些障碍，让自己的灵魂和人格得到完善和超越。

13、一撮生命的清茶

【原文】静中念虑澄澈，见心之真体；闲中气象从容，识心之真机；淡中意趣冲夷，得心之真味。观心证道，无如此三者。

【译文】人在宁静中心绪才会像秋水一般清澈，这时才能发现人性的真正本源，人在安详中气概才会像晴空白云一般舒畅悠闲，这时才能发现人性的真正灵魂；人在淡泊中内心才会像平静无波的湖水一般谦冲和蔼，这时才能获得人生的真正乐趣。大凡要想观察人生的真正道理，再也没有比这种方式更好的了。

《庄子·缮性》篇有"恬以养志"的名言，强调在宁静中修炼身心，以达返璞归真之境。一个人如果常保持这样的处世心态来为人处世，那么，身心是多么自在逍遥啊。

人生沉浮，如一盏茶水。苦如茶，香亦如茶。世事纷扰，人间沧桑。茶在杯盏中的沉浮之间，如人生之经历风霜雨雪。怎样从小小的茶壶中去感悟人生的挫折，如何从清淡的茶水里去品味人生哲理？

人生这一杯茶，会喝的人能够在苦汁中尝出甜味来，在甜蜜中尝出苦涩来；不会喝的人甜时得意忘形，苦时呼天抢地。半盏清茶，观浮沉人生。一颗静心，看清凉世界。

一个屡屡失意的年轻人千里迢迢来到普济寺，慕名寻到老僧释圆，沮丧地对释圆说："像我这样屡屡失意的人，活着也是苟且，有什么用呢？"

释圆如人定般坐着,静静听着这位年轻人的叹息和絮叨,什么也不说,只是吩咐小和尚说:"施主远途而来,烧一壶温水送过来。"

小和尚送来了一壶温水,释圆抓了一把茶叶放进杯子里,然后用温水沏了,放在年轻人面前的茶几上,微微一笑说:"施主,请用些茶。"

年轻人俯首看看杯子,只见杯子里微微地袅出几缕水汽,那些茶叶静静地浮着。年轻人不解地询问释圆说:"贵寺怎么用温水冲茶?"

释圆微笑不语,只是示意年轻人说:"施主请用茶吧。"

年轻人只好端起杯子,轻轻呷了两口。释圆说:"请问施主,这茶可香?"

年轻人又呷了两口,细细品了又品,摇摇头说:"这是什么茶?一点茶香也没有呀。"

释圆笑笑说:"这是闽浙的名茶铁观音啊,怎么会没有茶香?"

年轻人听说是上乘的铁观音,又忙端起杯子吹开浮着的茶叶,呷了两口,又再三细细品味,还是放下杯子肯定地说:"真的没有一丝茶香。"

释圆微微一笑,吩咐门外的小和尚说:"再去膳房烧一壶沸水送过来。"小和尚不一会便提来一壶壶嘴吱吱吐着浓浓白气的沸水进来,释圆起身,又取一个杯子,撒了把茶叶放进去,稍稍朝杯子里注了些沸水。放在年轻人面前的茶几上。

年轻人俯首去看杯子里的茶,只见那些茶叶在杯子里上上下下地沉浮,随着茶叶的沉浮,一丝细微的清香便从杯子里袅

袅地溢出来。嗅着那清清的茶香,年轻人禁不住欲去端那杯子,释圆微微一笑说:"施主稍候。说着便提起水壶朝杯子里又注了一缕沸水。"

年轻人再俯首看杯子,见那些茶叶上上下下沉沉浮浮得更嘈杂了。同时,一缕更醇更醉人的茶香袅袅地升腾出杯子,在禅房里轻轻地弥漫着。

释圆如是地注了五次水,杯子终于满了,那绿绿的一杯茶水,沁得满屋津津生香。

释圆笑着问道:"施主可知道同是铁观音却为什么茶味迥异吗?"

年轻人思忖说:"一杯用温水冲沏,一杯用沸水冲沏,用水不同吧。"

释圆笑笑说:"用水不同,则茶叶的沉浮就不同。用温水沏的茶,茶叶就轻轻地浮在水之上,没有沉浮,茶叶怎么会散逸它的清香呢?而用沸水冲沏的茶,冲沏了一次又一次,茶叶沉了又浮,浮了又沉,沉沉浮浮,茶叶就释出了它春雨的清幽,夏阳的炽烈,秋风的醇厚,冬霜的清冽。世间芸芸众生,又何尝不是茶呢?那些不经风雨的人,平平静静生活,就像温水沏的淡茶平地悬浮着,弥漫不出他们生命和智慧的清香,而那些栉风沐雨饱经沧桑的人,坎坷和不幸一次又一次袭击他们,就像被沸水沏了一次又一次的酽茶,他们在风风雨雨的岁月中沉沉浮浮,就像沸水一次次冲沏的茶一样溢出了他们生命的脉脉清香。"

年轻人听后恍然大悟。

浮生若茶。我们何尝不是一撮生命的清茶?而命运又何尝不是一壶温水或炽烈的沸水呢？茶叶因沸水才释放出深蕴的清香，生命也只有遭遇一次次挫折才能留下人生的成功。

看郁达夫的一篇童年自传，写到他少小时，常一个人躺在山坡的草地上，睁着眼睛看天上的流云和飞鸟，想象着山的另外一边是怎样的景象，想着想着就往往痴然乃至潸然。读到这一段时，整个人心中不由地有一股怅然与惊悸，仿佛心灵深处最柔软的一部分被人抓起攥紧一般。

再后来看王家卫电影《东邪西毒》里，洪七问欧阳锋："这个沙漠的后面是什么地方？"欧阳锋答："是另外一个沙漠。"接着是一段自白：每个人都会经历这个阶段，看见一座山，就想知道山后面是什么。我很想告诉他，可能翻过去山后面，你会发觉没有什么特别，回头看会觉得这边更好。但是他不会相信，以他的性格，自己不试试是不会甘心。

是的，很多时候我们都是为了想看山或沙漠那边的风景，而让自己渐行渐远，走出了山的怀抱、沙漠的疆域，走入了都市红尘中。直到有一天又惊觉，山和沙漠的这一面已成了心中的风景。只是那时已走得太远，未必可以回去得了。我们都很难摆脱这样宿命的安排，因为，对我们来说，自己不试试是不会甘心，我们都很难满足于一种生活的状态，而总要去羡慕另外一种生活，好像围城一般。

印度哲学著作《奥义书》中的一句："一个人到三十岁要把全部时间用来觉悟，如果不用来觉悟，就是一天一天走向死亡。"给了我莫大的启迪。现代人有很多"病症"：定力薄弱，心性浮躁；欲望强盛，烦恼繁多；资讯繁忙，知识丰富；我执强烈，随波逐流。因而，无法获得身心的安顿。而现代人要获得身心的安顿,第一是从内在方面得到,第二是打破执著获得。只有少欲无为,方能身心自在。

14、人人都有佛性

【原文】人人有个大慈悲,维摩屠刽无二心也;处处有种真趣味,金屋茅舍非两地也。只是欲闭情封,当面错过,便咫尺千里矣。

【译文】每个人都有仁慈之心,维摩诘和屠夫是刽子手的本性是相同的;世间到处都有合乎自然的真正的生活情趣,富丽堂皇的高楼大厦和简陋的茅草屋也没什么差别。可惜人心经常为情欲所封闭,因而,就使真正的生活情趣错过,不能排除物外杂念,虽然只在咫尺之间,实际上已相去千里了。

《观无量寿经》有"佛心是大慈悲",指佛菩萨广大之慈悲。意思是说,人人都具有成佛的佛性。《巴利·支部经》上说:"内心污浊,其道不平。若心污浊,则行为就污秽;行为污秽,就不能避免其痛苦。"佛性是指每个人内心跟佛一样的本性,像佛一样充满光明与喜悦,像佛一样无限包容与大爱,像佛一样平等对待万物万生。

六祖慧能初见五祖弘忍时,弘忍问:"你是哪里人?来这里做什么?"

慧能答:"弟子是岭南人,来到这里,想求作佛!"

弘忍说:"你是岭南人,蛮荒之地,你从那个地方来,你能成佛吗?"

慧能说:"人有南北之分,佛性并无南北之分,弟子身与和尚身虽然不一样,佛性却并没有什么两样!"

弘忍听到慧能的对答，暗暗吃惊，觉得这个人很有慧根，便把他留了下来。但只让慧能做行者，也就是并未正式出家，还只是在厨房里干杂活的"临时工"，用以磨炼他的心性。

能修成佛的人不是一般人，他们都是有佛性的人。慧能初见弘忍便提出了人人都有佛性的说法，这便为人人皆可成佛提供了可能。慧能创立的禅宗认为成佛也很容易——放下屠刀，立地成佛，这就为众生打开了顿悟成佛的方便法门。

以前读《水浒传》，一直不明白，吃肉喝酒杀人放火的鲁智深，为什么五台山智真大师说他有真佛性，后来想想人生在世，率性而为，称心快意，几人能够？梁山众人，大多有放不下，离不开的身外事，如杨志念念不忘的封妻荫子等事，宋江权势熏心，只有鲁智深心中清明，了无牵挂，才能行侠仗义，任性所致！真是一任破衣芒鞋随缘化，赤条条来去无牵挂。其实，那些庸僧用清规戒律来束缚自己，为了修个金身正果，何尝不是放不下？而智深和尚的这种佛性洒脱，与道济活佛倒是异曲同工了。

一个人悔过了失去的佛性，就像在危险和复杂环境中，突然发现了逃离的方法，外在的压力就像一座巨大的冰山豁然化掉。从前的一切疑惑和不快，都想冰块溶解一样消失得干干净净。

《佛说四十二章经》上说："譬如磨镜。垢去明存。三界唯心造，修心可了道。欲生净土，当净其心，随其心净，则佛土净。清净为心即弥陀，慈悲济物皆观音。"

内心干净，则世界干净；内心黑暗，则世界黑暗。烦恼的根本是什么？它的根本来自：贪、嗔、痴、慢、疑、我执。也就是说，我们有这个贪心、一种愤怒心、一种糊涂心、骄傲的心，什么都不相信，迷迷糊糊地从负面去看问题，非常自我，

以自我为中心,而成立了一种偏执的人生观。这是烦恼的根本,业力的源头。一般人都是在这些事相上打转,怕不得、怕失去,种种的无明恐惧由此而生。这种患得患失、恐惧的感觉,就让你感觉到无穷的苦感,飞天遁地无法跳脱。

当年悉达多太子也是众生中的一员,正是因为他发挥了"不失其时"的佛性才修道成佛。每个人都有各自的志向,即便是你走了邪路,但佛性仍在,只要及早回头,依教行持,还是可以成佛的,所以说:"佛是已觉的众生,众生是未觉的佛",就是这个道理。那到底什么是佛性呢?佛性是一种能量,它无相又真实存在。虽然是无相,但也不能说是断灭相。龙树菩萨在《中论·观去来品》中说佛性是:"已去无有去,未去亦无去;离已去未去,去时亦无去。"佛经中对佛有十种称谓,其中有一种称谓是"如来",意思就是说,佛是"如来如不来"。为什么说佛是来了又像是没来呢?这是因为,佛性小能小到一粒微尘,大能大到遍虚空尽法界,是世间万物的缩影。

在生活中,最怕碰到一些意外、不如意的事情,一旦发生,各种情绪都如影随形,整个身心都会陷入一种混乱的状态。凡人的一半是天使,一半是魔鬼,私心杂念就是魔鬼。世间人要及时清理自己的私心杂念,洗涤心灵的污垢,清除魔鬼的一面。

15、省视自己,走出心灵的篱笆

【原文】才就筏便思舍筏,方是太平道人!若骑驴又复觅驴,终为不了禅师。

【译文】刚跳上竹筏,就能想到过河后竹筏没用了,这才是懂得事理不为外物所牵累的道人;假如骑着驴又在另外找驴,那就变成既不能悟道也不能解脱的和尚了。

超凡脱俗的方法,还是要用此心去体会领悟,不一定要断绝欲念,心如死灰。《涅槃经》也说:"一切众生皆有佛性。"可见佛无须外寻,就在自己心中。佛在哪儿?不务外求,自心证见。心中不能悟道,就是费再大的劲,花再多的功夫都是不能求得真谛的。现代的生活中,很多人也陷入这样的误区。

台湾圣严法师曾经在一次讲法中提到这样一个例子:

我曾经见过一位女孩在被男友遗弃时,希望和她的薄情郎拼个同归于尽,后来她知道她的男友早已另结新欢,铁定不可能再回头爱她,便来告诉我,说她已经想通了:"既然因缘如此,为了让自己能够好好地活下去,就不想痛恨他一辈子了。"

世间的一切现象皆由因缘而生,所以称为"缘起",例如人的一生之中,会有种种遭遇:有的人面对挫折愈来愈有信心,有的人则恰巧相反,经过几番风浪之后,便再也没有勇气面对残酷的现实世界了。

同样的现实环境,却有不同样的人生体验,这就是各人的因缘使然。像这个女孩所体会到的"因缘",即是"空"的观念,是最能够助人摆脱痛苦的方法。

圣严法师坦然承认,当他遇到弟子做错事,或见到他人犯了很严重的错误时,也会有生气的感觉出现;但他不会生气到让自己痛苦,更不会让对方感受到他的情绪失控。想要将情绪拿捏得恰到好处,是需要用智慧来化解,用修养来消融的。只要是人,就难免会生气。

很多人以为佛教的因果观念是消极的,其实不然,学佛的人如果懂得因果的观念,一定会更积极努力,因为即使努力,

还不一定能够得到成果,也就是说"种瓜不一定得瓜,种豆不一定得豆";然而如果不努力,就更不可能得到成果。

佛性,其实每一个人都拥有,就看你能否给自己一个肯定。人人都可以成仙、成佛、问道。人也是可以变化的,一切就看你自己怎么看待了。如果你认定自己只是这样,也许你一辈子也许就这样了。因此,只要你坚定走出心灵的篱笆,一个更大的天空就不会离你太远。

王守仁,字伯安,汉族,浙江余姚人,因被贬贵州时曾于阳明洞学习,今贵阳市修文县。学者称之为阳明先生,亦称王阳明。他的心学提倡解放人的思想阳明以"心"(良知)立言,又以良知释心,"心"就构成了心学的基石。无善无恶是心之体,有善有恶是意之动,知善知恶是良知,为善去恶是格物。

弘治十四年,王守仁调到了刑部,当时全国治安不好,犯罪率很高,大案要案频发,他便从此开始到全国各地出差审案。

但是,审案之余,他还有一个爱好,那就是四处登山逛庙找和尚道士聊天,因为他"格"来"格"去,总是"格"不出名堂,只好改读佛经道书,想找点灵感。

不久之后,他到了杭州,在这里的一所寺庙中,他见到了一位禅师。

据庙中的人介绍,这位禅师长期参佛,修行高深,而且已经悟透生死,看破红尘,是各方僧人争相请教的对象。

王守仁即刻拜见了禅师,他希望得到更多的启示。可是他失望了,这位禅师似乎没有什么特别,只是与他谈论一些他早已熟知的佛经禅理,他慢慢地失去了兴趣。而禅师也渐渐无言,双方陷入了沉默。

在这漫长的沉默之中,王守仁突然有了一个念头。他开口发问,打破了沉寂。

王守仁问道:"有家吗?"

禅师睁开了眼睛,答:"有。"

王守仁问:"家中尚有何人?"

禅师答:"母亲尚在。"

王守仁问:"你想她吗?"

这个问题并没有得到即刻的回应,空荡荡的庙堂又恢复了寂静,只剩下了窗外凌厉的风声。

良久之后,一声感叹终于响起,禅师说:"怎能不想啊!"

然后,禅师缓缓地低下了头,在他看来,自己的这个回答并不符合出家人的身份。

王守仁站了起来,看着眼前这个惭愧的人,严肃地说道:"想念自己的母亲,没有什么好羞愧的,这是人的本性啊!"

听到这句话的禅师并没有回应,却默默地流下了眼泪。他庄重地向王守仁行礼,告辞而去。第二天,禅师收拾行装,舍弃禅师的身份,还俗回家去探望自己的母亲。

寺庙的主持怎么也没有想到,这个上门求佛的人竟然把自己的禅师劝回了家,要让他再待上几天,只怕自己这里就要关门了,便连忙把王大人请出了庙门。

王守仁并不生气,因为在这里,他终于领悟了一条人世间的真理:无论何时,何地,有何种理由,人性都是不能,也不会被泯灭的,它将永远屹立于天地之间。

王守仁最重要的哲学观点是"心外无物,心外无理。"这个观点可能会让外人难以接受,但是其实很好理解。

王守仁游南镇，一友指院中花树问曰："天下无心外之之物，如此花树，在深山中，自开自落，于我心亦何相干？"

王守仁云："尔未看此花时，此花与尔同归于寂；尔来看此花时，则此花颜色一时明白起来。便知此花不在尔心之外"。

这个例子说明，守仁并非否认客观事物的存在，而是从此物与我心的关系来解释事物的存在。他认为所有"存在"的事物都是我心内之事物。既然所有都在我心，那么"亲民"、"爱物"就是自然而然的事了。（这里补充一下，民不是与官相对的民，而是一国之人为民的民）若真能人人都做到"亲民"、"爱物"，那么这个世界会美丽到什么样子？结合现实，若是每个人能够学习并接受一点阳明的思想，日思"为善去恶"，那么，我们社会的风气当然就能够好一些！

"为什么我的善心总是经不住考验？"常抱怨别人，在小事上斤斤计较而自己碰到时也难以释怀。见别人见利忘义而义愤填膺，自己在利益面前也常乱了阵脚。谈论同事态度暧昧，自己有时见到女孩子也是过度欣赏。道德判断和道德实践常常走不到一起，"知及之，仁不能守之。"这只是我们的意志不坚定吗？

王守仁的心学回答了这个问题，除了意志，可能还有方法上的问题。因为我们的善心不是出自"本心"，所以才显得弱不禁风。"知是心之本体，心自然会知，见父自然知孝，见兄自然知弟，见孺子入井，自然知恻隐。此便是良知，不假外求。若良知之发，更无私意障碍，即所谓：充其恻隐之心，而仁不可胜用矣。"

古人在道德修养上是内省，由内省印证的内在的本然之性括充到我们的现实生活中去。如果在统会上下工夫，统会在人天合一的人性上，我们就可以做到君子坦荡荡，心地无私天地宽，光明无量！

16、常怀觉醒慈悲之心

【原文】仁人心地宽舒，便福厚而庆长，事事成个宽舒气象；鄙夫念头迫促，便禄薄而泽短，事事成个迫促规模。

【译文】心地仁慈博爱的人，由于胸怀宽广舒坦，就能享受厚福而且长久，于是形成事事都有宽宏气度的样子；反之心胸狭窄的人，由于眼光短浅思维狭隘，所得到的利禄者是短暂的，落得只顾到眼前而临事紧迫的局面。

觉醒慈悲之心待人，贵在心地仁慈博爱，在于忘我，所以私欲少而烦恼少。生活中的待人之道确应有些肚量，少为私心杂念打主意，不强求硬取不属于我的东西。如果只用眼睛盯着自己，就会陷入自恋与自私。

李叔同出家之后，就成了闻名的弘一法师。

有一次，弘一法师去丰子恺家的时候，丰子恺请他坐在藤椅上，他就先摇晃一下，然后再坐。

丰子恺不理解他的行为，就问他为什么这么做，弘一法师回答说："这椅子里头，两根藤之间，也许有小虫子伏着，突然坐下去，会把它们压死，所以先摇动一下，慢慢地坐下去，好让它们避走。"

从法师的话中，我们可以看出他的慈悲之心是无处不在的。世上标榜自己有慈悲之心的人很多，但是，能够像李叔同这样身体力行的人实在是太少了。

在佛家看来，众生平等，任何一个生命体都是应该值得关心。

即使再卑微的生命也应该在天地间占有一席之地,人们是不可以随便杀死它们的。

真正有修为的人,能够真心地爱护生命。在很多人的眼里,不仅仅是人和其他生命体有尊卑之别,人与人之间也是有等级差距的。高高在上的人可以任意屠戮下面人的生命。这就是为什么人类之间战争不断的原因。

造物主安排了各种生命降世,是让他们充实这个自然界的,人类在残酷的竞争中脱颖而出,错误地认为自己是自然界的主宰。本来人类有责任去维护每一个生命,维护每一个生命的尊严。可是在我们的眼里,很多生命是微不足道的。生态平衡被破坏造成的危机,已威胁到人类自身的生存,难道我们还不应该觉悟吗?

慈悲的力量却绵延不绝,没有止境,可以震撼人的心灵,使人的身心得到净化。所以,在这个纷繁复杂的世界上,只有慈悲是我们永远的护航者,任何的愤怒、攻击和伤害,在无限的慈悲之光的照耀下,都变得软弱和无力。

慈悲有着温暖和开朗的特质。人,应该有这种慈悲之心,我们难以想象,人如果丧失了这种本性,自私自利,甚至为了自己的利益而去做伤害别人的事情,世界会是什么样子。

在今天竞争激烈的社会中,我们每个人都行色匆匆,为了工作奔波繁忙,彼此都变得很疏远、很冷漠,很长时间里忘记了慈悲,忘记了人与人之间的爱和关心。我们很多人都喜欢慈悲这两个字,但是内心却被其他别的东西阻塞了。比如:欲望、嫉妒、自私、尖刻。我们被无明的烦恼习气缠缚,对世间所发生的种种苦难和不幸,比如:天灾人祸、疾病饥荒等等感觉麻木了,甚至有时会想,痛苦是别人的事,和自己没有关系。正是由于这种麻木,我们许久都没有感到慈悲之心的重要。所以,我们应该扪心自问,如果这些情况发生在我们的身上会是什么样子,如果我们面对死亡的来临呢?我们应该真切地从内心体验这一切,让众生的苦难唤醒我们的慈悲和内在的良知。

真正的慈悲是悲智双运,懂得运用善巧方便来利益众生。慈悲,并非顺着对方之意而任其予取予求;慈悲,必须视时节因缘而进退得宜。

有一位官人来找赵州禅师谈禅,偶然谈到极乐世界与地狱的问题,他问赵州禅师:"大师也会入地狱吗?"

禅师说:"老僧最先入地狱。"

官人很吃惊,往日一直听说的是行善的往生净土,作恶的堕入地狱。就问:"您是大善知识,为什么会入地狱呢?而且是先入!"

禅师说:"我如果不入地狱,那谁来教化你呢?"

我不入地狱,谁入地狱?地狱不空,誓不成佛。地藏菩萨的大愿在禅师的身上得到很好的体现。他们撇开自己的清静与逍遥,甘心与红尘为伴,与众生为伴,与人们的善念恶念、善行恶行为伴。最先入地狱,最后成佛道,这种天下滔滔,舍我其谁的担当与气概,慈心与悲悯,既给我们勇气,又让我们慰藉,这就是禅者的魅力所在。

何谓慈悲?慈能与乐,悲能拔苦。诸佛菩萨以"无缘大慈,同体大悲"的平等心对待一切有情,儒家有言:"老吾老以及人之老,幼吾幼以及人之幼。"此外,墨家讲兼爱,耶稣教世人博爱,这都是慈悲心的展现。

有一头迷路的鹿跑进高山寺，明惠上人看了连忙喊着："这是哪里来的鹿，快把他赶出去！"不但召唤弟子驱逐，自己也一边拿起拐杖赶鹿。弟子们大惑不解，心想平时慈悲亲切的上人，连一只蚂蚁尚且护念，今天怎么反常的严厉，还亲身鞭杖赶鹿呢？正当大众议论纷纷时，上人向大众说道："我是为了不让鹿习惯于人类，所以才赶他出去；鹿一旦习惯了和人相处，就会失去对猎人的警戒心，因而丧失生命。"慈悲不只是外在所现的柔软，其中更应具足智能的判断。

所谓慈悲心，如果简单一点说，就是可以无条件的，给予众生快乐，不忍心众生受苦，并强烈的希望众生从痛苦中解脱出来。慈悲心和我们常说的爱心、同情心和怜悯心有颇为相似之处，但又不尽相同，因为在广度和深度上它更纯洁、更崇高，是人世间最美好、最高尚的情感。慈悲是真正的平等，就像太阳面对众生散发无限的光芒，是一种彻底的利他之心，没有丝毫自私和我执的成分，是一种"道"，是人心的最终到达。

17、世间没有永恒的烦恼

【原文】风来疏竹，风过而竹不留声；雁渡寒潭，雁去而潭不留影。故君子事来而心始现，事去而心随空。

【译文】轻风吹过稀疏的竹木会发出沙沙的声响，可是当风吹过去后竹林并不留下声音而仍旧归于寂静；大雁飞过寒潭会倒映出雁影，但是雁飞过后清澈的水面依旧是一片晶莹并没有留下雁影。由此可见，君子遇事其本性才会显现出来，事后其本性也就恢复了原来的空虚平静。

其实，快乐与烦恼都没有永恒不变的。所谓"象由心生，象随心灭"。当到来的时候是因缘遇合，过去之后缘尽又一切皆空，即"风过而竹不留声"，人的快乐与烦恼，最终不由个人意志决定。所以，人生应当抱定随遇而安的态度，不要事事劳心挂念。

佛教主张万事随缘，也就是凡事顺其自然，对结果不必强求。认为无论什么事物的产生和发展都是因为具备了一定的条件。也就是说，它的发生是一种必然，我们无从选择逃避，所以，倒不如以一种随缘的态度来面对它，这样更轻松释然。

从前，有一位很有修为的居士。有一次，他到一所有名的禅院去拜访一位禅师。与禅师见面之后，他们的谈话非常投机，不知不觉已到了午饭时间，禅师便留居士用餐。

侍者为他们做了两碗面条。面条的味道很香，只不过一碗大一碗小。

两人坐下后，禅师看了一眼面条，便将大碗推到居士面前，说："你吃这个大碗的。"

本来按照常理，居士应该谦让一下，将大碗再推回到禅师面前，表示恭敬。可是，没想到居士却看也不看禅师一眼，接过来后径自埋头大吃起来。

禅师见状，双眉紧锁，很是不悦。而居士并没有察觉，一个人依旧吃得津津有味。

等他吃完，抬头看见禅师的碗筷丝毫未动，于是，便笑问禅师："师父为什么不吃呢？"

禅师叹了一口气，一言不发。

居士又笑着说："师父生我的气啦？嫌我不懂礼貌，只顾自己狼吞虎咽。"

禅师没有答话，只是又叹了一口气。

居士接着问道："请问禅师，我们推来让去，目的是什么？"

"让对方吃大碗。"禅师终于答话了。

居士说道："这就对了，让对方吃大碗是最终目的。那么如您所想，争着推来让去，什么时候能将面条吃下肚去？我将大碗面条吃了下去，您心中不高兴，难道您谦让的目的不是真心的吗？你吃是吃，我吃也是吃，既然这样，那推来让去又有什么意义呢？"

禅师听完居士的一番话，心中顿悟。

人们在日常生活中总会遇到各种各样的问题。不同的心态，处理问题时会达到不同的效果，而人的心境也会不一样。人们每天都会用心、操心、忧心、烦心、痛心、怨心、牵心、碎心，种种辛苦疲劳都源自于心，所以，我们遇事之前首先应正心、修心、炼心、养心、明心。

老子曾经说："人法地，地法天，天法道，道法自然。"他的意思是，只有一切都顺其自然，才是最高的境界。我们也只有遵守自然的规律，一切随缘，心才能自在平和，也只有这种遵守自然规律的态度，才可以让我们远离嗔痴的烦恼，思想不被重重的顾虑和忧愁牵绊，就会获得心灵真正的自由。

宠辱不惊，得失无意，凡事只要自然就好，不需要更多的外在的形式。这样可以获得身心的自然安宁、惬意、舒适与安逸，幸福的生活也会随之而来。顺其自然，往往是最好的处世方式。尘埃虽小，却容易荫蔽在深处。尘世中的人们对过去的事情更要"事梦了无痕"，及时扫去心头的尘埃，让内心得以解脱。只有内心宁静的人，才能享受清风下的花朵随风摇曳的飘然洒脱，雪夜中的月光逐云辉映的明朗清宁这种怡人的景色。

18、用包容的心态处世

【原文】容得性情上偏私，便是一大学问；消得家庭内嫌雪，才为火内栽莲。

【译文】容忍得了禀性性情上的自私，就是一门大学问；消除得了家族门庭内的怨嫌霜雪，才是火海内栽种莲花。

生活中既没有完美无缺的事物，也没有十全十美的完人。苛求人生完美无缺本身就是人格的不完美。学会宽容生活的不如意，就是享受。

《圣经》中有则故事：

约瑟夫是雅各的第十一个儿子，因为兄长的嫉妒，便在少年时候卖到埃及为奴。后来在埃及当上了宰相。有一年闹灾荒，有一群外地人到埃及来寻找食物，正好被约瑟夫看见。突然他看到人群中有个人正是他离别多年的哥哥，由于多年的相思之情以及对父母的牵挂，让他十分想知道家里的境况。于是，他命令自己的手下全部撤退，走到哥哥面前说道："是我，约瑟夫，我的父亲还好吗？"

这让他的哥哥们顿时哑口无言，目瞪口呆。接着，约瑟夫又对哥哥说："哥哥，你们难道不认识我了吗？我是你的兄弟约瑟夫啊，是你们把我卖到埃及的。"随后又对他们身边的人说，"我是你们的兄弟啊！"可是谁也不敢相信，眼前这个如此威风和荣耀的人竟然是自己的亲弟弟。

但当约瑟夫把一切事情说完后，才使他们相信他就是自己当年被卖的弟弟。吓得他们说不出话来。看到哥哥们如此惊慌，

约瑟夫很清楚他们在担心什么、惶恐什么。于是，再次对他们说："你们不要因为把我卖到这里，而感到内疚，其实那是上帝救了我的命才把我送到这里来的。如今咱们老家闹灾荒已经两年多，土地一直颗粒无收，是上帝让我早些过来，为了让我继续存活，而用特殊的方式来搭救你们的性命，所以，如今上帝让我成为了法老的父亲，所有财产的主人及整个埃及的统治者。"

由此可知，约瑟夫把自己少年的苦难看做是上帝拯救自己的性命的行为，其实就是一种宽以待人、化敌为友的处世为人之道。

是的，虽然我们不是基督徒。但是，约瑟夫身上那种包容宽阔的胸怀完全值得学习。生在世短短数十载，能用包容的心态生活，时刻保持一颗本真的心，无疑是幸福的。很难想象，一个斤斤计较心胸狭隘的人，会是真正幸福快乐的人。

生活是摇摆在幸不与幸、沉与浮、光明与黑暗之中的。哪怕是丑陋的、邪恶的和污秽的，也是生活的一部分，只有实实在在地去面对，才是成熟的表现。

李安导演的《卧虎藏龙》中，有这样一句台词，李慕白对俞秀莲说："江湖卧虎藏龙，人心何尝不是？"虎和龙在中国文化中指阴和阳，阴和阳又隐喻着一切善恶对立。江湖中的善和恶归根到底的源头在于人心中的善和恶，种种矛盾纠葛的解决有待于人心的净化。

有一位画家要画耶稣，想找一位纯真的人作模特，最后他找到了一个相貌英俊的学士。

有人建议画家画魔鬼撒旦。画家认为去监狱才能找到丑陋的人作模特。

在监狱里他找到了一位理想的人，却还是那位学士。

画家不解地问："怎么会这样呢？"

学士说："我自从得了那笔钱，就开始花天酒地，把钱花光之后，为了满足遏制不住的欲望，就去偷、去抢、去骗……最后案发入狱。"

原来像圣人的是他，像魔鬼的也是他。

天使与魔鬼乃一体两面，我们无法划清两者的界限，但至少我们能学习让自己内心的天使与魔鬼和平共处，并懂得驾驭自己的魔鬼。或许有朝一日，我们会发现在不知不觉中，天使与魔鬼的界限已破除，他们还彼此合唱着"我中有你，你中有我"！

人性中有善的一面，也有恶的一面，善与恶仅是一念之差。修身养性就是要用天使的力量压制住自己心中的魔鬼。心灵狭隘空虚的人，即使住在摩天大楼里，也会感到事事不能称心如意。所以，每个人不要只计较环境的好与坏，而要注意内心的力量和宽容。

苦短人生，宽容更是一门不可或缺的人生必修课。能不能与大家实现人际关系和睦、融洽，就必须看我们能不能做到推己及人。胸襟博大、心宽志广、万事顺达，就会上下和睦，左右逢源。宽容，也是人生处世最高深、最艰难的修炼，谁的修炼最独特，最成功，谁在生活中得到的益处就最多。

第二章
宠辱不惊,闲看庭前花开花落

《菜根谭》告诉我们,"彻见心性,即心即佛"。审视内心,恢复内心本有的清明与智慧。其实,人出生以来即有至性、真情,只因后来被错误的心态和观念污染了、荼毒了。如同血溅净水,这时便失去了干净纯洁,失去了和睦雍容,以至于最后变得迷生忘死。

面对生活,一切皆取决于心境的高与低和空与实。"梦幻空华,自性真如"一个心如明镜的人,镜前的万物都能看得清清楚楚。而一旦用心去思量,愿望,攀缘,那么这面明镜就会蒙上尘土,就会看不见万物的形象。禅的智慧如一溪清泉,洗去我们焦躁的尘灰,化解我们心中的积烦。六祖慧能禅师曾说:"菩提本无树,明镜亦非台。本来无一物,何处惹尘埃。"心为菩提,只是生活为心蒙上尘埃,只要我们用佛心智慧去清扫便自现宁静天地。

19、随缘是一种达观

【原文】释氏随缘,吾儒素位,四字是渡海的浮囊。盖世路茫茫,一念求全则万绪纷起,随遇而安,则无入不得矣。

【译文】佛家主张凡事都要顺其自然发展,一切不可勉强;儒家主张凡事都要按照本分去作,不可妄贪身外之事。这"随缘素位"四个字是为人处事的秘诀,就像是渡过大海的浮囊。因为人生的路途是那么遥远涉茫,假如任何事情都要求尽善尽美,必然会引起很多忧愁烦恼;反之假如凡事都能安于现实环境,也会处处悠然自得。

佛家讲求随顺因缘,凡事不可强求,有些事在现有条件下行不通,就有等待时机的必要,就需要安于现状而不是心慌意乱。

凡事强求而不遵循事物的基本规律就难行得通。

何为随？随不是跟随，是顺其自然，不怨恨、不躁进、不过度、不强求；随不是随便，是把握机缘，不悲观、不刻板、不慌乱、不忘形；随是一种达观，是一种洒脱；随更是一份人生的成熟，一份人情的练达。

人生有悲欢离合，有高潮起落，也有顺境逆境。面对逆境时，要告诉自己山不转路转，路不转人转，人不转心转。只要人的心念一转，逆境即会变成机遇，坏事变成好事。每个逆境，都藏有生命的一份赠礼，但这份赠礼，只有对逆境本身心存善念的人才会发现。

酷夏，一位小和尚指着寺院的一片即将枯死的草地，对师父说："这些草又干又黄，马上就要死了，这太有损我们寺院的美观了，我们应该在这儿撒些草籽。"

师父向他挥手说："随时！"

许多天过去了，小和尚没得到师父的任何吩咐，他不禁暗自着急。他等呀等呀，终于熬到了中秋节。这天，师父交给他一包种子让他撒到草地里。小和尚非常高兴地拿着种子去撒，还没等他撒完，忽然间秋风四起，种子随风飘走了好多。

小和尚大叫起来："不好了，不好了，种子被风吹跑了。"

"没关系，吹走的大多都是空的种子，种在地里也不会发芽的。随性！"师父说。

小和尚刚刚播完种，空中飞来了几只寻食的鸟，它们在草地上不停地啄着什么。

"天哪，种子要被它们吃光了，这可如何是好！"小和尚急得抓耳挠腮，惊慌不已。

"没关系,种子多得很,吃不完!随遇!"师父说。

到了半夜里,老天突降一场倾盆大雨,把小和尚播种的草地冲得面目全非。第二天清早,小和尚飞一样地冲进禅房:"师父,全完了,种子都被暴雨冲走了!"

师父微笑着说:"冲到哪里就在哪里发芽!随缘!"

六七天过去了,快要枯死的草地上竟然冒出了许多嫩绿的草芽,就连一些没有撒种子的墙角也显出绿绿的生机。小和尚高兴地直蹦。

师父含笑点头:"随喜!"

大千世界芸芸众生,可谓是有事必有缘,如喜缘、福缘、人缘、财缘、机缘、善缘、恶缘等等。万事随缘,随顺自然,毫不执著,这不仅是哲人的态度,更是我们快乐人生所需要的一种精神。

缘不是索求,也不是奉献,更不是宗教,缘就是缘。不需许下誓言,也不必要求承诺。可以拥有时,不必海誓山盟依然可以真诚相拥,而无法拥有时,即使是求,也求不来一份聚首的缘。

人活着,要做的事情很多,奢望每一件事都能按自己的设想发展结局,是根本不可能的!一切的羁恋苦求无非徒增烦恼,只有一切随缘,才能平息胸中的"风雨"。

"得意须坦然,失意须淡然。"当人们能看清生命的实相,体悟到有苦必有乐、有生必有死、有顺必有逆、有得必有失的因果循环定律,便懂得因遵循自然,珍惜生命中每个逆境所藏有的赠礼。

陆贾《新语》云:"不违天时,不夺物性。"明白宇宙人生都是因缘和合,缘聚则成,缘尽则散,才能在迁流变化的无常中安身立命，随遇而安。生活中，如果能在真理的原则下坚守不变，在细节处随缘行道，自然能随心自在而不失正道。

有人认为，随缘是宿命论的说法，其实不然，随缘要比宿命论高深得多。宿命论不过是无奈于生命的抗争而作的不得已之论。随缘是一种人生态度，高超而豁然，是不容易做到的。要具有一切随缘、洒脱的胸怀，这样才能看穿眼前的浮云，把人生的滋味品透。

人最智慧的生活，就是顺应自己的天性去生活。所以，我们应该尊重自然天性，反对人为雕饰。因为我们不能总是以自己的主观意识来对待周围的事物，如果总是强迫他人接受并认同自己的思想，那结果只能是不快乐。

顺应天性不是跟随，而是顺其自然，顺其自然就是听从命运的安排，不抱怨，不焦躁，不强求，不悲观，不刻板，不忘形，更确切地说，是寻求生命的平衡。

那么，什么是天然？什么又是人为？牛马生有四只脚，这就叫天然；用马络套住马头，用牛鼻栓穿过牛鼻，这就叫人为。所以说，不要人为地去破坏自然，不要用有意的作为去毁灭自然的禀性，也不要因为获取虚名而赔上自己的生命。谨慎地持守自然的禀性而不丧失，这就叫返归本真。

王武是善于管理马的好手，但很多人对他持有怀疑，为什么在他的管理下马越来越少了呢？其原因在于他根本没有顺应马的天性。马蹄可以用来践踏霜雪，毛可以用来抵御风寒，饿了吃草，渴了喝水，性起时扬起蹄脚奋力跳跃，这就是马的天性。在王武的管理下，他用烧红的铁器灼炙马毛，用剪刀修剔马鬃，凿削马蹄甲，烙制马印记，用络头和绊绳来拴连它们，用马槽和马床来编排它们,这样一来,马便死掉了不少。

而且,王武在马饿了时不给吃,渴了时不给喝,让它们急骤奔跑,让它们步伐整齐,让它们行动划一,前有马口横木和马络装饰的限制,后有皮鞭和竹条的威逼,这样一来,马就死过半数了。

马喜欢生活在陆地上,吃草饮水,高兴时颈交颈相互厮擦,生气时背对背相互踢撞,马的智巧就只是这样了。等到后来王武把车衡和颈轭加在它身上,把配着月牙形佩饰的辔头戴在它头上,那么,马就会侧目怒视,僵着脖子抗拒轭木,暴戾不驯,或诡谲地吐出嘴里的勒口,或偷偷地脱掉头上的马辔。所以,马的智巧竟能做出与人对抗的态度,这完全是王武的罪过。

人为的例子不乏少数。顺应天性最大的特点就是不违反事物本性的需要,使事物各得其所而又顺应自然。比如,野鸭的腿虽然很短,要是加长一截就会给它带来忧愁;鹤的腿虽然很长,但是你要给它截去一段,它就会感到痛苦。所以说,合在一块的不算是并生,而旁出枝生的不算是多余,长的不算是有余,短的不算是不足。

20、智慧不起烦恼

【原文】波浪兼天,舟中不知惧,而舟外者寒心;猖狂骂坐,席上不知警而席外者咋舌,故君子虽在事中,心要超事外也。

【译文】波浪滔天时,坐在船中的人并不知道害怕,而站在船外的人却吓得胆破心寒;公共场合有人放肆谩骂在座的人,同席的人并不知道警惕,反而会把站在席外的人吓得目瞪口呆。所以,君子即使被某件事卷入旋涡中,但是心智却要抱着超然物外的态度。

《菜根谭》中说,"人生原是一傀儡,只要根蒂在手一线不乱,郑舒自由,行止在我,一毫不受他人提掇,便超出此场中矣!"意思就是,人生本来就像一场木偶戏,只要你能把控制木偶活动的线掌握好,那你的一生就会进退自如来去就随便,丝毫不受他人或外物的操纵,能做到这些,你就可以超然置身于尘世之外。

一个人做事就怕迷惑于事中却不自知,而要超然于事外,超脱于尘世,除了要有自身的高尚修养与较好素质外,还要有智慧。

"狂犬吠影"这个成语出自《说法经》中的一则"吠犬投井"的寓言:

有那么一只狗,在井边汪汪地叫。它一低头,看到井里也有一只狗汪汪地叫,瞪着好大的眼睛,全身的毛都耸立起来,一副怒不可遏的样子。

井边的狗以为井里的狗是要和它打架,不禁大怒,便狂吠着向井里的狗扑去,最后自己葬身在水井里。

寓言的旨意在于宣扬忍辱以度愤恨的佛理。佛家认为,世人由于不明而常生愤恨,无端仇怨别人,故造出许多恶业。井边之狗不知万物为虚,对水中之影狂吠,可见是怨恨的心太重,丧身井底也就势所必然了。

生活中,我们见到有些人总是喜欢在别人面前炫耀自己。总以为这样就会让朋友对自己心起恭敬、不会小瞧自己,其实别人并不见得喜欢听你的得意之事。自我炫耀,反而有可能得到相反的效果。过分展示自己的才华和智慧、过分招摇过市,

有可能只会使自己受损。历史上很多有才能的人往往身怀绝技却深藏不露,因为,他们知道"山外有山,天外有天"的道理。

《庄子》中有这么一句话:"直森先伐,甘井先竭。"人们选用木材,一般都先选择挺直的树木,所以,挺直的树木一般先被砍伐;人们都喜欢喝甘甜的井水,所以,有甘甜水的井一般会先干涸。一些表现突出、才华横溢的人,虽然会被重视,容易被提拔,但也容易遭人暗算,吃大亏而不自知。所以,无论才能有多大,都须善于隐匿,表面上看似无才,内心却才华丰实充满。

但现代社会的人,往往个性张扬、率意而为,人人都想表现得更聪明一些,装傻却是很难的事。尤其是涉世不深的年轻人,心高气傲、年轻气盛,往往一意孤行不能自我反省,也因此最容易出错,乃误入歧途、自毁前程。年轻是优势,但是,因为年轻也缺乏生活的经验和阅历。成长是要有代价的,需要成熟的历练,需要在时光的流逝中谦虚内敛,需要向周围的世界学习,如此才不容易犯错。内敛不光是年轻人,也是我们所有的普通人都需要的一种品质,在为人处世的各个方面,内敛有着借鉴和帮助。它可以使我们浮躁的心变得平静,脚踏实地地工作和生活。这并不表示一个人要谨小慎微、唯唯诺诺,而是让人培养一种包容、吸纳和沉稳的气度,在沉静中反思自己,在积累中走向成熟,避开无谓的纷争和意外的伤害,更好地保全自己、发展自己和成就自己。

《菜根谭》中说:"鹰立如睡,虎行似病。"老鹰站立时双目半睁半闭仿佛在睡态之中,老虎行走慵懒无力好像在病态之中,这实际却正是它们麻痹对手,准备取食的高明手段。所以,一个有德行的人做人行事时，须懂得不炫耀自己的聪明，不展示自己的才华，这样才能在关键的时候有能力承担更为艰巨的任务。

郑板桥在山东潍县做官时题过几幅著名的匾额，其中最为脍炙人口的是"难得糊涂"这一块。

据考，"难得糊涂"这四个字是郑板桥在山东莱州的云峰山写的。那一年，郑板桥专程至此观郑文公碑，因盘桓至晚，不得已借宿于山间茅屋。屋主为一儒雅老翁，自命糊涂老人，但出语不俗。他室中陈列了一方桌般大小的砚台，石质细腻，镂刻精良，板桥大开眼界。老人请板桥题字以便刻于砚背。板桥以为老人必有来历，便题写了"难得糊涂"四个字，用了：康熙秀才雍正举人乾隆进士方印。

因砚台过大，尚有余地。板桥说老先生应写一段跋语，老人便写了："得美石难，得顽石尤难，由美石而转入顽石更难。美于中，顽于外，藏野人之庐，不入富贵之门也。"他用了一块方印，印的字是：院试第一，乡试第二，殿试第三。

板桥大惊，知道老人是一位隐退的官员，细谈之下，方知原委。有感于糊涂老人的命名，板桥当下见还有空隙，便也补写了一段："聪明难，糊涂尤难，由聪明而转入糊涂更难。放一着，退一步，当下安心，非图后来报也。"

这就是"难得糊涂"的来由。做任何事情，难得糊涂——拿得起放得下，堪称悟透了人生。聪明的人往往拿得起放不下——身枯力竭仍在拼命。

"难得糊涂"是理性的成熟，也是最具体的满足；它是积极的乐天知命，而非消极的听天由命；它是人世的适情致性，

而非出世的斩情灭性；非宁静无以致远，非淡泊无以明志；莫嫌淡泊少滋味，淡泊之中滋味长。淡泊，才是对人性的透彻了解，才是对世情的深刻领悟。

我们与人相处，常常会对一个人的智力有某种评价，说一个人聪明，一个人不聪明。其实，聪明与不聪明，通常只表现为识神，就人的神灵而言，或说潜意识的感觉，人与人的智慧是相通的。当你心生善意时，再不聪明的人也会感觉到你的善意；当你心怀恶意时，即使是尚在母亲怀抱中吃奶的婴儿，也会因为你的态度而拒绝你虚假的搂抱。在社会上生活，有的人好像很聪明，在社交中做各种表演。对他的内心，即使对方理智上并不清楚，潜在的意识会有感觉。

一个真正有悟性的人，不要以自然为敌，不要以他人为敌。这话说来似乎很可笑，谁会以自然为敌呢？谁会以他人为敌呢？我们说，以自然为敌也好，以他人为敌也好，这是一个非常深刻的概念。

今天天气很冷，你一出门，嫌天气不好，骂了一声："鬼天气！"这叫什么呢？这叫以天为敌。明天天气很热，你很烦躁，抱怨天气燥热，还是与天为敌。这种对自然天气变化的排斥情绪，使你从根本上无法做到人天合一。

你与人相处，看着这个人别扭，对那个人嫉妒，对另一个人又怀有戒心，你在日常生活中时时要装样子，装伟大，装矜持，装深沉，装幽默，如此等等，从严格意义上讲，都叫以他人为敌。你与众人所保持的戒心，使你无法处在很好的状态中，这样，无论你使用何种方法修炼自己，都远离最根本的奥妙。

当你与天地、与人都心怀善意时，你便自然地处在放松的状态中,你会变得自然洒脱,你在思想时,常常会有灵光一现的境界。

21、眼盯住自己,你就是智者了

【原文】天地中万物,人伦中万情,世界中万事,以俗眼观,纷纷各异;以道眼观,种种是常。何须分别,何须取舍?

【译文】天地间的万物,人世间的情感,世界上的各种事情,用凡俗的眼光看待,纷纷扰扰、千头万绪各不相同;若用悟者的眼光来看,统统是一样,全部是平等。有什么必要去区分,有什么必要去取舍呢?

对于任何事情,我们只能眼盯住自己的问题才能做得更好。如果过分地追求完美,苛求别人,就会适得其反,人也会变得心力交瘁。所以说,过分批评别人不仅不利于执行目标的实现,反而会给它设置障碍。

一位年轻人去拜访一位深受人们尊敬、爱戴的智者。

年轻人对智者赞美道:"师父,您才智超群,令我崇拜。"

智者说道:"你错了,我的才智极为平常,记忆力也特别差,我根本不值得你崇拜呀!"

年轻人问道:"您的记忆力特别差,为何您却知识渊博,悟出的道理那么深奥呢?"

智者回答道:"我因为记忆力特别差,所以总是忘记那些无用的东西,尽心地去记住那些有用的东西。我也谈不上知识渊博,只是牢记了一些有用的东西。我悟出的道理其实平常人都可以悟出,只是他们很少有意识地去深思体悟而已。"

年轻人说道:"师父,您品德高尚,令我钦佩。"

智者说道:"你又错了,我的品德相当卑下,我总是依赖亲人,依赖友人,依赖世人,我吃的是农民种的粮食,穿的是工人织的衣服,住的是建筑者建造的房屋,而我总是想将这一切都忘记呀!我的品德实在低劣啊!我实在不值得你钦佩呀!"

年轻人问道:"为何人们都说您品德高尚呢?"

智者回答道:"我从世间索取的太多,我有愧于亲人,有愧于友人,有愧于世人,所以我只想尽心尽力去报答他们。唉!可我只是天地中一个极为渺小的无才无德之人,我只能首先忘记亲人,忘记友人,忘记世人,甚至忘记我自己,忘记所有的一切,才能全心全意地修行悟道,悟出天地自然之道,让我的亲人,我的友人,以及世间人尽量少走弯路。哦!我只是做了一些为世人所疏忽而没有做的细小的善事,人们却厚爱我、赞美我,把我捧得太高了,我感到极为惭愧、内疚,我所做的那些微不足道的善事迷惑了人心呀!"

年轻人说道:"师父,您修养极高,令我敬仰。"

智者说道:"你又错了,我个性清高,性情孤傲,我怎能值得你敬仰呢?"

年轻人说道:"师父,您意志坚强,令我崇敬。"

智者说道:"你又错了,我意志相当薄弱,我常常一个人在黑夜里悄悄地流泪,我怎能值得你崇敬呢?"

年轻人说道:"师父,您为何总是揭露自己的丑陋之处呢?"

智者说道:"我唯有时时揭露自己灵魂的肮脏、丑陋之处,把它尽量展示给世人,我才能不断地清洗自己的肮脏、丑陋之处,更加地完善自己呀!"

大胆地揭露自己的丑陋,不断地完善自己,才能促使自己进步。修养是在日常生活中，由一点一滴积累起来的。

用我们自身完善的人格去带动影响周围的人，去感染、感化周围的环境，让你身边的人和事因为你而得到改善，这样我们的生活才会和谐，佛法也就更贴近了我们的人生。

心是自己的主人，所有的境界都是由心造成的。内心的想法决定了人的表现。心中有什么，眼里就会看到什么。因此，要修炼自己的内心，做到心无旁骛，坦然处世。

22、人生最大的敌人是自己

【原文】世人只缘认得我字太真，故多种种嗜好，种种烦恼。前人云："不复知有我，安知物为贵？"又云："知身不是我，烦恼更何侵？"真破的之言也。

【译文】只因世人把自我看得太重，所以才会产生种种嗜好种种烦恼。古人说："假如已经不再知道有我的存在，又如何能知道物的可贵呢？"又说"能明白连身体也在幻化中，一切都不是我所能掌握所能拥有，那世间还有什么烦恼能侵害我呢？"这真是至理名言。

社会是一个大家庭，在这个大家庭里，每天都在发生着不同的事情。这些事情，也许有很多让你心生抱怨、忧心不已，使你想将自己束缚在自己的天空里。也许那里会很宁静、祥和，可外面的大世界，会是另外一番风景，天空晴朗、阳光灿烂，鸟儿欢歌起舞。此刻，不能再犹豫了，风雨过后，你的烦恼就不会再是烦恼，因为，抬眼望去，你会看到很多美丽的东西。

一阵春雨过后，透过薄薄的一层膜，两只蝶在蛹中好奇地窥视着外面五彩斑斓的世界。

"太美了,外面的世界真漂亮!"一只蝶禁不住赞叹道,"我多么渴望快快飞出去呀!"

"我才不想呢。"另一只蝶说,"前天,暴雨突然降临的时候,蜂呀,蝶呀,到处找藏身的地方,装扮得再艳丽,被风吹雨打之后,又有什么值得羡慕的呢?"

"可是……"第一只蝶说,"毕竟风和日丽的日子多过暴风雨呀!"

"风和日丽就太平了吗?"第二只蝶不以为然地说,"昨天,有两只青蛙被吞进了蛇的肚子,一只黄莺被石子击伤……这些,你都忘了吗?"

"可是,在小小的蛹里,这样一动不动地蜷缩着,看到的只是一小处的风景,有什么好呢?"第一只蝶说。

"你呀,真是身在福中不知福。"第二只蝶教训道,"除了蛹,哪还有这么好的居所?别看蛹这么小,但它安全、保险。"

第一只蝶沉默了一会儿,然后说:"不管怎样,我一定要飞出去。"

几天之后,一阵大风把一只干瘪的蝶蛹吹到火里,而此时,天空中有一只美丽的蝴蝶,在风中翩翩飞舞。这只蝴蝶实现了自己的梦想,看到了精彩的世界。

原本是蝶,却有两种不同的态度,成就了两样的人生。开始都是蝶,结果一只实现了自己的梦想,看到了精彩的世界,另一个蜷缩在蛹里,走向毁灭。人生最大的敌人是自己,而非你所遭遇的环境。

人生最大的苦恼,不在自己拥有的太少,而在自己想要的太多。想要的太多,而自己能力又不能达到,则会构成长久的失望与不满。在对环境、对自己,都长久的感到失望与不满的情形之下,就产生了自卑、疑惧,对环境的戒备和内心的紧张。一个人的智力、体力、领悟力与适应力,都有一定的限度和范围,不可能在每一件事上都一路领先,胜过所有的人。我们必须承认有自己力量所不能达到之处,必须承认人外有人,天外有天。

我们可以在某一些事情上比别人略胜一筹,但当别人在另一些事情上胜过我们时,我们必须有为别人喝彩的心情,至低限度要有承认别人在某些方面比自己强的雅量。而且即使对自己来说,当我们达不到自己所要求的目标时,除去准备继续努力之外,也必须对自己能存几分原谅。在这个生存竞争越来越大的时代,过于张扬自己的人,最后往往受伤。同理,如果我们没有信念的支撑,就没有生活下去的力量。

有个病人躺在病床上,绝望地看着窗外一棵被秋风扫过的萧瑟的树。他突然发现,在那树上,居然还有一片葱绿的树叶没有落。

病人想,等这片树叶落了,我的生命也就结束了。于是,他终日望着那片树叶,等待掉落,也悄然地等待自己生命的终结。但是,那树叶竟然一直未落,直到病人身体完全恢复了健康,那树叶依然碧如翡翠。

其实,那树上并没有树叶,树叶是一位画家画上去的,它不是真树叶,但它达到了真树叶生动真实的效果,给了那位病人一个坚强的信念,结果他真的康复了,走出病房,去那棵树下看个究竟。

他站在树下,被画家的用心感动了。因为画家是唯一了解他内心秘密的人,画家知道他在等待树叶全部掉落之后,再悄

然地终结自己的生命。于是，画家顺着病人的心思设计了这么一片假树叶。就是这片假树叶，给他不断地注入活下去的勇气。

活着，只要那片树叶不落，我们的生命就不会死。真正有生命力的不是那片树叶，而是人的信念。要让生命的树叶永不凋零，首先让我们心中的叶子永不凋零。

你的想法决定了你的行动，你的行动决定了你的成败。所以，你的思想决定你是谁，你是一个什么样子。想要改变自己、改变世界，最重要的就是要改变你的想法。

一个人要想活出自己的价值，就要守住自己心中那片灿烂的阳光。这里所说的阳光，就是指自己的信念。曾经听过这样一句话：喜欢自己，就要学会善待自己、欣赏自己，使自己像阳光那样热情奔放，不可或缺，让自己的尊严高高飞扬，活出真自我。

23、第一道关卡就是认识自己

【原文】反己者，触事皆成药石；尤人者，动念即是戈矛。一以辟众善之路，一以浚诸恶之源，相去霄壤矣。

【译文】经常作自我反省的人，日常接触的事物，都成了修身戒恶的良药；经常怨天尤人的人，只要思想观念一动就像是戈尤人，是走向奸邪罪恶的源泉，两者之间真是天壤之别。

对自己认识的陌生与含糊，导致了生活中的无数挫折。不知自己，不明道理，亦即所谓无知无明，是为一种罪过。人，首先要做的就是认识自我。

从前有一只梅花鹿到湖边饮水，当它低头畅饮时，清澈的湖水映照出它的倒影，它看见了自己头上长着一对又长又大的角,散发英挺的雄姿,十分自我陶醉:"好漂亮、好尊贵的角啊!谁能比得上我呢?"

就在顾影自怜之际,它忽然发现映在水面上的脚,看到纤细的四肢无法和美丽的鹿角相比,不禁皱起眉头说:"妈妈把我的脚生得太丑了,又细又长,像竹竿一样,如果能粗壮一点该多好。"

这时,林中突然出现了一只凶猛的老虎,露着利牙发出可怕的吼声,吓得梅花鹿拔腿就逃,老虎则在后面紧追不舍,不想让到口的食物飞走。

很幸运,前面是一片宽阔的草原,梅花鹿借由四只轻巧的长腿奋力奔驰,终于摆脱了老虎的追击。

"呼,总算逃过一命。"梅花鹿略作休息,可没想到老虎不久又追赶上来,只得继续奔逃。

惊慌失措的梅花鹿,不顾一切往前奔跑,不慎跑进一片茂盛的森林中,一不小心头上的角被树枝卡住了,结果动弹不得。

拼命挣扎的梅花鹿,急得一点办法也没有,心中感到万分沮丧:"美丽的角啊!以前我以你为荣,现在竟然要死在你手里;脚啊脚!过去我不该埋怨你长得太丑,求你现在带我离开森林。"

可惜太迟了。老虎已经追赶过来,一口将梅花鹿吃掉。

很多人如同这只梅花鹿一样,非得等到遗憾发生了,才会感慨过去的疏忽,为什么当初不能认清事实,为什么当时竟然轻视自己。

为什么会这样?因为我们认为自己不会害自己,所以,以为只要小心提防别人,就可以高枕无忧。

事实上,别人对我们的伤害非常有限,反倒是对自己的了

解不够,自己的高傲自大,才是自取祸害的根源,所以,想战胜自己这个敌人,第一道关卡就是认识自己。

古刹里新来了一个小和尚,他去见方丈,诚恳地说:"我初来乍到,先干些什么呢?请方丈指教。"

方丈说:"你先认识一下寺里的众僧吧。"

第二天,小和尚又来见方丈,诚恳地说:"寺里的众僧我都认识了,现在该干什么?"

方丈微微一笑,说:"肯定还有不认识的,再去了解吧!"

三天后,小和尚蛮有把握地说:"寺里的所有僧人我都认识了。"

方丈还是微微一笑说:"还有一个人,你不认识,而且,这个人对你特别重要。"

小和尚满腹狐疑地走出方丈室,一个人一个人地询问,一间屋一间屋地寻找。他无论如何想不出,还有哪个他不认识,但又对他特别重要的人。

有一天,小和尚在一口水井里看到自己的倒影,豁然顿悟:这个不认识的人就是他自己啊!

佛家的修行,就是要认识自性。这很难,所以,方丈很有把握地说小和尚不认识自己。古希腊哲学家苏格拉底甚至说:"认识你自己是哲学的最高任务。"除非你用绝对诚实的心审视自己,决不欺骗自己,你才可能认识自己。

人区别于低级动物的根本标志,就因为人是有理性的高等动物,整个人类的进化史,就是一部去掉愚昧和野蛮的动物性,增强理智和文明的人性的历史。

反省是一种心理活动的反刍与回馈。他把当局者变成一个旁观者,把自己变成一个审视的对象,站在另外一个人的立场、角度来观察自己,评判自己。

认识需要学识。只有从理论上、本质上认识错误,才能抵制日后的诱惑。反省建立在扎实的认识、理解基础上,才能达到反省的目的。认识,必须是一个人以单独的、冷静的形式进行。比如,找一个能使你心胸开阔、心平气和的地方,像海滨、幽谷、郊外,用一整天的时间,在那儿徜徉休憩,不要读书,不要交谈,不要上网,不要听广播。等大自然把你的积郁洗净,烦恼时光被悠悠带走,便可以做省悟的工夫。

一个人如果失去自我认识的能力,他就看不见自己的问题,更不能自救。人类是极自以为是的动物,假如一个人自己不常常反省或管理自己,是很容易把责任推给别人,犯自以为是的错误。

24、执著痛苦才是真正痛苦的根源

【原文】降魔者先降自心,心伏则群魔退听;驭横者先驭此气,气平则外横不侵。

【译文】要想制服邪恶之神,首先必须制服自己内心的邪念,自己内心的邪念平息了,其他邪恶之神也自然不起作用而退却。要想控制不合理的横逆事件,必须先控制自己容易浮动的情绪,自己的情绪控制住,以后自然不会心浮气躁,到那时,所有外来的强横事物就不能侵入。

没有一个人喜欢痛苦,人们却时常感到痛苦,为什么?因为没有人了解痛苦以及它的原因。现代人常常觉得活得苦、活得累,其中很大的原因,是我们自己常常用放大镜看苦恼,顾

影自怜,最终难以自拔。《六祖坛经》说:"心平何劳持戒,行直何用修禅",又说"菩提只向心觅,何劳向外求玄。"意思是说,心是人一切行为的主宰,做人必须在自我上下工夫。

事实上,痛苦是你逃不掉的。所以,我们虽然生活在这充满痛苦的社会里,如果有清楚的觉知,那我们便会找到解决办法。

一个小和尚,他每天都是愁眉苦脸,没有一丝笑模样,整日里沉默寡言。别人来问他发生了什么事情,他也不说,后来人们索性也不和他说话,但都在背后叫他"哭脸和尚"。

有一天,哭脸和尚下山去化缘,迎面碰到了一位云游僧人。这个僧人和他正好相反,满脸笑容,不论是说话还是做事,笑容从来没有从脸上消失过。

哭脸和尚感到非常奇怪,忙上前与他搭话道:"我也想让自己的脸笑起来,可是我无法做到,我看你的脸上总是有笑容,请问你用什么办法达到这样的效果?"

僧人抬起头来,看了一眼哭脸和尚,见他果然是愁容满面,便开口说道:"在解答这个问题之前,我想知道你为什么总是愁眉不展呢?"

哭脸和尚皱了皱眉说道:"我感到很痛苦,晚上我一闭上眼睛就会梦到我已经死去,离开人间。"

僧人反问道:"你是否认为,一个人死去是一件令人非常痛苦的事情?"

哭脸和尚点了点头。

僧人继续问道:"那么,你为此每天忧愁是否也是一件非常痛苦的事情呢?"

哭脸和尚一脸疑惑地答道:"没错。"

僧人一笑，又问道："你不是想死去的原因，就是想在活着的时候得到快乐，对吗？"

哭脸和尚又点了点头。

僧人说道："为了避免一件痛苦的事情发生而放弃了快乐，得到的却是另一件痛苦的事情，其实结果并没有避免痛苦。"说完话，僧人大笑着离去。

哭脸和尚若有所思地摸了摸自己的脑袋，好像明白了什么道理。

2009年，我在北大学习的时候，结识了一个大学毕业生，他来自黑龙江，北大旁听了一年多，仍然没有考上北大的哲学博士，自己又陷入了失恋当中，于是，十分苦恼。来找我师父说："我今生实在过得很厌烦，这么多年的努力，算是白费了，北大压力又大。既然考研无望，我想趁年轻出家当和尚，好好弘扬佛法。"我师父对他说："出家有出家的难处，不要因为一时困难而出家。"

那么，对现代人而言，该如何走出放大苦恼的误区呢？

首先，是认识痛苦与焦虑的客观性。我们的情绪并不是主观意志能完全控制的，如在众人面前讲话时紧张，常常是越想控制紧张，则紧张越厉害，越想控制焦虑，则焦虑越甚。相反，如果对待痛苦与焦虑采取接纳的态度，痛苦产生后告诉自己：我痛苦了，这是一种难受的感受，但我自己控制不了，我只能接纳它。这样，虽然看来好像是一种消极的态度，然而，任何情绪的过程都有它发生、发展、高潮、下降及结束的过程，只要我们接纳它了，最终它也就消失了，正所谓"无为而无不为"。

第二，试着寻找放大苦恼背后的心理原因，如是否自己太

过追求完美、太看重事物的结果、太注重他人评价等等。

第三,正视现实的压力。苦恼的产生,常常有着一些我们不愿面对的现实压力、心理冲突,如婚姻的矛盾、工作的压力、人际的冲突等等,我们要学会正视并及时解决它们,逃避只能使问题更为复杂和麻烦。

第四,寻找多途径的愉快来源,我们的愉快来源越多,我们就越少惧怕失落,越少痛苦和焦虑。生活是多彩的,只要我们愿意,每时每刻我们都能享受到生活的愉快。

第五,主动寻求心理医生的帮助。

如果想让痛苦真正结束,请时刻觉察自我。让中心不存在,让"我"瓦解,化作一缕青烟去接触身边的世界。当你心情不好的时候,你尽快让自己心情好起来,不要去影响别人的心情,如果对方能安慰你,你真的要感恩。

25、宠辱不惊去留无意

【原文】我贵而人奉之,奉此峨冠大带也;我贱而人侮之,侮此布衣草履也。然则原非奉我,我胡为喜?原非侮我,我胡为怒?

【译文】我富贵了人们就敬重我,敬重的是我穿着华丽威严的官服和宽大的绶带;我贫穷了人们就轻视我,轻视我穿着布衣和草鞋。人们原本敬重的是官服不是我本人,我有什么可高兴的呢?人们原本轻视的是布衣草鞋不是轻视我,我有什么可恼怒呢?

人们常常慨叹:"做人难,难做人。"所言非虚,做人确实是一门学问。日下这个社会,拜金和物欲观念盛行,如何面对?

就是首先要训练自己心理强大。方法就是，剥去比你强悍的人的社会属性外衣。

世俗意义上的强大，是因为你占有很多"强"的东西：金钱、地位、权力、文凭、容貌等等，这些东西我们叫做一个社会中的"稀缺资源"，人人都想得到，但只有少数人才能获得。处于心理弱势时，要想获得这种"心理的强大"，只要你能够打破这种心理结构，你可以获得心理优势，并摧毁别人的心理优势。要把一个披上具有让你在心理上处于弱势的、价值符号的社会属性外衣的人，看成一个和你一样的动物，他在你面前就没有任何心理优势，因为导致你在心理上处于弱势的，只是那一层社会属性外衣。

"宠辱不惊，闲看庭前花开花落；去留无意，漫随天外云卷云舒。"为人做官能视宠辱如花开花落般平常，才能"不惊"；视职位去留如云卷云舒般变幻，才能"无意"。"闲看庭前"大有"躲进小楼成一统，管他冬夏与春秋"之意；"漫随天外"则显示了目光高远，不似小人一般浅见的博大情怀；一句"云卷云舒"又隐含了大丈夫能屈能伸的崇高境界。对事对物，对功名利禄，失之不忧，得之不喜，正是"淡泊以明志，宁静以致远"。

苏东坡在瓜洲任职的时候，与江南金山寺的住持佛印禅师成为至交，他们经常在一起谈禅论道，生活得十分快活。

一日，苏东坡自觉修持有得，撰诗一首，派遣书童过江，送给佛印禅师印证，诗云："稽首天中天，毫光照大千；八风吹不动，端坐紫金莲。"

八风是指人生所遇到的嗔、讥、毁、誉、利、衰、苦、乐

八种境界,因其能侵扰人心情绪,故称之为风。

佛印禅师看后,批了两个字后叫书童带回去。

苏东坡以为禅师一定会赞赏自己修行参禅的境界,急忙打开禅师的批示,却见上面写着"放屁"二字,不禁无名火起,于是,乘船过江找禅师理论。

苏东坡一见禅师就气呼呼地说:"我们是至交道友,我的诗与修行,你不赞赏也就罢了,怎可骂人呢?"

禅师呵呵大笑,说道:"还八风吹不动呢!怎么就一屁打过江了呢?"

苏东坡闻言惭愧不已,明白自己修为尚不够。

每天,我们都可以心平气和地面对生活中的种种苦难和不如意。苦,可以折磨人,也可以锻炼人。吃一番苦,可以使我们更加深切地领悟人生;吃一番苦,可以使我们更加珍惜现在拥有的一切;吃一番苦,可以使我们拥有更坚韧的品格和精神;吃一番苦,可以使我们对生活多一份感情,对他人多一份爱心,对弱者多一份怜悯。对事对物,对功名对利禄,失之而不忧,得之而不喜,正是谓宠辱不惊。古来圣贤皆寂寞,是真名士自风流。只有做到了宠辱不惊、去留无意,方能心态平和、恬然自得,方能达观进取、笑看风云。逆境顺境看襟度,临喜临怒看涵养。

宠,是得意的总表相;辱,是失意的总代号。一个人在成名、成功的时候,若非平素具有淡泊名利的真修养,一旦得意,便会欣喜若狂,甚至得意忘形。

没有人会理会你的委屈,没有人会理会你的无奈。当一切既定成为现实的时候,要学会接受,接受所有的不公平。当有人背信弃义时，你的指责能改变它吗？不能！那么就接受吧！全当是一种教训。当有人背后说三倒四的时候，你的争辩能洗清这恶意的中伤吗？不能！那就学会接受吧！当有人用势利的眼光象看待你的时候，你的不平能改变它吗？不能！

古今中外，无论是官场、商场，抑或情场，都仿佛人生的剧场，将得意与失意、荣宠与羞辱演绎得一清二楚。诸葛亮有一句名言："势利之交，难以经远。士之相知，温不增华，寒不改弃，贯四时面不衰，历坦险而益固。"意在鞭策我们应不因荣辱而保持道义，所谓得意失意皆不忘形，宠辱而不惊，便是此意。

弘一大师说："恬淡是养心第一法，安详是处世第一法，涵容是待人第一法，谦退是保身第一法。"追求内心快乐并不妨碍享受外在物质的快乐，反而是有助益的。假若我们的内心没有安详自在，那么，不管外在东西多么美丽漂亮，也会感到索然无味。假若我们的内心已经悠闲自得，那么，对于外在物质品位，自然会感到快乐。《大学》言："知止而后有定，定而后能静，静而后能安，安而后能虑，虑而后能得。"修身养性为第一要务，"心静胜神医"。多一点自省意识，少一点名利追逐，才能过平安长久处处幸福的生活。

26、需要的不多，想要的太多

【原文】胸中即无半点物欲，已如雪消炉焰冰消日；眼前自有一段空明，时见月在青天影在波。

【译文】一个人心中假如没有丝毫物质欲望，就像炉火化雪太阳化冰一般快速而安然；眼前自会呈现一片空旷开朗景象，宛如看见皑月当空月光倒映在水中一般宁静。

欲望像猛火一样强烈，即使这些欲望和权势的火焰不会焚烧他人，也会将自己灼伤。欲望太过强烈，心神就会受物欲蒙蔽，以至头脑昏聩而不明事理。

需要的不多，想要的太多。我们不反对人去追求自己所求的东西，但追求要讲究一个"度"，过了则为贪。过分去放纵情欲物欲，就容易迷失本性，不加断限，会贪图非分享乐，坠入欲念深渊。

有一个从事房地产的年轻人，经过自己几年的打拼，在当地已小有名气了。他每天的生活就像上足劲的发条一样，被传真、资料、甲方以及各种方案充塞得满满的。

一天，这位年轻人加班到很晚。从公司出来后，走了很远的路也没有叫到车。走得热了，他停下来，解开领带，仰头出了口气。这时，他吃惊地看见星星在丝绒般的夜幕中闪烁着，洋溢着——种无言的美丽。一如他大学毕业前的最后一晚，几个要好的同学躺在学校图书馆前的草坪上看到的那样。那一晚，他们深深被血脉中扩张的青春激动着，广袤的星空与未来的前途一片光明。

从那以后，他几乎再也没有时间去注视过夜晚的星空了。因为从他走入社会，他一直保持着弯腰向前奔跑的姿势。太忙了，欲望总在膨胀，目标总在前方，他不停地向前奔跑着。每个夜晚的这个时刻，他多半在应酬或是在做楼盘计划和方案，他从没有想过，哪怕透过一扇小窗，去望望宁静的夜空，倾听心灵一些细小的声音。幸福，它是——路上持续发生的，就如深夜静谧而美丽的星空所带给人的震撼，而非那个令人疲惫的终极雪球。

幸福到底是什么？许多人都在问，其实得到幸福很简单。听一听自己内心的声音，扔掉那些对自己来说十分奢侈的梦想和追求，那么，你就被幸福包围了。世间之事，莫过于此，如果我们能够换一个角度，心里不受任何外境的牵制，那么，外境自然也束缚不了我们。中国人有句话"物极必反"，凡是做到了极限必会有反效果，可见，做得过分实在不是好事。

　　《佛说生经》上说："欲望不能满足，贪爱没有止境。"是啊，欲望像越滚越大的雪球，蛊惑着人们拼命向前。那个向前通向幸福吗？幸福的标准又是什么呢？有许多人都不知道。人们的心灵被欲望占据久了，都有些麻木了。

　　人类本源就是贪欲的存在。贪欲是生命的本质特征，人类所具有的贪欲和其他生物是相同的，所不同的是人类具有意识。由于人类具有贪欲和实现贪欲的能力，其他生灵都小心翼翼地留在自然本性所规定的圈子里，人类却一心想打破这个圈子的界限，竭力步出束缚他行为的圈外。因此，人类也是所有生灵中最不幸的灵长，无穷的欲望远远高于其他生命。既然是这样，那么，欲望就应该有积极和消极的界定。积极的欲望，能敦促社会和谐、人类奋进、探索发现。科学的开始，几乎就是好奇心的驱使，这是一种强烈的求知欲，这是一种积极进步的欲望。而消极的欲望却会毁坏和谐、吞噬灵魂、沉沦毁灭，如不遏必成灾！

　　有位著名的心理学家说："——个人体会幸福的感觉不仅与现实有关，还与自己的期望值紧密相连。如果期望值大于现实值，人们就会失望；反之，就会高兴。"的确，在同样的现实面前，由于期望值不一样，你的心情、体会就会产生差异。

一只老猫见到一只小猫在追逐自己的尾巴,便问道:"你为什么要追自己的尾巴呢?"

小猫回答说:"我听说,对于一只猫来说,最为美好的便是幸福,而这个幸福就是我的尾巴。所以,我正在追逐它,一旦我捉住了我的尾巴,便得到幸福。"

老猫说:"我的孩子,我也曾考虑过宇宙间的各种问题,我也曾认为幸福就是我的尾巴。但是,我现在已经发现,每当我追逐自己的尾巴时,它总是一躲再躲,而当我着手做自己的事情时,它却形影不离地伴随着我。"

同样道理,在现实生活中,人们总是喜欢拼命地追求、索取,以为这样便可以得到幸福。《楞伽经》说:"凡愚妄想,如蚕作茧。以妄想丝,自缠缠他。"意思是说,痴迷的众生,就如同吐丝的春蚕一样,不断地吐出烦恼欲望之丝,最终结成厚厚的茧子。人的欲望越强烈,我们自身被束缚得越发结实。于是,我们便失去了心灵的自由空间,成了欲望的囚徒。不仅给自己带来了痛苦,而且也会给别人带来伤害。

我们要勇于放弃非分之利益,贪小失大,后果必然可悲。应该要学会豁达,不属于自己的东西就不要贪图,应该戒除任何贪念,这些贪念不仅仅包括功名利禄,还包括自身的修养,都要以最佳的形式做到"完美",不"多"也不"少"。

一位哲人说过:"人生的财富第一是健康,第二才是财产。"健康是人生的本钱。如果一个人不健康,纵然有天大的雄心壮志,也很难实现自己的抱负,而健康的体魄才是人生享受不尽的本钱,是人生幸福的保障,是家庭的幸福基础。

健康是个人的财富。拥有健康才能拥有一切,才能享受劳动、学习和生活的种种情趣。否则，没有了健康，躺在病床上，钱再多还有什么用？也许有人说，有钱能使鬼推磨，有了钱还愁什么？这话在其他地方也许还管用，但无论何时，在何国度，健康都是金钱买不到的。一旦失去了健康，你可以雇人伺候，却无法雇人替你忍受痛苦。

有一位亿万富翁患了重病，花费大量金钱从世界各地请名医，购回名药，一心要挽回健康，其结果也是枉费心机。临死时他无可奈何地说："钱也有没用的时候。"这就应了德国哲学家叔本华说过的一句话："健康的乞丐比有病的国王更幸福。"

糊涂人透支健康，聪明人投资健康。沉迷于功名成就而赔了健康，代价未免过于沉重。财富的最大功能应该是改善生活，提高健康水平，实现理想和抱负，否则，财富只是放在银行里的一个数字而已。如果懂得保健常识，并能身体力行，事业与健康兼得，亦非难事。只要你重视健康，关心健康，并有所行动，健康便会与你常相厮守。可是，许多的朋友却因种种原因忽视了健康的重要性，在健康的时候不知道保健，在亚健康的时候不知道休整，在患病的时候才知道治疗，不经意间悔之晚矣。

27、欲望往往闭锁了本该具有的智慧

【原文】色欲火炽，而一念及病时，便兴似寒灰；名利饴甘，而一想到死地，便味如嚼蜡。故人常忧死虑病，亦可消幻业而长道心。

【译文】色欲像烈火一样燃烧起来时，只要想一想生病的痛苦，烈火就会变得像一堆冷灰；功名利禄像蜂蜜一般甘美时，只要想一想死的情景，名位财富就会像嚼蜡一般无味。所以，

一个人要经常思虑疾病和死亡,这样也可以消除些罪恶而增长一些进德修业之心。

多一份贪欲,就多一份痛苦和烦恼。少一份贪欲,就多一份快乐和宁静。贪欲好像是一根链条,不能摒弃贪欲,就会被其绞死。

孔子说:"君子有三戒:少之时,血气未定,戒之在色;及其壮也,血气方刚,戒之在斗;及其老也,血气既衰,戒之在得。"戒色可保寿,戒斗可免祸,戒得可全名。贪婪,是我们最大的烦恼与障碍,有了钱,还要更有钱;有了房子,还要更多的土地;有了名利,还要更大的权势;有了权位名气,还要更长久的寿命来占有它等等。人的欲壑难填,世间的争夺迫害于是层出不穷。人应该珍惜当前所拥有的,而不要放纵自己的贪欲,做过度的非分之想,否则,不但得不到你汲汲所要的,更失去了你本来可以得到的一切。

佛下山弘扬佛法,在一家店铺里看到一尊释迦牟尼像,青铜所铸,形体逼真,神态安然。佛大悦,心想若能带回寺里,开启其佛光,永世供奉,真乃一件幸事。可店铺老板要价五千元,分文不能少,加上见佛如此钟爱它,更加咬定原价不放。

佛回到寺里对众僧谈起此事,众僧很着急,问佛打算以多少钱买下它。佛说:"五百元足矣。"

众僧唏嘘不止:"那怎么可能?"

佛说:"天理犹存,当有办法,万丈红尘,芸芸众生,欲壑难填,则得不偿失啊。我佛慈悲,普度众生,当让他仅仅赚到这五百元!"

"怎样普度他呢?"众僧不解地问。

"让他忏悔。"佛笑答。

众僧更加不解了。

佛说:"只管按我的吩咐去做就行了。"

佛让弟子们乔装打扮了一下。第二天,第一个弟子下山去店铺里和老板砍价,弟子咬定四千五百元,未果回山。第三天,第二个弟子下山去店铺里和老板砍价,咬定四千元不放,亦未果回山。

就这样,直到最后一个弟子在第九天下山时所给的价已经低到了两百元。眼看着一个个买主一天天离去,一个比一个给的价低,老板很是着急,每一天他都后悔不如以前一天的价格卖给前一个人了。他深深地怨责自己太贪。到第十天时,他心里说:今天若再有人来,无论给多少钱我也要立即出手。

第十天,佛亲自下山,说要出五百元买下它,老板高兴得不得了,竟然又反弹到了五百元!当即出手,高兴之余另赠佛龛台一具。佛得到了那尊铜像,谢绝了龛台,单掌作揖笑曰:"欲望无边,凡事有度,一切都要适可而止啊!善哉,善哉。"

佛像出手后,店铺老板仔细琢磨此事的前因后果,恍然大悟,茅塞顿开,上当了!并决定将佛像再买回来。于是,他亲自上山要求以原来自己五百元卖出的价格再买回来。可佛见店铺老板如此心切,一开口就要价五千元,分文不能少,加上见店铺老板如此恋恋不舍,更加咬定原价不放。

店铺老板走后,佛对寺里的众僧谈起此事。众僧很着急,问佛打算以多少钱出手。

佛说:"五万元尚可。"

众僧唏嘘不止:"那怎么可能?"

佛说:"天理犹存,当有办法,万丈红尘,芸芸众生,欲壑难填,得不偿失啊。我佛慈悲,普度众生,当让他贡献这五万元!"

"怎样普度他呢?"众僧不解地问。

"让他忏悔。"佛笑答。众僧更不解了。

佛说:"只管看着我做就行了。"

第二天,店铺老板派出店里第一个最能说会道的店小二上山去寺里和佛砍价,可佛竟咬定五万五千元,未果下山。第三天,第二个店小二上山去和佛砍价,佛咬定六万元不放,亦未果下山。

就这样,直到最后一个店小二在第九天上山时佛所开出的价格已经高到了二十万元。眼见着佛的身价一天天在涨高,老板很是着急,每一天他都后悔不如以前一天的价格买了就好了,他深深地怨责自己太小气。到第十天时,他在心里说:今天无论佛出什么价格,无论卖多少钱我也要立即出手买回来。

第十天,店铺老板亲自上山,佛说准备以五万元出售佛像,老板高兴得不得了,竟然下跌到了五万元!当即出手,高兴之余另花万元购回佛龛台一具。佛望着店铺老板下山的身影,单掌作揖笑曰:"欲望无边,凡事有度,一切适可而止啊!善哉,善哉。"

想获得更多是人的天性,我们总是在追求更多的财富,追求更高的社会地位,寻求更厉害的感官刺激。每一个人都在想方设法满足内心的欲望,可事实上,当一个欲望得到满足时,新的欲望又随之而起,因此,欲望永无满足。正因为此,今天的我们,活得越来越累,越来越郁闷。正如故事里的店铺老板,假如他拥有一颗平常心,能做到"不以物喜,不以己悲",便一定能感受到世间的每一天都是好时节。

人总是想把天地宇宙间的一切事物都归属自己，想占有一切。人类在这样的欲望中，自然会被痛苦折磨。如果我们的心灵没了贪念，任何外物也就无法改变我们，反之，我们必将因此而付出代价。

有些人总是费尽心机地追逐金钱和地位，一旦愿望实现不了，便出怨言，甚至生出不良之心，采用不择手段来为自己谋利，到头来还会因此害了自己，庄子曾说过："不为轩冕肆志，不为穷约趋俗，其乐彼与此同，故无忧而已矣。"这句话大意是说，那些不追求官爵的人，不会因为高官厚禄而沾沾自喜，也不会因为穷困潦倒、前途无望趋炎附势、随波逐流，在荣辱面前一样达观，所以，他也就无所谓忧愁。

庄子主张"至誉无誉"。在他看来，最大的荣誉就是没有荣誉。他把荣誉看得很淡，他认为，名誉、地位、声望都算不了什么。尽管庄子的"无欲"、"无誉"观有许多偏激之处，但是，当我们为官爵所累、为金钱所累的时候，何不从庄子的训喻中发掘一点值得借鉴的东西呢？

28、弓满则折，月满则缺

【原文】恩里由来生害，故快意时须早回首；败后或反成功，故拂心处莫便放手。

【译文】身处顺境被主人恩宠，往往会招来祸患，所以，一个人志得意满时应该见好就收，尽早觉悟；遭受挫败后，有时反而会使一个人走向成功之路，因此，不如意时，千万不可就此罢休，放弃追求。

总有很多人因为不知道生活的意义与生命的价值，所以，总把人生过程中的高潮与低潮、得意与不得意，当作好坏的标准。得意顺利的时候就庆幸自己交好运；不得意不顺利的时候，就哀叹倒霉。其实，换一种角度看问题，就会明白，逆境当前未必不好，顺境当前也未必真好，就看我们如何面对、如何运用而定。

台湾圣严法师在文章中曾叙述这样的故事，对我很有启发：

以我个人而言，一生的经历走得比一般人辛苦。小时候，同年龄的孩子们可以上学，我却没有这样的机会，这算是低潮。之后，我就读佛学院，没多久爆发国共战争，寺院遭受破坏，许多同学还俗去做工，而我为了日后能够继续出家，只好选择暂时离开寺庙去从军。那段时间，和我同年龄的人在读高中、大学、研究所，而我必须在军中当兵，这可说是我人生的另一个低潮。

当我再度出家后，终于有了进修的机会，我到日本留学，留学期间却没有经济支持，日子依旧苦闷。取得学位后我到了美国，时运不济，我便在美国街头流浪，这也算是人生过程中的又一个低潮。但是，我就在低潮之时，利用那些低潮时期，不断地学习、大量地阅读，从见识、学问、心性的成长来充实自己，虽然一无所有，可是并没有浪费生命。

在我十多岁时，因为环境的关系，而学会利用生命的低潮期来充实自己，从那时起，我开始摸索着写文章投稿，二十多岁时便有作品发表。为了写作，我必须自修看书，因此，虽然际遇颠沛动荡，但我并没有让生命留白。即使在军中，我也把握自我成长的机会，除了完成长官交代的任务，也随时利用时间看书、写作、礼佛。当我退役之后再度出家，有机会到山中掩关修行，虽然没有信众供养布施，我却一住就是六年，真是人不堪其忧，而我仍能乐在其中。那段日子，竟是我第一个佛学著述的盛产期。

尤其当我在日本留学的那段日子，虽然没有人接济我，却是我生命中自我成长的黄金岁月。即使在美国街头流浪，每天仍然忙得不亦乐乎，从不感到彷徨、空虚与无奈。因为我已经习惯了面对逆境，如此一来，纵然有点挫折感，却不会觉得是倒霉。

对于这些低潮的经验，圣严法师把它视为生命过程中的必然。法师现在也活到晚年了，已有许多的经历，也成立了一个国际性的团体。从旁人的眼中看来，可以算是他生命中的最高点了，但法师还是把它当作只是一个过程，并没有什么高点或低点。因为，每个人的生命过程总是起起落落，只要自己没有糟蹋浪费，每一个段落都是有其价值的。如果我们的心情会被起伏的遭遇所左右，将会活得缺乏意义，生命也无价值；如果生命只有高峰而不能善用低潮，人生的可观处大概就只有一点点了。

在中国历史上，早有"功成身退"的说法。熟悉历史的人都明白这样一个道理，"功高震主者身危，名满天下者不赏"，"弓满则折，月满则缺"。

曾国藩是一个处世有谋略的旷世奇才，他生活在一个动荡的年代，然而却由一介布衣而至位极人臣，一生功名显赫，为清廷立下丰功伟业，成就如此功名，与他过人的处世智慧是分不开的！

同治三年七月，曾国藩的湘军打下南京城，灭了太平军，被封太子太保、一等侯爵，可他倒"弥增歉悚"起来，还动员为打下南京立下头功的九弟曾国荃辞职回家养病，并把打下南京的功绩全部归功于皇家，为朝廷歌功颂德，却不露讨好的痕迹。

同治五年，曾国藩五十六岁。他当时身兼两江总督和钦差大臣之职，权势如日中天。可曾国藩却要上疏请求解除自己的职务，注销爵位，仅以退休人员身份"留营维系军心"。

并写信教育长子曾纪泽："读书乃寒士本色，切不可有官家风味。"次年又写信给妻子欧阳氏："居官不过偶然之事，居家乃是长久之计。"

曾国藩是一个识时务者，他背负着几千年历史的沉积，一面开风气之先，一面又恪守着士大夫的传统情感；一面做事情轰轰烈烈，敢于担当，大气磅礴，一面在做人上又处处避让，不露锋芒。到了晚年，他常诵的格言是："盛时常作衰时想，上场当念下场时"，求的境界是"花未全开月未圆"。他已经看透了功名，却也成就了自己最大的功名。

大凡成功人士，都懂得能屈能伸的道理。人生的处境分为两种：一是逆境，二是顺境。在逆境中，会感到压力的逼迫，这时，要懂得一个"屈"字，委曲求全，保存实力，等待转机出现；在顺境中，因为机遇与环境都有利于自己，这时就应该懂得一个"伸"字，乘风万里，顺应时机更上一步。但是，"屈"、"伸"并不是绝对的。有时，处于逆境需要"伸"字，处于顺需要"屈"字。

刘备落难投靠曹操，曹操很真诚地接待了刘备。刘备住在许都，以衣带诏签名后，为防曹操谋害，就在后园种菜，亲自浇灌，以此迷惑曹操，放松对自己的警惕。

一日，曹操约刘备入府饮酒，谈起谁为当世之英雄。刘备点遍袁术、袁绍、刘表、孙策、刘璋、张绣、张鲁、韩遂，均被曹操一一否认。曹操指出英雄的标准，"胸怀大志，腹有良谋，有包藏宇宙之机，吞吐天地之志。"

刘备问："谁人当之？"

曹操说："天下英雄只有君与我才是。"

刘备本以韬晦之计栖身许都，被曹操点破是英雄后，竟吓得把匙箸也丢落在地下，恰好当时大雨将到，雷声大作。曹操问刘备为什么把筷子弄掉了。

刘备从容俯拾匙箸，并说："一震之威，乃至于此。"巧妙地将自己的惶乱掩饰过去，从而也避免了一场劫难。刘备在煮酒论英雄的对答中是非常聪明的。

刘备虽然身处逆境，然藏而不露，人前不夸张、显炫、吹牛、自大、装聋作哑，不把自己算进"英雄"之列，这让他回避了被杀的下场。他的守弱哲学值得我们领会。一个身处逆境的"英雄"尚且低调至此，况且你我这样的小人物呢？

树高于林，风必摧之；人高于群，人必妒之。这是人性丛林中的法则，生于世上的人不得不面对。通常看来，"深藏若虚"的处世之道，会给人造成一种深不可测之惑，其中隐含着忽明忽暗的道理，可以让人随时变被动为主动，从而起到"翻盘"的作用。处世应当懂得收敛。

唯物辩证法就是凡事要看到其两面。有阳必有阴，有正必有反，有好必有坏，有善必有恶。各人都有自己的时运，应该对自己的时运心中有数，并不宜滥用阴谋，以免弄巧成拙。冷静、

清醒的头脑是值得我们所推崇的素养。耐心等待自己时来运转,不可轻举妄动。

《易经》上说:"君子藏器于身,待时而动。"为人处世非有城府不足以立世,含蓄来自于自我控制的黑白转化之功。要做之事莫讲出,说出的话莫照作,让人无法掌握透视你的深浅,此为黑白不倒翁之法宝。正如《菜根谭》所说:"冷眼观人,冷耳听语,冷情当感,冷心思理。"因为,"性躁心粗者一事无成,心平气和者百福自集。"

29、缘起缘灭的无常世间

【原文】理寂则事寂,遣事执理者,似去影留形;心空则境空,去境存心者,如聚膻却蚋。

【译文】真理静止事物也随着静止,排除事物而执撤于道理的人,就像排除影子而留下形体那样不通;内心空虚环境也跟着空虚,排除环境的干扰而想保留内心宁静的人,就像聚集一大堆膻味东西却想排除蚊蝇一样愚蠢。

"景物依旧,人事已非",这是一般人对无常的感叹。其实,世间一切有为法都是因缘和合而生起,因缘所生的诸法,空无自性,随缘聚散,它是三世迁流不住的,所以,不但有情世间的众生有生、老、病、死的现象,人世间的山河大地有成、住、坏、空的演变,人的心念有生、住、异、灭的变化,自然界的时序更是春、夏、秋、冬,或冷、暖、寒、暑更替不已。

也就是说,一切法在时间上是刹那不住,念念生灭,过去的已灭,未来的未生,现在的即生即灭。正如《金刚经》所说:"过去心不可得,现在心不可得,未来心不可得。"因为世间一切万法无一是常住不变的，因此说"无常"。

在佛陀时代，有一位妇人，她只生了一个儿子。因此，她对这唯一的孩子百般呵护，特别关爱。可是，天有不测风云，妇人的独生子忽然染上恶疾，虽然妇人尽其所能邀请各方名医来给她的儿子看病，但是，医师们诊视以后都相继摇头叹息，束手无策。不久，妇人的独生子就离开了人世。

这突然而至的打击，就像晴天霹雳，妇人完全无法接受这个事实。她天天守在子的坟前，哀伤哭泣。她形若槁木，面如死灰，悲伤的喃喃自语："在这个世间，儿子是我唯一的亲人，现在竟然舍下我先走了，留下我孤苦伶仃的活着，有什么意思啊？今后我要依靠谁啊？唉！我活着还有什么意义呢？"

这时，佛陀在定中观察到这个情形，就带领了五百位清净比丘前往墓壕。佛陀与比丘们是这么样的安详、庄严，当这一行清净的队伍宁静的从远处走过来时，妇人远远地就感受到佛陀的慈光摄受，她认出了佛陀！她忽然想到世尊的大威神力，正可以解除她的烦忧。于是，她迎上前去，向佛陀五体投地行接足礼。

佛陀慈愍地望着她，缓缓地问道："你为什么一个人孤单的在这墓壕之间呢？"

妇人忍住悲痛回答："伟大的世尊啊！我唯一的儿子带着我一生的希望走了，他走了，我活下去的勇气也随着他走了！"

佛陀听了妇人哀痛的叙述，便问道："你想让你的儿子死而复生吗？"

"世尊！那是我的希望！"妇人仿佛是水中的溺者抓到浮木一般。

"只要你点着上好的香来到这里,我便能发愿,使你的儿子复活。"佛陀接着嘱咐:"但是,记住!这上好的香要用家中从来没有死过人的人家的火点燃。"

妇人听了,二话不说,赶紧准备上好的香,拿着香去寻找从来没有死过人的人家的火。

她见人就问:"您家中是否从来没有人过世呢?"

"家父前不久刚往生。"

"您家中是否从来没有人过世呢?"

"妹妹一个月前走了。"

"您家中是否从来没有人过世呢?"。

"家中祖先乃至于与我同辈的兄弟姐妹都一个接着一个过世了。"

妇人始终不死心,问遍了村里的人家,没有一家是没死过人的,她找不到这种火来点香,失望地走回坟前,向佛陀说:"大德世尊,我走遍了整个村落,每一家都有家人去世,没有家里不死人的啊。"

佛陀见因缘成熟,就对妇人说:"这个大千世界的一切万事万物,都是遵循着生灭无常的道理在运行。春天,百花盛开,树木抽芽;到了秋天,树叶飘落,乃至草木枯萎,这就是无常相。人也是一样的,有生必有死,谁也不能避免生、老、病、死,并不是只有你心爱的儿子才经历这变化无常的过程啊!所以,你又何必执迷不悟,一心寻死呢?能活着,就要珍惜可贵的生命,运用这个人身来修行,体悟无常的真理,从苦中解脱。"

老妇人听了佛陀为她宣说无常的真谛立刻扭转了自己错误的知见,顿时断尽见惑入圣人之流,证得声闻乘四果中的初果——须陀洹道。此时，围绕在塚间观看的数千人群，在听闻佛法真理后，也一起发起了无上菩提心。

这就是佛家的无常心。在佛家看来，在世间所有事物中，变化速度最快的，莫过于人们的心念，心念的生灭，刹那不住，比闪电还要迅速，因此，《宝雨经》形容心念如流水，生灭不暂滞；如电，刹那不停。

《大般涅槃经》说："诸行无常，是生灭法；生灭灭已，寂灭为乐。"这是说明世间万物无一得以常住不坏，凡生者必灭，因此，唯有超脱此生灭的世界，才可达到寂静的境域。也就是说，一切有为法的本性是空寂的，所以无常、无我、能实现涅槃，这就是"三法印"的思想根据，也是佛教的根本教义。

诗人杜涯有一首诗《秋天》，其中写道：
我所热爱的事物都在枯黄、坠落
我所记下的一切都在消亡、衰败
我提到了阳光、流水、气候
它们却迅速逝去
我曾说起过花朵、爱情、夏天、月光
说起过苹果树和白杨
——这一切消失在了什么地方？

走出门，我看到了上帝园中的秋天：
树木明朗、透彻，木叶绚烂并且凋谢
天空一日日地明净、湛蓝，并且升高
草木散去，山冈露出来，光亮向高处伸展
而同时却有一些什么东西在不停地坠落

从四周、从树木和房屋、从飞鸟

从天空中以及从夜晚的星座上

不停地坠落——

还有一首诗《河流》，其中写道：

我记得那槐花飘落

那些槐花从早到晚都在空中纷飞

整整几天了

每当我打开窗户，我便看见了

它们迅速消失的身影

那些低垂的槐树就在房前或者屋后

每次，当我从它们下边走过

槐花静悄悄地落着

我看到白色的花瓣落在地上

这时我感到这个世界有多么寂寞

——特别是在无风的时候

我抬头望着繁花的树冠

那些低垂的花束正一个个

消失不见

这时我想，即使无风

槐花也会没日没夜地飘落

我想一定有一个人

要把它们带走

在后山，在倾斜的坡上

槐花已经落了三天
当我在暮春那温和的风中
跑到槐树下,并抬头仰望:
槐花,它们已在我到来之前
悄无声息地落尽了

流经我们身边的这条大河
也曾流经去年
那时我们一个劲相爱,不懂得
外部事物。春天,桃花,流水
这一切究竟与什么相关?

现在我们就坐在它的旁边
看它怎样平静地带走桃花
沙子、水草、上午的时间
不,在它的外部我们总是
想不明白

甚至包括水面上波动的阳光
一叶载着放蜂人的家当的小船
那漂流的、孤独的
春天!

佛家认为,世间一切事物,都是因缘和合而生的,缘聚则生,缘尽则灭,处于不断的迁流转变中,没有恒常的定性。正如诗人描写的那样,一切都悄无声息地落尽了。

人们经常对未来产生莫名其妙的恐惧感,担心家人、健康、财富、权位,害怕死亡的到来。我们愈担心,问题愈扩大,于是,我们渐渐对生活失去信心,或使自己受名利役使而不自知。

人的智慧有限,无法预知明天会发生什么事,所以对未来总是充满不安。古代的人对于风灾、地震特别恐惧,因为不了解这些自然现象发生的原因,以为是风神、地神发怒,于是,有种种祭拜仪式。等到你明白了真正的原因,就能够安然接受,也知道如何正确预防和处理。

生活本来很简单,空气、阳光、水和食物,但现代人生活得太复杂,也太辛苦,忙一些不相干的事务,追逐财富名利,日渐失去了生活的目的和意义,也渐渐看不清生命的本质,所以,对健康和死亡充满着焦虑和恐惧。

当恐惧感袭上心头时,闭起眼睛、深呼吸,把思绪平静下来,想一想,自问一下:"你怕什么?是怕失去名位、财富、健康、家人、爱人?还是怕死亡?但这些东西属于你吗?你能够天长地久地拥有它们吗?"就算你拥有过,你曾经珍惜过吗?原来你害怕的只是自己的失落感,你心有不甘,而事实上,你想抓住的到头来还是一场空。

吸气,过去的已经过去,再遗憾也于事无补;吐气,未来的还没有到来,再忧虑也是多余。只有当下,你有足够的信心做准备。有些人怕静、怕鬼、怕死,那是不敢面对自己。所以,恐惧是因为缺乏智慧,不能洞见生命的本质和物质现象的无常,也是因为"我执"过重,事事放不下所致。

30、不要在利欲的诱惑中迷失了自己

【原文】羁锁于物欲,觉吾生之可哀;夷犹于性真,吾生之可乐。知其可哀,则尘情立破;知其可乐,是圣危自臻。

【译文】终日被物欲困扰的人,总觉得自己的生命很悲哀;留恋于本性纯真的人,会发觉生命的真正可爱。明白受物欲困扰的悲哀之后,世俗的情怀可以立刻消除;明白留恋于真挚本性的欢乐,圣贤的崇高境界会自然到来。

纷繁芜杂的俗事使我们渐染失于心性的杂色。每一次的呈现都多了一点修饰,每一次的语言都少了一分真实。习惯于疲惫的伪装,总以为这样就可以赢得更多,过得更好。蓦然回首,那些希冀着的,仍需希冀;那些渴盼着的,仍需渴盼。唯独改变了的是自己的本性。扪心自问:"我是否在意过自己最真实的内心世界?尊重过自己的本性?"心会告诉你那个最真实的答案。有多少人曾想过改变自己,以追逐想要的一切,到头来才发现,自己做了一个"邯郸学步"的寿陵少年,不仅没有得到自己想要的,还丢了自己最初拥有的。那么,当初为什么就不能尊重自己的本性,做那个最真的自己?也许正是因为没有彻悟。

从前,有个特别爱财的国王,一天,他跟神说:"请教给我点金术,让我伸手所能摸到的都变成金子,我要使我的王宫到处都金碧辉煌。"

神说:"好吧。"

于是,第二天国王刚一起床,他伸手摸到的衣服就变成了金子,他高兴得不得了,他吃早餐,伸手摸到的牛奶也变成了金子,摸到的面包也变成了金子,他这时觉得有点不舒服了,

因为他吃不成早餐,得饿肚子了。他每天上午都要去王宫里的大花园散步,当他走进花园时,他看到一朵红玫瑰开放得非常娇艳,情不自禁地上前抚摸了一下,玫瑰立刻也变成了金子,他感到有点遗憾。

这一天里,他只要一伸手,所触摸的任何物品全部会变成金子,后来,他越来越恐惧,吓得不敢伸手了,他已经饿了一天了。到了晚上,他最喜欢的小女儿来拜见他,他拼命地喊着不让女儿过来,可是天真活泼的女儿仍然像往常一样径直跑到父亲身边,伸出双臂来拥抱他,结果女儿变成了一尊金像。

这时国王大哭起来,他再也不想要这个点金术了,他跑到神那里,跟神祈求:"神啊,请宽恕我吧,我再也不贪恋金子了,请把我心爱的女儿还给我吧!"

神说:"那好吧,你去河里把你的手洗干净。"

国王马上到河边拼命地搓洗双手,然后赶快跑去拥抱女儿,女儿又变回了天真活泼的模样。

有时我们总把眼光放在外界,追逐于自己所想的美好事物,常常忽视了自己的本性,在利欲的诱惑中迷失了自己。所以,才终日心外求法,因此而患得患失。如果能明白自己的本性,坚守自己的心灵领地,又何必自悔自恼呢?

法国杰出的启蒙哲学家卢梭认为现代人物欲太盛,他说:"十岁时被点心、二十岁被恋人、三十岁被快乐、四十岁被野心、五十岁被贪婪所俘虏。人到什么时候才能只追求睿智呢?"人心不能清净,是因为物欲太盛。人生在世,不能没有欲望。除了生存的欲望以外,人还有各种各样的欲望,欲望在一定程度上是促进社会发展和自我实现的动力。可是,欲望是无止境的,尤其是现代社会物欲更具诱惑力，如果管不住自己的欲望，任它随心所欲，就必然会给人带来痛苦和不幸。人生活在财、色、名、食、睡五欲之中，永远都有不满足感和种种苦恼。拥有了一分，还想再得到九分，得的越多想要的越多，再怎么努力追求，也没有满足的一天。人在不足中造业，在不足中烦恼，要除去这些苦恼，唯知道自我节制。

人没有欲望是不可能的，佛陀也并不主张完全的禁欲。经过六年的苦行，他认为一味的禁欲对修道并无意义。但他也反对在生活中放纵欲望。在经典中他多次告诉众生要少欲知足，要弟子生活简朴。因为欲望是烦恼的根源，烦恼又会遮蔽众生的佛性和智慧。所以，只有将欲望降低，才能勤于修道，证悟佛果。

人们对正当欲望的追求，是人类文明的表现。当一个人产生了某种欲望时，这种欲望就会影响他的思想，指导和支配他的行为。欲望会让内心产生一种动力，使人生改变轨迹，激发所有潜在的力量，进而产生奇迹，促使目标得以实现。

但是，欲望一半是天使，一半却是恶魔，如果失控，就会把人引向邪恶。成为破坏社会、毁灭人生的灾难。古人说："人为财死，鸟为食亡。"所谓："人心不足蛇吞象。"这都是欲望的弊端。小说《醒世姻缘》中讲："终日忙忙只思饱，食得饱来便思衣；衣食两样皆具足，便想娇容美貌妻；娶得三妻并四妾，出门无轿少马骑。良田万顷马成群，家里无官被人欺。七品八品犹嫌小，三品四品又嫌低。当朝一品为宰相，又想君王作一时。心满意足为天子，又想神仙下棋局。"这是欲望的最好写照，我们生活中有些人就是这样，这个欲望实现了，另

一个欲望又开始出现,如此周而复始,伴随着人的一生。如果一个欲望得不到满足,就一天到晚辗转反侧。这样又有什么快乐幸福呢?所以,人到什么时候都不能任凭自己的欲望信马由缰,否则,就会一发不可收拾,破坏自己的身心健康,给他人和社会带来麻烦。

幸福源于节制,正因为欲望的节制,我们才收获幸福。虽然不能成佛,却可以追求佛的境界,实践佛的行为。其实,我们的生命本身所需要的东西并不多,如果知道节制,生活简朴,就可以有更多的闲暇来享受人生,而不必为欲望的满足而操劳一生。生活必需之外的奢侈品,虽然给我们带来方便和快乐;但是,如果耗费一生的光阴才能获得,反而是一种奴役。苏格拉底曾经在繁华的市场上说:"原来这世界上竟然有这么多我不需要的东西!"

人生在世,没有钱虽然寸步难行,但钱绝对不是万能的。因为,它只可以满足一定的物质欲望,而不能带来真正的快乐。只有学会做它的主人,不做它的奴隶才能创造快乐。

对于欲望的满足,我们也该讲究个度。过度节制不好,过度放纵比过度节制更坏。所以,应该因时因地,该放纵时放纵,该节制时节制。饿了就去吃饭,吃饭就要坐在饭桌旁,这便是时间地点对于食欲的引导和节制,其他欲望也是如此。

31、方圆无碍,圆融为人

【译文】处洁也立方,处丸也宜圆,分水宇之也当方圆并用;待善人宜宽,待恶人宜严,待庸众之人当宽严互存。

【译文】生活在政治清明天下太平时,待人接物应严正刚直爱憎分明；处在政治黑暗天下纷争的乱世，待人接物应圆滑老练随机应变；当国家行将衰亡的末世，待人接物就要刚直与圆滑并用。对待善良的君子要宽厚，对待邪恶的小人要严厉，对待一般平民大众要宽严互用。

头脑封闭、反应迟钝、因循守旧、固步自封的人，会一再地坐失良机。不能深察明辨、盲目轻率地追随潮流的人，也会"差之毫厘，失之千里"，从而造成决策的失误。这就要求我们学会变通为人，做到方圆通融。

曾国藩年轻初涉官场时，对官场风气也看不惯。然而，经历历练后，他终于完成了从"笨拙愚钝"到"老奸巨猾"脱胎换骨的蜕变。在这期间，曾国藩贵在躬身反观自己，知行合一，方圆无碍。他曾说："牢骚太甚者，其后必多抑塞。盖无故而怨天，则天必不许；无故而尤人，则人必不服。感应之理，自然随之。"大概的意思就是：牢骚太多的人，以后必定遭受很多艰难曲折。我们要遵循规律，不怨天尤人。这或许是曾国藩刚入官场过于"方"的原因。

这么多年，社会一直流行曾国藩的书。对此，我很纳闷。按照张弘杰的话说，"他不过就是个挺没趣的老头儿，长得土头土脑，不抽烟，不喝酒，不玩女人。成天道貌岸然，正襟危坐，一方面总在思考国家大事，另一方面又写了一大堆絮絮叨叨无比唐僧的家书。仅此而已。"然而，果真如此吗？等到我踏入社会阅历增加后，特别是遭遇了一些曲折以后，再看曾国藩的书，恍然大悟，原来以前自己是那么的幼稚。的确，无论是做官、做人还是学问，他都是一种高度，他身上汇集了中国传统文化的智慧。

曾国藩三十岁时，制定了严格的修身计划，美其名曰"日课十二条"。内容有：

一、主静：无事时整齐严肃，心如止水；应事时专一不杂，心无旁物。

二、静坐：每日须静坐，体验静极生阳来复之仁心，正位凝命，如鼎之镇。

三、早起：黎明即起，绝不恋床。

四、读书不二：书未看完，绝不翻看其他，每日须读十页。

五、读史：每日至少读二十三史十页，即使有事亦不间断。

六、谨言：出言谨慎，时时以"祸从口出"为念。

七、养气：气藏丹田，修身养性。

八、保身：节劳节欲节饮食，随时将自己当作养病之人。

九、日知其所亡：每日记下茶余偶谈一篇，分为德行门、学问门、经济门、艺术门。

十、月无忘所能：每月作诗文数首，不可一味耽搁，否则最易溺心丧志。

十一、作字：早饭后习字半小时，凡笔墨应酬，皆作为功课看待，绝不留待次日。

十二、夜不出门：临功疲神，切戒切戒！

曾国藩年轻时也不是圆滑老练懂得"方圆之道"的人，他首先是一位重视修身的君子。曾国藩乐观地认为：所谓"本性不能移"完全是虚妄之语，人的品行是可以改变，就如同流水一般，无孔不入。后来老练沉稳的曾国藩品性坚卓、为人通达，乃是他修身养性的结果。

京师十二年间，曾国藩一边勤奋读书修身，一边用心于实践。他在道光年间连年被提拔，升迁极快，十年之间连升十级。升官的秘诀在于，他个人勤苦努力，对自己要求极其严格，广泛结交京内名流，在京官中造成了勤恳好学，为人正直、谦恭的好声望。当然，还有人引荐。

曾国藩认为做官有四大忌，即"四败"：昏惰任下者败，傲狠妄为者败，贪鄙无忌者败，反复多诈者败。曾国藩把这"四败"写在案头上，每天都提醒自己。他还说，自古以来凶德致败者大约有二端：一是傲慢，一是多言。他总结历史的经验说："我看历代的那些著名的大官，大多数都是因为这两个原因而败家丧生的。"深谙官场的人，知道什么是顾忌。这是他的圆融的一面，也正因为此，他在官场如鱼得水。

曾国藩认为，古人称立德、立功、立言为三不朽。为保持自己来之不易的功名富贵，他事事谨慎，处处谦卑，坚持"花未全开月未满圆"的观点。他常对家人说："有福不可享尽，有势不可使尽。"此外，他"长存冰渊惴惴之心"，为人处世必须如履薄冰，如临深渊，时时处处谨言慎行，才不致铸成大错，招来大祸。

然而，曾国藩治理军务十分严厉，毫不含糊，体现了他"方"的一面。曾国藩治军，"大处着眼，小处下手"，躬亲实务，他亲自去点名、看操、站墙子，给下属作表率。他憎恶官场习气，一生最恨巧滑、偷惰、钻营、逢迎、敷衍、颟顸等官气、衙门气，湘军中反对官气，他带头摒除官衔排场，力禁部下迎送的虚文，他强调识拔人才要看其是否"有操守而无官气"，他在家书中，不知说了多少告诫家人不要沾染官气的话。他这种治军方式，对以后湘军在实战中，个个英勇善战起到了关键的作用。

"方",方方正正,有棱有角不被人所左右。"圆",圆滑世故,融通老成,进退自如,游刃有余。刚直容易折断,必将碰得头破血流;但是,一个人如果八面玲珑,圆滑透顶,总是想让别人吃亏,自己占便宜,也必将众叛亲离。因此,做人必须方外有圆,外圆内方。

方与圆、刚与柔两者的含义具有内在的一致性。圆为和谐、变通、灵活性,体现了柔韧、柔弱的一面;方则为个性、稳定、原则性,体现了刚直、刚强的一面。做人处世若能刚柔相济,把方与圆的智慧结合起来,做到该方就方,该圆就圆,方到什么程度,圆到什么程度,都恰到好处,那就是方圆无碍了。

老子在《道德经》中说:"曲则全,枉则直,洼则盈,敝则新,少则得,多则惑。"意思是说:受得住委屈,方能保全自己,经得起冤屈,事理才能得到伸直,低洼反能盈满,凋敝反得新生,少取反而多得,贪多反而痴迷。

当今社会,竞争加剧。如果在待人处事的方式上一成不变,不懂得方圆之道,这样的结果将非撞一鼻子灰而于事无补。不少正直的人,也同样对于很多官场风气也深恶痛绝,但"势之所处,求退不能",面上还是要随大溜,没有做"愤青",一个不字也不讲。这就是内方而外圆。

个性的灵活主要表现在为人处世的适应与变通上。做到三个"不苛求",即可。

不苛求环境。即使是在当下社会,人对环境的选择却是总有一定限度的。因此,要提倡积极的、主动地适应环境,而不是消极地、被动地顺应环境。

不苛求他人。就是要承认别人一样有选择、保护、发展自己个性、习惯、兴趣和观念等的权利。当然,宽容并不是不讲原则,而是能宽容别人。

不苛求自己。生活中有快乐和幸福,也有痛苦和不幸,乐观圆融地去看待人生的苦与痛,克服挫折,迈向人生的新境界。

社会大单位,单位小社会。单位与社会总有千丝万缕的割不断的联系。在社会上能站得住,在单位也能立得起。也有例外,有人在社会上是根硬棍,在单位就是个软条了。

如何能在单位拿得起放得下,能够立起来,比在社会上混得好更重要。社会只不过是你人生的一个大舞台,比较自由自在,除了警官管你安全、交通,花钱买吃的,闲暇去公园,你的一举一动,你的细节,均不在众目睽睽之下。单位不同了,朝九晚五,一天八个小时工作日,你无时无刻不在与人重复着无数个枯燥无味的动作与语言。再加上,单位的上上下下的各类人等与你的利害关系重重叠叠,宛如重岩叠嶂,这其中又有多少险要的关隘啊!人在社会上要练达,在单位更要练达。

单位练达主要在为人和处事两个大方面。在历练当中,有一个主导的思想,即与单位和同事凡事不必太较真,要大大方方、糊里糊涂,明明心里有着这事,嘴上也要轻描淡写,脸上一派平和,像心里那样平静,眼睛眨巴一下,可别总是透着精明,像猴子那样,小脑袋往下缩眼睛往上抬,给人以不舒服之感。

32、现代的人,需要心中的"安静"

【原文】嗜寂者,观白云幽石而通玄;趋荣者,见清歌妙舞而忘倦。唯自得之士,无喧寂,无荣枯,无往非自适之天。

【译文】喜欢宁静的人,看到天上的白云和幽谷的奇石,

也能领悟出极深奥的玄理;热衷权势的人,听到清歌,看到妙舞,就会忘掉一切疲劳。只有了悟人生之士,内心既无喧寂也无荣枯,凡事只求适合纯真天性而处于逍遥境界。

扬弃我相和动静不一的主观思想,才能真正达到身心都安宁的境界。人人都有佛性,佛心无不相通。这个宝藏就是"明心见性",从烦恼的心变成智慧的心,这叫"明心";"见性"是见到不动的、不变的佛性。既然不动不变,就没有任何东西可以加以衡量,那是可以意会而不能言宣的。

一旦开悟就是发现了自己的宝藏。一般人在平常生活中如果一味地向外追求资源或帮助,就无法真正满足自己,真正解决问题。唯有回过头来反求诸己,即所谓"自助而人助,人助而天助",先肯定自己,别人才会肯定你,对你有信心。否则,若连自己都不相信自己,一定不会被别人肯定。不过,所谓自我,肯定不是自大、虚矫,而是如实踏实。

道一俗姓马,且天下禅僧大都出自他的门下,所以,后人称他为"马祖"。

慧海禅师生于福建,出家在浙江,如今又得回到福建,参拜马祖学禅。未来之前,他就听说马祖的禅风峻烈,石火莫及。于是,他预先很是动了一番脑筋,下了一些功夫。准备应对、酬答马祖那不同凡响的禅机。没想到,见面以后,马祖也像平常的禅师一样,只是平平实实地问道:

"你从哪里来?"

慧海有些失望。满腹的锦绣华章一点都没用上。他只好老老实实地回答:

"从越州(今绍兴)大云寺来。"

"你来这儿干什么?"

这话听起来像是废话。慧海千里迢迢,是抱着莫大的希望而来,听了马祖这样说话,不禁有些沮丧。他心里没好气,便不客气地回了一句:"到寺庙里来还能干什么?不就是来求佛法嘛!"

"我这里什么都没有,你求什么佛法?"

谁能想得到,马祖竟然如此说!慧海闻言大吃一惊,诧异得他嘴张得老大:"天啊。你是大名鼎鼎的马祖呀!你享誉禅林,天下僧衲无不望之披靡,你这里若是没有佛法。哪里能有?"

马祖才不管慧海的嘴合上合不上呢,继续呵斥道:"你东求佛法,西找禅机,放着自己的宝藏不顾,抛家乱走个什么?"

这时,慧海敏感地察觉到,马祖的话里机用全含,大有禅意。他机警地追问道:"和尚,请你指给我看,哪个是慧海的自家宝藏?"

马祖道一的大手指向慧海,斩钉截铁地说:"现在问我的,就是你的宝藏!一切圆满具足,绝不比任何人少。你可以自由自在地支配使用,哪里用得着再向外寻求?"

慧海一昕,心念内敛,立刻识见本心,明见自性,恍然大悟!他不由得欢喜雀跃又悲恨交加——解脱的欢畅实在匪夷所思。自己以前受尽煎熬的向外寻求,更是天大的冤枉!从前满世界寻寻觅觅,独上高峰,望断天涯路;千里万里,草鞋磨破,茶饭无思,夜寐不香,苦苦寻找禅之真谛而不得;而今大梦醒来,蓦然回首,却原来宝藏就在自己怀中,且比诸佛菩萨一点都不少。

慧海禅师从此留在了马祖身边,侍奉了六年。后来,他出家受业的剃度师道智和尚年事已高,为了给他老人家养老送终,慧海回到了越州大云寺。

"自家宝藏"的意思是说，修行人想追求的那个最宝贵的东西就在自己心里，不要向外追求。

一般人认为求道或求法是向高僧请益、向西天取经，在中国历史上也的确有好多高僧从中国到印度求法。此外，在观念上有所谓"传法"，似乎是说一代一代有东西可传，好比父母有家产要遗留给子孙。也有人认为皈依三宝、接受佛法、受戒等也有东西可以传，这些都是似是而非的观念。从禅的角度看，"法"不是口口相传的，不是以手传手的，不是师徒授受的，不是用任何语言文字或物质的象征作为传法的内容的。真正的、最高的佛法是不可思、不可议，亦即，不能用语言文字来思考推敲。既然如此，心外不可能还有任何东西。老师和弟子如果都是过来人的话，只需一个会心的表示，没有其他东西可以传授。所谓"心心相印"，也就是老师的智慧与弟子的智慧彼此相通，可以用任何一句话，任何一个表情，任何一个动作来传递消息，继而证明弟子真正发现了自己的宝藏。

每一个人都背负着沉重的生活，茫茫的未来无可预知，沉重的过去又如同如来佛祖的五指仙山，沉甸甸地压在胸口，压力不断地增大增大再增大，人们的心理承受能力却日复一日的减小减小再减小，失落、孤独、痛苦、困惑都在日复一日的加深，多少人整日里抱怨重重，又有多少人消极厌世，原本纯净的心灵被蒙上一层又一层厚厚的灰尘，而只有禅能帮助人们祛除心灵上的尘垢。

禅本由佛教而生，注重心灵修为。在修禅之人看来，没有什么能比心更重要。外界的一切执著不过是内心的变现，而产生的一切妄念不过是由心而生。在这样一个喧嚣的世界，每个人都想要更好更好更更好的活着。可是究竟怎样才是更好的活着？难道就是更多的金钱和更大的权力？在普通人看来似乎就是这样，然而禅者眼中，生活的最高境界与这些相距甚远。

在参禅者看来，生活是一种艺术，一种不拘于任何时间、地点和形式的艺术，而唯有身心安顿才能参悟生活的真谛。修禅就是修心，在横流的物欲中寻找一叶扁舟，承载着心灵朝着自在境界漂泊，在喧嚣的滚滚红尘之中，寻觅一方乐土，可以倾听每一朵花绽放的声音，呼吸每一丝雨后混合着泥土芳香的空气，活的自由、自在、快乐、安然，不再被嘈杂干扰，在欲海沉浮中保持安然。

然而，心中惶恐是现代都市人的一种病，因为过的浮躁，所以心情烦躁，又因为社会速度太快，于是始终没有办法像从前一样把一件事情做的善始善终，不断地跳槽、分手、离婚……再没有心情和时间去经营一份生活，不断忙碌的目的只是活着而不是生活。现代的人，需要心中的"安静"。

33、放下，岸就在这里

【原文】心无物欲，即是秋空霁海；坐有琴书，便成石室丹丘。

【译文】心中没有对物质的欲望，就会像秋高气爽的天空和晴朗的海面一样辽阔；在闲坐时有琴弦和书籍为伴，生活就会像居住在山洞中的神仙一样逍遥。

佛法常常告诫世人说，苦海无边，回头是岸。那么岸在哪里呢？其实你要上岸何须回头啊！现在就是岸，一切当下放下，岸就在这里。如果一个人能够放下，那么，在你放下的那一刹那，你就能看到苦海的岸,根本不用回头去找,因此,一个人必须学会放下,放下是一切的根本。

一个年轻人千里迢迢跑去找一位高僧,他说:"大师,我是那样的孤独、痛苦和寂寞,长途跋涉已使我疲倦到极点。我的鞋子破了,荆棘割破了双脚;手也受伤了,流血不止;嗓子因为长久的呼喊而喑哑……为什么我还不能找到快乐?"

高僧笑问:"前面那条河,你是怎么过来的?"

"乘船过来的。"

"你扛了船赶路吧!"

"什么,扛了船赶路?"年轻人很惊讶,"它那么沉,我扛得动吗?"

"扛不动,为什么不放下?"高僧微笑道。

"什么?"年轻人没听懂。

高僧解释说:"过河时,船是有用的。但过了河,就要放下船赶路。否则,你会感到不堪重负。同样的道理,过去种种,都是你到达现在的渡船,你既来到现在,何不把渡船放下,为什么还要扛在肩上,为它痛苦、孤独、寂寞、烦恼呢?"

年轻人若有所悟。

我们所经历过的事情,有美好的、舒适的,也有不好的、痛苦的,但是,不管是什么样的体验,其实都是我们需要的,就像生命需要各种营养一样,否则,人生就太单调了。而且,一件事体验过了,就放下,假如它给你带来的是不喜欢的体验,何必让早已过去的它一再刺激你呢?想通了这个问题,行走人生时就会变得轻松多了。

有一位女施主,家境非常富裕,不论其财富、地位、能力、权力及漂亮的外表,都没有人能够比得上,可她却郁郁寡欢,连个谈心的人也没有。于是,她就去请教无德禅师,如何才能让自己具有魅力,赢得别人的欢喜。

无德禅师告诉她:"你能随时随地和各种人合作,并具有和佛一样的慈悲胸怀,讲些禅话,听些禅音,做些禅事,用些禅心,那你就能成为有魅力的人。"

女施主听后,问道:"禅话怎么讲呢?"

无德禅师道:"禅话,就是说欢喜的话,说真实的话,说谦虚的话,说利人的话。"

女施主又问道:"禅音怎么听呢?"

无德禅师道:"禅音就是化一切音声为微妙的音声,把辱骂的音声转为慈悲的音声,把毁谤音、哭声闹声、粗声丑声转为称赞的音声,那就是禅音了。"

女施主再问道:"禅事怎么做呢?"

无德禅师道:"禅事就是布施的事,慈善的事,服务的事,合乎佛法的事。"

女施主更进一步问道:"禅心是什么呢?"

无德禅师道:"禅心就是你我一如的心,圣凡一致的心,包容一切的心,普利一切的心。"

女施主听后,一改从前的娇气,在人前不再夸耀自己的财富,不再自恃自我的美丽,对人总谦恭有礼,对眷属尤能体恤关怀,不久就被夸为"最具魅力的施主"了!

这位女施主在听过禅师的劝导之后,心念一转,魅力就在她的身上呈现出来了。她就成功地登上了幸福的彼岸。

有些禅师说:放下屠刀,立地成佛。就有同学问他,他说

不错啊!可是不是你啊!你们连刀子都不敢拿,拿起来怕割破了手。拿屠刀的人是玩真的,真有杀人的本事,大魔王的本事,是一个大坏蛋,但他一念向善,放下屠刀,当然立地成佛!你们手里连刀子都没有,放下个什么啊!所以,不要钻到禅师所讲的字眼中不放,从一个更高的层次上去理解这个问题,就会明白,其实,任何时候,你要想上岸,只要你的念一转,岸就在你的面前了,根本不须回头。

心理学家武志红认为,人应该同时拥有此岸与彼岸。只有彼岸,一个人就难以得到救赎,就只剩下疯狂,心就像会飞的陀螺,越转越高,最后就只有进入真实的天堂——无数的艺术家、文学家、普通的乃至传奇的人最后选择了自杀。

只有此岸,人生就只剩下活着。在拥有彼岸的人看来,这样的人生乏味至极,可有可无,生如同死,活过如同没有。

单纯、执著、投入式的疯狂等等,属于彼岸;中庸、向大家看齐、不冒尖等等,属于此岸。它们是两个世界,两套规则。生命的悖论是,最好要同时拥有此岸与彼岸。

此岸让你脚踩大地,就像大树拥抱土地母亲;彼岸则让你直入苍穹,看到此岸不可能看到的美与善。

简单地守在此岸,最后会得出一个答案:人生的真谛在于平凡。怎样才能得到救赎?是执著的你跳出偏执狂的、自我中心的茧,爱这个世界,爱你身边的人,爱所有的人,和他们——哪怕是那些守在此岸的人——建立平等和谐的关系。

34、内心的痛苦由心生

【原文】性躁心粗者,一事无成;心和气平者,百福自集。

【译文】性情急躁粗暴、粗心大意的人，最后没有一件事情能够做得成功；心地平静、性情温和的人，往往各种福分都会降临到他的头上。

　　星云法师开示，这个世界怎么改变并不重要，重要的是我们内心的世界，不要陷入外境的迷思，平添烦恼。我们常因外境心生分别，一句好话上天堂，一句批评，茶饭无味，辗转难眠。改变外在的环境，不如改变我们内在的心境。就如一池落花，两样心情。有人怜惜好花飘零，有人却喜花果将熟。

　　佛家说："心魔即魔，心佛即佛。"具有魔的心灵，你就将成为魔，拥有佛的心灵，你就会成为佛。生活中是否幸福、快乐、成功，在很大程度上是由你的心灵决定的，是由你心灵的修炼程度决定的。

　　是的，相由心生。人生的一切烦恼和痛苦也由心生。佛说："用清净之心看世间，世间即清净；用解脱之心看世间，心即解脱。"

　　人生在世，求生、求钱、求权、求爱情、求婚姻、求欢乐、求健康长寿……凡尘俗世，芸芸众生，谁人无欲无求，又有谁能逃离了烦恼？生命中不如意事十有八九，关键是要学会自己化解。下面这个例子，也是经常有人遇见的，现实生活中有不少人抱怨生活，甚至质问社会指责他人，就是不反省自我。

　　在一所著名高等学府的课堂上，教授向学生提出一道挑战性的问题："世上的万事万物都是由上帝创造的吗？"

　　一位学生勇敢地回答说："是，都是祂创造的！"

　　教授又问："上帝真的创造一切吗？"

　　那位学生回答："是的！教授，当然一切都是祂创造的。"

　　教授接着问："如果上帝真的创造万物，那么邪恶也是上帝创造的。既然邪恶存在,根据外在行为反映一个人内心的原理,我们可以假定上帝是邪恶的。"

那位学生沉默不语,没有回答教授这个假设性的陈述。那位教授非常自豪地向学生夸口说,他又再一次证明基督教的信仰只是个神话。

另一位学生举手发言:"教授,我可以请教您一个问题吗?"

"当然可以!"教授回答。

那位学生站起来说道:"教授,寒冷存在吗?"

"这是什么问题?它当然存在。难道你从不觉得冷吗?"

其他学生纷纷窃笑那位年轻人的问题。

年轻人回答说"教授,事实上寒冷并不存在。依据物理定律,我们之所以会感觉冷,是因为缺少热能的缘故。每个人或物体对能量的获得或传送的情况,都可以测得出来,而热能就是这个使人体或物体获得或传递能量的东西。绝对零度,也就是摄氏零下273度时完全没有热能的存在。在这个温度时,所有物体分子都呈现静止状态,不会发生任何反应。所以,实际上寒冷并不存在,我们创造这个词汇是为了描述没有热能的感觉。"

年轻人接着又问:"教授,黑暗存在吗?"

教授回答说:"它当然存在!"

年轻人说:"您又错了!教授,黑暗也不存在。黑暗其实是因为缺少光的缘故,我们可以研究光线,但无法研究黑暗。我们可以用牛顿的三棱镜把白光分成许多颜色的光,并研究每种光的波长。不过我们却无法测量黑暗,因为只要一道光线就可以划破并照亮一个黑暗的世界,所以我们如何能知道一个空间有多黑暗?我们只能够测量光的强度,不是吗?黑暗是人类用来描述没有光线存在时的一个词汇。"

最后这位年轻人问教授:"教授,那邪恶存在吗?"

这回教授的回答不太确定了,他说:"当然!就像我之前所说的,我们每天都会看到邪恶。每天都有人类以不人道的方式对待他人的例子。它存在于世界各地的许多罪行和暴力之中,这些不是邪恶是什么!"

年轻人回答道:"邪恶并不存在,教授,至少可以说邪恶本身并不存在。会有邪恶只是因为心中没有上帝,就像黑暗与寒冷一样,邪恶是人类所创造的一个名词,用来描述心中没有上帝的情况。所以,上帝并没有创造邪恶,它是人类心中缺乏上帝之爱的结果,就好比寒冷源自于没有热能,黑暗源自于没有光线。"

教授坐了下来并问道:"年轻人,你到底是谁?"

"教授,我的名字叫做艾尔伯特·爱因斯坦。"

很多人的心都处于一种喧嚣燥热的状态,对自己的现状极其不满,不管是在情感上、生活上、工作上,总觉得得到的太少,同时还害怕失去一些东西。人生对于他们来说就是一根鞭子。他们用这根鞭子时刻在抽打着自己。于是,一直在争先恐后,忙忙碌碌。很少有人懂得停下来欣赏一下路边的风景,很少有人懂得停下来享受一下手里拥有的一切。其实,仔细想一想,你再怎么努力,你能得到多少呢?有多少时间是在做无谓的拼搏呢?你得不到又能怎么样,得到又能如何呢?其实,困扰我们的不是物质的多少,而是我们自己的内心。

做人需要佛的慈悲心肠,与人相处需要佛的博大胸襟,做事需要佛的无上智慧。以佛的思想和理念来出世人世,我们就能使人生圆满。

我们应以佛家思想为核心，融合道家和儒家思想的精华，对人生进行反省与解析。平时我们可以通过领略一个个教人向善的、安抚心灵的、启迪智慧的故事，思考诸多为人处世的人生哲理，心悟佛学的博大与精深，你即能在佛的感召下平和自己的心态，提高自己的修为，增长自己的智慧。

生命的目的在于寻找快乐，我们每个人都在不停地追求生命中更美好的一面，而不愿承受痛苦和烦恼。但是，什么才是真正的、长久的、可靠的快乐呢？也许有很多人并没有确切的答案。

所有问题的根源在于我们对事物的看法，我们不但将一切事物看做是一直存在的，并确信它们可以为我们带来满足，而这种看法本身就是错误的。我们基于直觉而肯定事物本来就存在，拥有各自的性质，具备固有的属性和内在实质。换句话说，我们认为事物本就具有某些固定的特性，好的或坏的，美的或丑的，能够吸引人的或令人厌恶的，并认为这些特性是存在于事物内部，独立于我们的观点及其他事物之外的。

佛教一向被人们称之曰："空门"。佛教的空，是说一切都是变化的，没有固定不变的事物。一切皆空，是说一切都是不实在的意思，而不是不存在。佛家的缘生性空，是着重于本质的分析透视。我们都是生活在幻妄的境界中，所以需要看破，需要放下。看破的是现象的幻境，放下的是对名利物欲的贪得无厌。不做一切幻境的奴隶，而得自由自在，这就是一种解脱生死的功夫。

人，一旦不受外在的境界所束缚，他就可以不造生死之业而能解脱生死或自主生死了。

35、心不得安，是人生苦恼的根源

【原文】心体便是天体。一念之喜，景星庆云；一念之怒，震雷暴雨；一念之慈，和风甘露；一念之严，烈日秋霜。何者少得，只要随起随灭，廓然无碍，便与太虚同体。

【译文】人的心体就是天体，人的灵性跟大自然现象是一致的。人在一念之间的喜悦，就如同自然界有景星庆云的祥瑞之气；人在一念之间的愤怒，就如同自然界有雷电风雨的暴唳之气；人在一念之间的慈悲，就如同自然界有和风甘露的生生之气；人在一念之间的冷酷，就如同自然界有烈日秋霜的肃杀之气。人有喜怒哀乐的情绪，天有风霜雨露的变化，有哪些又能少得了呢？随大自然的变化随起随灭，对于生生不息的广大宇宙毫无阻碍。人的修养假如也能达到这种境界，就可以和天地同心同体了。

我们眼见、耳听的一切，如果是起于个人的心念，就发生了喜欢和憎恶。天地万物的善恶，共缘于我心一念的变化。

心中的怨恨、嗔怒、执著、嫉妒等等，才是真正的敌人。这些敌人不是具有手足的肉身，手中也没武器，而是卧藏于我们的心中，由内伤害我们。与内在敌人相比较，外在敌人的破坏潜力是有限的。必须做到唯求心安，如初祖达摩所说，"不谋其前，不虑其后，无恋当今"，这才是真正的解脱。

人类一直生长在幻惑的世界。佛陀让人看破和放下，并不是让人悲观厌世、混吃等死。恰恰相反，他要你在看透以后，更加重视今生的努力，抓紧时间担当生前的事，做自己应做的事，但是却不计较、不执著,可以坦然放下,这是一种很高的境界,是一种超然坦荡的态度。认识到"空",破"我执、我见",就会平等待人,处处不以自我为中心,不把自己喜欢的强加于别人。同时又淡泊名利,不争权夺利,有觉悟心、慈悲心,宽容大度,随缘而不攀缘,心地清净,心安理得。

有好多天,一休和尚独坐参禅,默然不语。师父看出其中玄机,微笑着领他走出寺门。寺外,一片大好的春光。放眼望去,天地间弥漫着清新的空气,半绿的草芽,斜飞的小鸟,动情的小河……

一休深深地吸了一口气,偷窥师父,师父正在安详打坐于半山坡上。一休有些纳闷,不知师父葫芦里卖的什么药。

过了一个下午,师父起身,没说一句话,打个手势,他把一休领回寺内。刚入寺门,师父突然跨前一步,轻掩两扇木门,把一休关在寺外。

一休不明白师父的旨意,独坐门外,思悟师父的意思。很快天色就暗了下来,雾气笼罩了四周的山冈、树林、小溪,连鸟语水声也不再明晰。

这时,师父在寺内朗声叫一休的名字。一休推开寺门,走了进去。

师父问:"外面怎么样?"

"全黑了。"

"还有什么吗?"

"什么也没有了。"

"不",师父说,"外面,清风、绿野、花草、小溪……一切都在。"一休忽然领悟了师父的苦心。

给予我们感动的,并不仅仅是那些完全未知的新事物。在每天司空见惯的同样事物中,也能够发现以前没觉察到的新东西,如果我们用心体验,此时,它将给予我们新的感动。

可是,人类命定无法建造佛的理想国度,恰恰相反,他们是从物质享受中取得快乐,是由跟天地万物之相违中取得快乐。所以,人一直在摧毁自然,一直在跟自然规律争斗。这就是人类的文明世界。

如果光是这样,还没有什么,充其量,一直是生生世世的生生死死。就像青草园榭,平芜花树,入冬时开始凋残,到了明春,又依旧是一片气象万千的大地,小白长红,明黄暗紫,这便叫做生机不断。这亦即是道家的世界。

《金刚经》中说:"一切有为法,如梦幻泡影,如露亦如电,应作如是观。"《圆觉经》中也说:"皆如幻垢,垢相永灭,十方清净。"这是告诉我们对世事应该看破和放下。

按佛教的说法,我们在人生中八苦交集,不管贫富贵贱,都会有苦的感觉,原因就是,看不破,放不下。穷人为生存而争,富人为享受而争,钱是我们生活的工具,没有它寸步难行,但是太多了也没有什么好处。如果利用得当,可以济弱扶贫,造福社会,但是,如果穷奢极欲,为所欲为,则无疑是在为自己挖掘坟墓。

找不到心,是现代人的悲哀,也是这个世界的毒瘤。身心不得安住,是人生苦恼的根源。认识自己,是"定",舍脱贪嗔痴,心里面有一方安稳不动的磐石,不受一切诱惑欺骗,任何时候都站在合情合理合法的定位上,我自明心见性。

了知世相,是"慧",在生死流转的苦海里,当见事清明,

见物究竟，不随境转，不随物转，我自如如不动。

快乐来自于调伏心性，不调伏心性不可能得到快乐。只要我们相信心性的根本光明，不管世界变成怎样，我们都不会受苦，也不会引起痛苦。

心的本性是光明而自觉的，我们每个人都有基本的条件得到证悟。当你了解内在的心性，愈来愈多的特质就会开发出来，例如：爱。这说明了为何外在环境的改变和心理的转变无关，得到愈多你想要的东西，并不能带来满足。外在的环境不是让我们陷入痛苦的原因，是杂乱的心导致的痛苦。

36、佛就在每个人的内心

【原文】心虚则性现，不息心而求见性，如拨波觅月；意净则心清，不了意而求明心，如索镜增尘。

【译文】内心清净无物，人的本性就会显露出来，不息灭妄想纷飞的心却去寻找人的自然本性，就像拨开水中的波浪去捞月亮一样，只是一场空；意念宁静纯洁，心灵就会清明，不了解自心而求内心清明，就像是为落满灰尘的镜子又增加了一层灰尘一样。

在佛陀如来的眼中，作为万物之灵的人，无非是这个世界上最苦命、最可怜的无毛两足动物而已。人生的本质就是苦难。这是因为，人永远生活在死亡的焦虑中。人生充满了苦涩的滋味，人在这个世界上来，不过是做一次苦难的旅行。

"佛"的意思是觉悟，就是人的本性趋于圆满的一种存在状态。从佛教的立场看，我们每个人都具有佛性，和佛没有区别，但是却因为一念无明，被烦恼习气缠缚，才轮回六道，在苦海中沉沦。我们虽然这样，但是佛性却并没有缺少，所以，人人皆可成佛。佛经上说："众生是未觉的佛，佛是已觉的众生。"在佛的眼里，这个世界上没有一个特殊的人，佛在众生的心中，众生的心中都有佛，因此，自我就是佛，佛就是我们自己。

一天，灵训禅师前来参访归宗禅师。灵训请问归宗："禅师，什么是佛？"

归宗十分为难地望着灵训："这不可以告诉你，告诉你，你也是不会相信的。"

灵训听后马上说："不！禅师！我是诚诚恳恳地来向您请教的，您的话，我怎敢不相信呢？"

归宗点点头说"好！你既然肯相信，你靠过来，我告诉你！"

归宗把嘴巴贴在灵训的耳朵上，轻声说："你就是佛啊！"

灵训听后，先是一愣，然后放声大笑说："我就是佛！哈！哈！我就是佛！"

这个公案告诉我们，"佛"不必向外界去追求、寻觅，心外求法，就好比骑驴寻驴，缘木求鱼。事实上，每个人都有与生俱来的佛性，"佛在灵山莫远求，灵山就在汝心头。"对于我们来讲，开悟就是认知自心的灵山，修行就是向自我内心去提炼自性无尽的宝藏。

人生的命运不是神仙决定的，也不是佛决定的。人的一切，都是他自己造成的。我们所说的佛，不过是一种精神，一种性质。它只能存在于我们的心性中。人性就是佛性，佛性就是人性。求佛不如求己。

《坛经》抛弃了成佛路上的种种外在障碍，认为要想成佛，唯一需要做的就是修心。"清净心即是佛心"，"但心清净，

即是西方",佛和净土都只是一种心境,不能外求。在《坛经》中,普通人和佛的距离被大大拉近。每个人的自性里都有佛性,在这一点上,凡人与佛是完全平等的。成佛也就是观照自心,发现自己心性中的佛性。

一天,苏东坡和秦少游在一起吃饭,两个谈学论道,互不相让。刚好看到一个人走过,由于许多天没有洗澡,那人身上爬满了虱子。

苏东坡就说:"那个人真脏,身上的污垢都生出虱子来了!"

秦少游坚持异议说:"才不是呢,虱子是从棉絮中长出来的!"

两人各持己见,争执不下,便决定去请佛印禅师评个公道。苏东坡求胜心切,私下便跑到佛印禅师那里,请他支持自己的见解。过后,秦少游也去请禅师支持自己,佛印禅师都笑答接受。两人都以为自己正确,放心地等待评判的结果。

佛印禅师说:"虱子的头部是从污垢中生出来的,而虱子的脚部却是从棉絮中长出来的。"

佛印禅师就这样做了一次妙答。

大千世界就是心内的世界,物与我之间已没有分别。这就是说,"物我合一",物我是一体的。真正生活在这种对一切等量齐观、对物我不置偏颇的境界中的人,就是真正的禅者。

这就是禅。所谓参禅,其实就是参透生命;所谓求佛,其实只是反省我们自身。很多人参不透、悟不透,只是因为他们在求人,而事实上,没有谁能改变你,除了你自己。

我们的信仰,有三个层次的境界。有人认为禅毫无用处,因为他只是盲目求拜,要求佛给予一切。也有人非常虔诚,他已经知道自己需要什么，于是向佛祈求生命的智慧和解脱。但事实上，信仰的最高境界正是求己、修炼自身，将在人生中所迷失的、所丢弃的那个自己寻找回来，达到心灵的回归。正像很久以前，释迦牟尼在菩提树下成佛之后的第一个感悟：原来众生皆有如来的智慧。因此，众生皆为佛，参禅求佛，就是在参悟和反省我们自身。

并不是每个人都会参佛，但几乎每个人都以各种方式进入过佛殿。有些人在佛殿中一走而过，有些人深怀敬神之心。事实上，参悟禅道并没有那么高深，在佛殿中，我们就可以得到我们想要感悟的一切。道场中的那些佛像并不是神，每一尊都是我们自己，都是我们的本来面目的示现，那些佛像只是要告诉你，你也可以如它们一样高大坚毅，如它们一样修成正果。

进入佛殿，每一尊佛像都代表了生命的意义，代表我们可能迷失了的自己。我们不必祈求佛赐予我们丢失了的东西，只是在面对它们的时候，我们必须思考，如何做到将我们迷失的、最初的心灵，完好如初地寻找回来。

事实上，这就是禅。禅，就在我们心中，也在充满生机的万事万物之中……

第三章
"执相"为苦

《菜根谭》告诉我们,"执相"为苦——苦为乐,乐为苦,苦与乐的感受全在于一心。达摩面壁,凡人皆称其为苦修,有谁知道达摩祖师在静修中,心归空灵,慧及宇宙,体肤之苦尽皆化为心灵的极乐,哪有半点苦楚可言。

　　人生都是同理,善于从事物中寻找乐趣的人,无论遭遇到多大的坎坷磨难,都能以积极的心态去面对,而且还会以迎战坎坷为极大的快乐。相反,如果千个人成天总是悲苦心,看天天无光,看地地昏暗,那么,这个人凡是看到的总是一个苦字,终其一生也不过是一个可怜的人。可见,苦与乐全由心生,苦是心苦,乐是心乐,是一个人生境界的结果。"平常心"是一种超越凡俗、超越功名利禄的大悲悯、大情怀,是貌似不动声色,实则声色尽在眼底的超凡和脱俗。能否以平和的心态生活,对待他人,对待荣辱升沉,对待种种意外的遭际,是人生境界人生气象的重要表现。

37、时时省察处处忏悔

　　【原文】一灯萤然,万籁无声,此吾人初入宴寂时也;晓梦初醒,群动未起,此吾人初出混沌处也。乘此而一念回光,炯然返照,始知耳目口鼻皆桎梏,而情欲嗜好悉机械矣。

　　【译文】夜晚时分,清灯枯照,万籁俱寂,这正是人们要开始入睡的时候;清晨人们从睡梦中醒来,万物还未复苏,这正是我们刚刚从朦朦胧胧的睡意中清醒的时刻。如果能利用这一刻来澄清自己的内心世界,来反省自身的一切,便会明白耳目口鼻是束缚我们心智的枷锁,而情欲爱好等都是使我们堕落的机器。

人之所以内心不安的原因，归结起来不外是嫉妒心、担心、嗔恨心、愤怒心、贪心，以及种种矛盾冲突。这冲突包括自己与自己，或自己与他人之间，以及现实和想象或期待之间的落差。

学僧道岫看到比他晚入参禅学道的同参，对禅都能有所体会，自己却始终不能入门。

于是，道岫向广圄禅师禀告道："老师！学僧辜负您的慈悲，在您座下参学已有十年之久，对禅一点领悟都没有。我想云游他处。"

广圄禅师非常惊讶，问道："在这里没有觉悟，难道到别处就可以觉悟吗？"

"我精进于道业上的修持，我用功是因缘不合。同参的道友们看似没有怎么用功。个个却都获得了禅法心得。"道岫诚恳地禀告道，"我心灵的深处，萌发一股倦怠感，想做个行脚的苦行僧！"

"悟，是一种内在本性的流露，根本无法形容，也无法传达给别人，更是学不来，也急不得的。别人是别人的境界，你修你的禅道，这是两回事，为什么要混为一谈呢？"禅师听后开示道。

道岫委屈地说道："老师！我跟同参们一比，立刻就有大鹏鸟与小麻雀的惭愧。"

广圄禅师装着不解地问道："多大？多小？"

道岫答道："大鹏鸟一展翅能飞越几百里，而我只囿于草地上的方圆几丈而已。"

广圄禅师意味深长地问道："大鹏鸟一展翅能飞几百里，它已经飞越生死了吗？"

道岫听后，默默不语，若有所悟。

人们凡遇一事，总摆脱不了是非、人我、利害种种分别心理的束缚，由以上种种分别心理而派生出好与坏等不同心境来。我们每个人在这个世界上都是一个独一无二的自我，与其和别人比较，不如反观自照，做真实的自己。

时时省察自己还不够，还要做到忏悔，永远不要再犯。

2013年6月18日，媒体刊登了一则新闻，题目是《个人作恶之责不可泯》。道歉广告受到舆论的广泛赞誉和肯定。同济大学文化批评研究所教授朱大可在微博上评价，"在一个没有忏悔传统的国度，该信可视为人性觉醒的稀有证据。"

61岁的刘伯勤，头发开始斑白，但尚未年暮。退休前任济南市文化局文物处处长。日前，这位当年的红卫兵登在媒体上的道歉广告，引起舆论沸腾，大大出乎他的意料。在广告中，刘伯勤向在"文革"中受到自己批斗、抄家和骚扰的众多师生、邻里道歉。他在广告中说，"垂老之年沉痛反思，虽有'文革'大环境裹挟之因，个人作恶之责，亦不可泯。"

刘佰勤的迟来的道歉令人敬佩。那个年代，几乎人人都参与了运动。打、 、抄、斗都列入了"革命行动"，时隔四十多年，仍对少年的行为检讨，自责，这种行为令人敬佩。错不可怕，能省悟，能追悔，自责。可怕的是对错误的行为误以为荣，一错再错，不能自拔。

"文革"之中人性"恶"的一面被无限放大！释迦牟尼世尊于菩提树下睹明星悟道之际，世尊云："奇哉奇哉，一切众生，皆具如来智慧德相，但因妄想执著，不能证得，若离妄想，一切智，自然智，即得现前。"人人心都清净，则此世界就是极乐净土。

38、保持一颗清净纯洁的心

【原文】此心常看得圆满,天下自无缺陷之世界;此心常放得宽平,天下自无险侧之人情。

【译文】如果自己内心是圆满善良的,那么,世界也会变得美好而没有缺陷;如果自己内心是宽大仁厚的,那么,世界也会是一个没有阴险诡计的境地。

宽大仁厚,其实就是心怀坦荡,光明磊落地做人。如果能光明磊落,所作所为清清楚楚,行事是透明的、无私的,则自然俯仰无愧天地。但在生活中,一些人为了追求名利,不能心怀坦荡、光明磊落,往往内心算计、斤斤计较,与人相处比较高低上下,嫌自己样样都不如人,自然烦恼丛生。学佛修行就要像佛陀一样视一切如梦境,梦醒后自然什么都没有,一切皆无。明白一切皆空的道理,自然无可求、无可得、无可执著,自然潇洒自在、心怀坦荡。

一个穷人为农场主搬东西的时候,失手打碎了一个花瓶。农场主要穷人赔,穷人哪赔得起。穷人被逼无奈,只好去教堂向神父讨主意。

神父说:"听说有一种能将破碎的花瓶粘起来的技术,你不如去学这种技术,只要将农场主的花瓶粘得完好如初,不就可以了吗?"

穷人听了直摇头,说:"哪里会有这样神奇的技术?将一个破花瓶粘得完好如初,这是不可能的。"

神父说:"这样吧,教堂后面有个石壁,上帝就待在那里,只要你对着石壁大声说话,上帝就会答应你的。"

于是,穷人来到石壁前,对石壁说:"上帝请您帮助我,只要您帮助我,我相信我能将花瓶粘好。"

话音刚落,上帝就回答了他:"你能将花瓶粘好。"

于是,穷人信心百倍,辞别神父,去学粘花瓶的技术去了。

一年以后,这个穷人通过无休止的学习和不懈的努力,终于掌握了将花瓶粘得天衣无缝的本领。他真的将那只破花瓶粘得像没破时一样,将它还给了农场主。

他要感谢上帝。神父将他领到那座石壁前,笑着说:"你要感谢就感谢你自己吧。其实这里根本就没有上帝,你就是你自己的上帝。"

俗话说:"心底无私,天地宽。"我们每个人都是自己的上帝,主宰自身命运的是我们自己。只要我们怀着必胜的信念,将自己的潜能发挥出来,我们的愿望就能实现。所以,有了圆满、善良和坚持的信念,还有什么执著和不敢面对的事呢?

近代高僧弘一大师隐居在山上的时候,他的老友徐悲鸿常到山上去探望他。

有一次,徐悲鸿突然发现山上已经枯死多年的树,发出新嫩的绿芽,心里感觉很纳闷。

便向弘一法师说:"这树死了多年,现在又发芽,大概是因为您这位高僧住到山中,感动了这棵枯树,使它起死回生吧!"

弘一大师回答说:"不是的,是我每天为它浇水,它才慢慢活起来的。"

是啊,我们的生活环境像瓶里的水,我们就是花,只有不断完善自我,挑战自我,超越自我,才能保持一颗清净纯洁的心。

人活在世界上,都带着一份佛性和魔性,只有经过世事的修炼才能消除魔性长养佛性。生活并不是一个斤斤计较的狂徒,而是一个虚怀若谷的智者。我们经常以为自己所做的一切都是对的，从来不喜欢反思自己的过失，所以经常烦恼不断、怨天尤人。只有经过真正的修炼，客观地看待自己，才能无怨无恨懂得坦荡地面对生活。坦荡地面对生活，会让我们的内心有一份轻松和平静，豁达地面对生命中的快乐和艰辛，不争功不诿过。成功时，为自己的努力和能力高兴；失败时，也知道自己已尽力而为，释然内心的悲痛和苦涩，进而使生活充实而无憾。所以，坦荡是生活最好的主张，只要全情地投入生活，才能真正体验其中的魅力。

一位先生在自己的名片上印上"自由人"，因为他认为自己活得很洒脱。有人问他何故要给自己加上这么个头衔，他说："我现在离了婚，无牵无挂，在公司里我说了算，在外面可以随心所欲。"他的话语刚落，包里的手机就响了。他掏出手机听了不大一会儿，脸色骤变，匆匆向别人告辞说："不好，工人嫌工资低要停工，我得赶快回去处理。"

其实，一个人自由不自由，不在于随心所欲，而在于能时时顺心尽意。这位老总虽然有权有钱，可以随心所欲，但这一切并不等于自由。因为工人要停工，八成与自己的随心所欲有关。

心理学家麦灵格说："心理健康，是指人们对于环境以及人们相互之间具有最高效率及快乐的适应情况。不只是要有效率，也不只是要能有满足之感，或是能愉快地接受生活的变故，而要三者都具备。心理健康的人应能保持平静的情绪，有敏锐的智能，适合于社会环境的行为和愉快的气质。"

著名健康学者马斯乐指出，心理健康比生理健康更重要。心理健康的人应当：

①对现实具有敏锐的知觉；

②自发而不流俗；

③热爱生活，热爱他人，热爱大自然；

④在所处的环境中能保持独立和宁静；

⑤注意基本的哲学和道德的理论；

⑥对于最平常的事物都能经常保持兴趣；

⑦能和少数人建立深厚的友情并有乐于助人的热心；

⑧具有真正的民主态度、创造性观念和幽默感；

⑨能承受欢乐与忧伤的考验。

　　一位哲人说："人的自由并不仅仅是在于做他愿意做的事，而在于永远不做他不愿做的事。"这句话提醒人们，任何自由都是有限度的、有规则的。有了行为的自由，才能获得精神上的真正自由。精神自由的人，大多能淡泊名利、自甘平淡，保持一种宁静的超然心境。做起事来不慌不忙，不躁不乱，井然有序。面对外界的各种变化不惊不惧、不愠不怒、不暴不躁。面对物质引诱，心不动、手不痒。没有小肚鸡肠带来的烦恼，没有功名利禄的拖累。活得轻松，过得自在。白天知足常乐，夜里睡觉安宁，走路感觉踏实，蓦然回首时没有遗憾。

　　人体的神经系统常处于一种稳定、平衡、有规律的正常状态。这才是心灵的最大舒展。我们再看看那些拒绝平淡者，他们管不住自己的物欲，有的当了囚犯，有的掉了脑袋，有的虽然侥幸没有被检举揭发出来，但他们整天心惊胆战，心灵失去了自由。

　　社会是纷繁复杂的，但只要我们坦荡地面对，遇到任何问题，都会迎刃而解。做一个坦荡的人，我们的内心就会纯净，会被勇敢和担当充满，不用去提防别人的暗箭和妒忌，也不用计较那么多的名利和得失,更不用在意别人对我们的评价和看法,只管过好我们自己的生活、走好我们自己的路。这是我们本真的一种生活姿态,顺其自然、不刻意而为;客观地看待一切,是我的欢喜接受,不是我的也不勉为其难;内心永远拥有一份平和宁静。

坦荡不仅是一种内心的坚守,而且是一种欲求不多的爽朗。坦荡会使你平心静气、实事求是,会使生活多一分真率、少一分虚伪。我们没有办法了解别人的想法,很多事也不是由我们说了才算,喜怒和哀乐、幸福和苦难都是我们生命的过程,我们唯一能做的就是心地坦荡。坦然地面对,尽我们的所能,奉献我们的真诚。

39、每一个人都是自己的枷锁

【原文】耳目见闻为外贼,情欲意识为内贼。只是主人翁惺惺不昧,独坐中堂,贼便化为家人矣!

【译文】耳朵听到美音,眼睛看到美色,这些外界诱惑都是外来的盗贼,心中的情感和欲念这些都是人内心中潜藏的盗贼。可是,只要灵魂保持正直清醒,在堂中央坐稳,不受诱惑,保持一片纯净的心境,那么,这些使人受到诱惑的感受和心理,都能化作帮助自己培养正直品德的好帮手。

穿衣服也好,吃饭也好,都是日常生活小事,可是,要做到坚持下来心无挂碍,并不容易。不妨先将执著的心放下,并且放下、放下、再放下,如此坚持下去,痛苦的力度就会减轻,反之,就无法解脱。

一位慕名远来的学僧,问睦州大师:"我们每天都要穿衣服、

吃饭，日日重复，怎样才能从这些生活琐事中解脱出来？"

睦州回答说："我们穿衣服，我们吃饭。"

学僧茫然不解，又问："我不明白？"

睦州答道："如果你不明白，那么就穿你的衣服、吃你的饭。"

睦州禅师的回答最简单不过了，听起来更像是废话，似乎是答非所问，但却给出了本质的答案。

睦州大师的回答是："我们穿衣服，我们吃饭。"

最简单的，其实也就是最深刻的。事实上，睦州禅师的回答充满着禅者最巧妙的智慧：穿衣服、吃饭不是折磨，更不是枷锁，那么，谁在活受罪呢？谁把你的生活搞得一团糟？谁把脏手深深地插入蛋糕里？

我们一定是在哪里出了差错，我们一定在某个地方迷失了，我们一定在某处被深度套牢了。这就是睦州大师的言外之意：我们穿衣服、吃饭，同时，我们又有那么多不必要的烦恼和牵挂，所以，我们才会问要如何从中解脱。那么，禅师们吃饭、穿衣的方式有何独到之处呢？

一个和尚问慧海禅师："你是否有特别的修禅方法？"

慧海答："有。"

和尚问："是什么？"

慧海答："吃饭，穿衣。"

和尚问："人们的方式和你的一样吗？"

慧海答："不一样。"

和尚问："为什么不一样？"

慧海答："他们吃饭时，不只是吃；他们穿衣时，不只是穿。他们还陷入各种妄念中，这就是我与他们不同的地方。"

这就是问题，这就是症结。我们不只是吃饭、穿衣，同时，我们还携带着各种杂念妄想：金钱、权力、房子、车子、好吃好玩，以及生活中的各种烦心事。我们穿衣服、我们吃饭，同时，我们有那么多的烦恼。

是的，在物质文明高速发展的背后，始终回旋的是人类无声的绝望。人类面临最严峻的问题是人类内心的烦恼污染——不安宁的人类心灵：急功近利、心性浮躁、极度消极、悲观、困惑、恐惧、失望、无奈、厌倦、绝望……从某种意义上讲，人是唯一病态的动物，这种病态是心理层面的，只有人需要心理医生。没有哪一种动物比人类更烦恼了。萨特说："生命没有意义，只不过是焦虑、痛苦和恶心。"但是，猴子、猪还有其他野生动物们可不这样认为，清晨鸣唱的小鸟绝对比人类快乐，没有动物愿意像人一样地活着。

萨特还说："别人是地狱。"其实，每一个人都是自己的地狱，每一个人都是自己那无穷无尽的欲望和需求的奴隶。人类的头脑里背负着太多沉重的东西，我们穿衣服、我们吃饭，但同时我们想着心事，我们的头脑开溜了，这就是人类的分裂症——身心的分离。即便是睡觉时，你也不在床上，你在梦里。在梦里，你可以在任何地方做任何事情，但你唯独不在床上。梦是欲望的影子，梦是一种精神症，你不在真实的存在里，你在虚假的梦境中。

事实上，不仅是睡眠中，醒来时我们也做梦，我们还不断编织着白日梦，不断编织着欲望的网。如果我们用纸张记录下十分钟的时间里所有来自头脑的意识——我们的思想，那会是怎样的无序和混乱。你会发现，我们杂乱无章的头脑简直是个

疯人院，各种欲念如高速公路上往来的车辆。你绝对不是省油的灯，生命宛若一个藏匿神奇力量的电池，人们却在胡思乱想中空耗能量。这就是人类最基本的病症，心与身，灵与肉的分裂。身心和谐、灵肉统一的那个圆残缺了。

更多的时候，文明人只是一朵塑料花，没有生命力，没有灵性，没有敏感度。坐、立、卧、行中缺乏觉知，麻木地吃和睡，行尸走肉，虚度年华。有人说，现代人只是一具木乃伊，一具干尸，一个木偶。虽然有些过头，但一针见血地指出现代人的物欲和浮华。

这就是人类最本质的问题，这位学僧问得非常真诚，他想从世俗的事务中解脱出来，他向大师问求生活的态度。

40、放下，心境就是一片阳光

【原文】名根未拔者，纵轻千乘甘一瓢，总堕尘情；客气未融者，虽泽四海利万世，终为剩技。

【译文】一个人追逐名利的思想若不从内心彻底拔除，即使他表面上轻视世间的高官厚禄荣华富贵，甘愿过着一瓢饮的清贫生活，到头来仍然摆脱不了世俗名利的诱惑；一个人受外力的影响若不能被自身的正气所化解，虽然他恩泽世上所有的人，并为后世开创利益，终究也只是多余的伎俩。

佛家认为，"我"其实也只不过是一种虚幻，人的肉身与大千世界里的一花一草，一禽一兽其实也都没有什么大的差别，都只是一副皮囊而已。唯一不同的，是人心与兽心之别。所以，这身皮囊不是真正的你，这身皮囊暂时享受到的"五感之福"，也不过是一场镜花水月的梦境。因此，何必在内心对这副皮囊有如此多的执著,只有放下这份执著,才能放下对红尘荣华的痴迷,才能修心修德,达到人生至境。

佛陀住世时,有一位名叫黑指的婆罗门来到佛前,运用神通,两手拿了两个花瓶,前来献佛。

佛对黑指婆罗门说:"放下!"

婆罗门把他左手拿的那个花瓶放下。

佛陀又说:"放下!"

婆罗门又把他右手拿的那花瓶放下。

然而,佛陀还是对他说:"放下!"

这时,黑指的婆罗门说:"我已经两手空空,没有什么可以再放下了,请问现在你要我放下什么?"

佛陀说:"我并没有叫你放下你的花瓶,我要你放下的是你的六根、六尘和六识。当你把这些统统放下,再没有什么了,你将获得纯粹的生命,以此来更加纯粹地爱人。"

"六根"是眼、耳、鼻、舌、身、意,人们依这六根与外界接触。"六尘"是色、声、香、味、触、法,包含了世界一切。"六识"是六根对六尘产生的,对世界和生命的种种认识。这是种种颠倒妄想的根源,也是内心世界尘埃的来源,也是我执的根源。一切放下,就只剩下了自性本心,就是纯净的生命。

佛还说:"心本无生因境有",又说:"凡所有相,皆是虚妄"。其实一切境相都在刹那变幻无住,没有片刻的停留,所谓"一切有为法,如梦幻泡影,如露亦如电,应作如是观"。其实境相的"虚妄"不是"没有",而是"暂有";不是"真有"、而是"假有"。

既然一切境相都是虚妄的,那么,对境生起的"心"又何曾真实过呢？人类的痛苦都来源于用这虚幻的"心"，来死死地执著那刹那变幻的境相，一厢情愿的要求境相符合自己幻心所追逐的幻景，生活在三重扭曲的状态中而不自知一，以幻境为实而生起的幻心，反过来要求幻境为实，所以，无法觉醒而做到"如是观"——以宇宙人生的本来面目来过自己的生活，也就是不违背宇宙人生的自然规律，因此，活得纷扰不断也痛苦不堪，实在是"天下本无事，庸人自扰之"。

禅并不是弃置生活上的情趣，确切地说，它超越了这些五欲六尘，而企图获得更实在的和谐与寂静。"任性逍遥，随缘放旷，但尽凡心，别无圣解"。

由于"我执"而导致类似这样的心理异化，我们每个人多少都有所体验。比如一个漂亮的女人，一天早起照镜子，突然发现脸上长出了一粒很不是地方的黑痣。原本阳光明媚的心境顿时便暗淡无光了。她会想得很多，以至于小小的黑点无限扩大，遮盖了一切，天黑了地黑了，似乎整个人也全黑了。直到去了医院，医生说那不是痣，自己会消失的。即便是痣，也很容易消除的。

《史记》中说："天下熙熙，皆为利来；天下攘攘，皆为利往。"

对于常人抓抢还唯恐不及的名利，佛陀劝人"放下"。禅宗认为，所有的佛法根本只有两个字："放下。"一切事情，物来则应，过去不留。能够放下世间一切假象，不为虚妄所动，不为功名利禄所诱惑，才能体会到自己的真正本性，看清本来的自己。

人有了功名，就对功名放不下；有了金钱，就对金钱放不下；有了爱情，就对爱情放不下；有了事业，就对事业放不下。

功名利禄在人心上的压力，岂止是黑指婆罗门手上的花瓶？

人之一生，既有受人青睐之时，亦有遭人白眼之际。而这些都不过是红尘中的人情冷暖，世态炎凉。修行禅道，领悟佛法，旨在将一颗俗心从这浮沉铅华中脱离出来，人情冷暖也好，世态炎凉也罢，都无需放在心上。人生唯有少执著，多放下，一切随缘方可超脱世外。只不过刹那间，一切全部放下，心境又是一片阳光。

41、做人不要太偏执

【原文】晴空朗月，何处不可翱翔，而飞蛾独投夜烛；清泉绿果，何物不可饮啄，而鸱鸮偏嗜腐鼠。噫！世之不为飞蛾鸱鸮者，几何人哉？

【译文】晴空万里，皓月当空，哪里不可以自由自在飞翔呢？可是飞蛾偏偏扑向夜烛自取灭亡；清澈泉水，翠绿瓜果，什么东西不可以饮食果腹呢？可是鸱鸮却偏偏喜欢吃腐烂的死鼠。唉！人间不作飞蛾鸱鸮事的人，究竟有几个呢？

到底痛苦是怎么产生的呢？就是由"珍视自己"的我执而产生的，苦也会依着我们种种的疾病而产生。这一切都是幻相，所谓的幻相，即是不真实的，这是因为我们的迷惑所产生的。

青原惟信禅师上堂说法："老僧三十年前还未参禅时，看山是山，看水是水；后来经过老师指点，有了个入处，看山不是山，看水不是水；如今得了一个休歇之处，看山还是山，看水还是水。各位说说看，这三种见识是相同呢？还是不同？"

先前的"看山是山，看水是水"，是常识境界，也就是对外界的直觉性认识。随后的"看山不是山，看水不是水"，只是幻象,一切都起于心对它们的差别认知。最后的"看山还是山,看水还是水",则是超越"是"与"不是",统合外物与内心,返璞归真,这是开悟境界。大多数人,都是没有悟道的,都局限于作飞蛾鸥鸽事的人。

　　人生中的浮浮沉沉、起起落落,使我们的生理上、心理上到处充斥着错觉感,但也让我们悟出无比的智慧来。只要我们能让这颗躁动不安的心清净下来、沉淀下来,就能观察到人性中真实的自我了。

　　为什么有人悟道?有人偏执?也许,他们有不一样的人生;但也许,他们对人生有不一样的认知。不同的认知模式,来自不同的识心,也在反映不同的观照方式。

　　一日,某友来访。在闲聊中回首往事,他感叹这一辈子有三大不幸:一是时代动乱,没有机会上大学;二是革命需要,总是做自己不感兴趣的工作;三是挑花无运,一辈子没有遇到一个红颜知己。

　　因为这些,他说他退休后总是快乐不起来,整天抑郁寡欢。

　　我笑了,道:你最好换一个角度来看,也许就想通了。还建议他读点佛经,看看佛是怎么说的。

　　过了两个月,这位朋友又来了。他说他看了几本有关佛法的书,许多事情都想通了。比如说,正是因为没有机会上大学,他在十年动乱中才没戴"臭老九"的帽子,没有遭受皮肉之苦。平平安安过了一生。

　　能够有工作可做,虽然没有兴趣,也比人家失业的强。衣食皆无忧,生活有保障,没有压力嘛!这样的日子,现在有多少年轻人在向往着啊!

至于挑花无运，那就更是好事一桩了。如果有了外遇，家庭生活就不会像现在这样和谐了。哈哈……

佛家所谓"一心有滞，诸法不通"，是指我们所有的烦恼，都是因为我们自己缺乏人生的智慧，都是我们内心对外物的执念。只有当我们放下一切虚荣，放下跟别人互比的心态，放下不合理的抱负水准时，我们便活在实实在在的生活之中。看淡一切，如沐春风，那又怎么能不快乐呢？

禅家讲的是"悟"，对生命的彻悟，必须自己亲自体验，不可假手于他人。生命就像花朵一样，只有绽放自己，才有属于自己的芬芳。

著名社会活动家、中国佛教协会会长赵朴初在92岁时作《宽心谣》一首：

日出东海落西山，愁也一天，喜也一天。
遇事不钻牛角尖，人也舒坦，心也舒坦。
每月领取养老钱，多也喜欢，少也喜欢。
少荤多素日三餐，粗也香甜，细也香甜。
新旧衣服不挑拣，好也御寒，赖也御寒。
常与知己聊聊天，古也谈谈，今也谈谈。
内孙外孙同样看，儿也喜欢，女也喜欢。
全家老少互慰勉，贫也相安，富也相安。
早晚操劳勤锻炼，忙也乐观，闲也乐观。
心宽体健养天年，不是神仙，胜似神仙。

这些"歌"与"谣"说的是平常生活，但那字里行间却洋溢着对生命的热爱，朴实无华的话语却道出生活的真谛，可谓至理名言，对治疗精神烦恼大有裨益。

所以说，所有的烦恼与痛苦，都源自于自我，最终也只能靠自己的力量解决。

怎么样才能生活得更好？这往往与物质无关，纵然香车宝马锦衣玉食，每天烦心事不断，也不会快乐。快乐是精神上的感受，超越物质上的享受是人生最大的追求，只有不烦恼，才能每天快快乐乐的，才能有更好的生活。

42、境随心转，就得自在

【原文】机息时，便有月到风来，不必苦海人世；心远处，自无车尘马迹，何须痼疾丘山。

【译文】当妄念止息后，便能感受到皎月清风缓缓而来，不会再将人间看成是苦海；当心境远离尘俗时，自然不会有车马喧嚣的嘈杂，哪还需要找个僻静的山林？

相传禅家云门宗有这样一首偈子：

春有百花秋有月，

夏有凉风冬有雪，

若无闲事在心头，

便是人间好时节。

此偈说的是，人们只要心头不存纤尘的"闲事"，那么，他的一年三百六十天，便日日是好日。说起"闲事"，在一般人看来，便是那些不关正经的事儿；然而，禅家所说的"闲事"，却是指人们由于分别知见所造成的种种心理障碍。人们凡遇一事，总摆脱不了是非、人我、利害等种种心理的束缚，由以上种种心理而派生出好与坏等不同心境来。因而禅者将去掉心头的"闲事"，作为自身修行的最关键的一着。它要求人们用一种消除了人我、物我分别的心量去观照一年的三百六十天,甚至于每一刹那间的纷然万物,从而使那些被人们认为是拂逆的事物,也变得遂心如意起来。以这样的心量参与审美,则无论是春花,还是秋月,无论是炎夏,抑或是寒冬,都将会显现出它们平等无差别美的本质来。

命运是"心"造的,改变命运亦要由"心"上改。心随境转,苦不堪言;境随心转,就得自在。《楞严经》上说:"若能转境,则同如来。"佛这个话是真的,所以,学佛最要紧的就是要学会转境界,不要被境界转。

曾经有这么一位禅师,在悟道之前做了很多罪过的事情,一直想弥补这些罪过。于是,他悟得真谛后,不居住在寺院,反而回到俗世的生活中,过着俗世的生活。只是,他每过不久就会回到他的寺院——匡救寺讲法弘道。就这样,他在俗世和寺院的生活之间来回的替换着。

他在寺院的讲法非常精彩,吸引了很多人,甚至同城另一个寺庙的弟子都跑来听,引来了那个寺庙住持的记恨。那住持怒气冲冲地去找当地的县官,诬蔑禅师道:"匡救寺的禅师在蛊惑邪说,以非法来谈佛法,听说要造反了。这真是佛门不幸!希望官府维持佛门清净。"

有人知道了,赶紧通报他。但是,他怡然自得地说:"没事的!他怎么说由他,我自己心中最是清明。即使死了也没什么,可悲的是专务外求的众生呀。"

在俗世生活时,他会出入歌妓酒场,交一些江湖人物,过着一种放浪形骸的生活。这自然也招来一片议论之声。有一天,有人过来问他:"大师,你这样子还是佛门弟子吗?你何苦这

样的糟蹋自己呢?"

他听了,哈哈大笑,然后,神色自若地答道:"我自调心,关你何事?"

其实,人生来来去去也不过百年。如果人们在这仅有的百余年中还计较来计较去,那么,一定会被聪明的禅师笑话。在他们的心中,人生自在适意即可。"我自调心",正道出了超脱的人生心境。由此可见,调心的重要性道理。蕅益大师讲得好,境(物质环境)缘(人事环境)无好丑,好丑起于心。境缘里面没有好坏,好坏都是我们自己的用心。无论顺境或逆境,都是增上缘。会用心的人,顺逆都是方便,都帮我们成就;不会用心的人,顺逆都是障碍。

现代社会可以说是——个病态的社会,特别是现在这个社会充满了种种矛盾:人与人之间的矛盾,人与自然的矛盾,个人与社会的矛盾,个人内心的矛盾。同时,种种矛盾也充斥着世界。顺境,要放下贪爱;逆境,要放下嗔恚,不管外面的境界变化多大,时刻要保持心平气和。处逆境,随恶缘,无嗔恚,业障就消了;处顺境,随善缘,无贪痴,福慧就现前遇到境缘,起了七情六欲,这是造业。顺境善缘起贪恋,决定堕落;逆境恶缘不嗔恚,福慧才会增长。

任何一个境界都是好境界,都在成就我们的智慧,你能这样去面对一切人事境缘,那就能心平气和。一切善恶好丑都是从自己心生的,不会用心,自己障碍自己;反过来说,自己成就自己。一定要觉悟,一切的境缘是自作自受,这是事实真相。

在日常生活中,我们接触到一切人事物,接触就是缘,要与一切众生结善缘,决不结恶缘。人际关系,不外是报恩、报怨、讨债或还债。学佛的人，要把家亲眷属转为法眷属，帮助他学佛，帮助他超越六道，帮助他往生净土。

在一切境缘之中，要了了分明，如如不动。如如不动就是绝对不动摇念佛这个信念，绝对不叫念佛的功夫被环境打断。如果这一生要有成就，必须要放下万缘；不但世间一切境缘要放下，出世间法（佛法）也要放下。

在一切境缘当中，修心清净、平等、慈悲，这样才是西方极乐世界所欢迎的人物，你有愿往生，佛才能够来接引你。我们念佛人，二六时中、一切境缘当中，要保持自己的清净、平等、慈悲，不被境缘所动摇。

一切时、一切处、一切境缘之中，一心称名，求愿往生，这个比什么都重要。

佛家认为，人所赖以生存的这个世界是虚幻不实的。《金刚经》云："一切有为法，如梦幻泡影，如露亦如电，应作如是观"。《坛经》曰："一切无有真，不以见于真。若见于真者，是见尽非真"。这就是说，一切事物的产生都是由于因缘聚合。一旦因缘离散，事物也就灭亡了。

一些人不懂得这个道理。他们之所以沉迷佛法，只不过是沉迷于一种悖论式的巨大的精神自由之中。他们只会夸夸其谈。佛，在他们的夸夸其谈中悄悄远去。唯有抛弃世俗偏见，方能感悟佛家之真理。认识了世界的本质之后，你才有可能大彻大悟。人生是苦难的，人世是虚幻的。要知道，人世间从来就不存在永恒，一切都处在生灭流转的过程中。我们周围的一切，不过是一阵过眼的云烟。

43、认识自己，才能改变自己

【原文】人生福境祸区，皆念想造成。故释氏云："利欲炽然即是火坑，贪爱沉溺便为苦海。一念清净烈焰成池，一念警觉船登彼岸。"念头稍异，境界顿殊，可不慎哉！

【译文】人生的幸福和苦恼，都是由于心念的好坏而产生的。所以，释迦牟尼说："对名利的欲望太过炽热，就会踏入火坑，过度沉沦在贪嗔爱恋里面就会掉入苦海。而一个清净的念头可使火坑变成水池，一念觉悟可以脱离苦海到达彼岸。"念头稍不一样，那么，所得的境界有天渊之别，不能够不谨慎啊！

一个人唯有在心灵中开始认识自己，才能改变自己。改掉劣根，才能进步，才有突破，才能适应这变幻莫测的社会。相由心生。

有个年轻人一直不得志，于是，他来找禅师寻求妙策。

他见了禅师，说明来意。禅师沉思良久，稍后舀起一瓢水，问："这水是什么形状？"

年轻人摇头："水哪有什么形状！"

禅师不语，默然地将水倒入杯中，年轻人恍然大悟："我知道了，水的形状像杯子。"禅师摇头，仍不语，然后，又把杯子中水倒入桌上的花瓶。

年轻人又说："我知道，水的形状像花瓶。"

禅师摇头，提起花瓶，又把水倒入盅满沙土的盆中，水就看不见了。

年轻人大悟，最后成了一个成功的商人。

人生的一切烦恼和痛苦也由心生。佛说："用清净之心看世间，世间即清净；用解脱之心看世间，心即解脱。"做人需要佛的慈悲心肠，与人相处需要佛的博大胸襟，做事需要佛的无上智慧。用佛的思想和理念来出世入世，人生就能圆满。

我们没法改变世界，但是我们可以在心灵中改变自己。只有改变自己，才能在事业上有所成就。作为一个管理者你不要试着去改变你的员工，只有改变自己的思维方式、处事技巧，才能在事业上有所作为。

萧伯纳说："理智的人使自己适应这个世界；不理智的人却硬要世界适应自己。"

两个犯人在同一间牢房里，阳光从窗户外照进来射在了地面，由于外面的风大，树叶有时挡住了阳光，产生了斑斑点点。

一个罪犯兴奋地说："你看，多好看的阳光斑点啊！"

另一个罪犯很生气反驳"这个时候你还有心情？难看死了，像蟾蜍的背。"

结果，第一个犯人表现出色，提前出狱。

第二个仍在监狱蹲着。

同样是犯人却得到不一样的境遇，为什么？答案也许每一位人都能察觉，那就是无法在心灵中改变自己，也无法改变自己的内心，这也成为事业上的一个极大的误区。

在心灵中开始，认知自己，改变自己，给自己一个重塑的机会，同样也是禅宗修炼的秘诀。

山上落成了一座新的寺庙。老和尚告诉小和尚，要他们俩自己塑佛像。

"那得照寺庙里的佛像比着塑吧。"小和尚说。

"不，照着我们自己的模样塑就行。"

"师傅您还行，我这个样子就免了吧。"

老和尚突然沉重地对小和尚说:"那你就应该重塑一个自己啊。"

小和尚满脸惊讶。

老和尚语重心长地说:"相由心生啊!"

人的一切可以重新塑造。不论是对相貌,还是神态的塑造都是其内心给予的结果。

和尚简单有效的修炼方法,适用于每一个重塑自我的管理者。我也极具赞同禅宗修炼内心的方法,在工作的过程中,选定一个目标,在心灵中开始,内心充满着对求知欲的渴望。

重塑自己,最重要的是将经验和教训列出:曾经深切渴望的愿望理想,为什么却从来没有去实现?有什么人对你影响最大?你从他们身上学到了什么?你仰慕谁?他们有哪些你也渴望拥有的特点?

然后,从中吸取好的经验,去掉不好的。每天积累,当身心和头脑等各方面的能力提高时,你整个的人也就随之壮大了。同时,伴随自我成长,你永远会站在比一般人更高的高度看待一切。你最终会成为一个成功者。

从心灵中开始,是禅理的精髓所在,也是修炼自我的本源,只有以本源作为根基,才能使管理者在修炼中认知自己,改变自己,重塑自己,使企业焕发出生生不息的生命力,最终把企业打造成极具和谐的团队。

44、觉悟人生靠的是心,是悟性

【原文】心无其心,何有于观?释氏曰"观心"重增其障;物木一物,何待于齐?庄生曰"齐曰"方物"方,自的共同。

【译文】心中假如没有忧虑和杂念，又何必要下内省观察工夫呢？佛教所说的"反观内省"，实际上又增加了修行的障碍；天地万物本来一体，又何必等待人来划一平等呢？庄子所说的"消除物我界限"，等于分割了本来属于一体的物性。

　　活在俗尘的人们，总以自我为中心，往往以主观的好恶来诠释外在事物，任何外境稍不如己意，就嗔恨恼怒，或怨怼无量，好像世界必须依"我"而转动似的。

　　有一次，慧能禅师在别人家借宿，中午休息的时候，忽然听见有人在念经，慧能倾身细听，感觉有些不对，于是，起身来到那个念经的人身边，问道："您常常诵读经文，是否了解其中的意思？"

　　那个人摇摇头说："有一些实在难懂！"

　　慧能就把那个人刚才朗诵的部分为他做了详细的解释："当我们在虚名浮誉的烟灰里老去，满头白发的时候我们想要什么？当生命的火烬将熄，心跳与呼吸即将停止的时候，什么是我们最后的期盼？当坟墓里的尸体腐烂成尸骸，尘归尘，土归土，生命成为毫无知觉的虚空之后，我们在哪里？"

　　一时间，一席话，那个人混沌顿开，似乎隐约能看见生命的曙光了。

　　那个人惊异地问慧能佛经上几个字的解释，慧能大笑说道："我不认识字，你就直接问我意思吧！"

　　那个人听了他的话感觉到十分吃惊，说道："你连字都不认识，怎么能够解释意思呢？怎么能够理解佛理呢？"

　　慧能笑着说："诸佛的玄妙义理和文字没有关系。文字只是工具，理解靠的是心，是悟性，而不是文字。骑马的时候，不一定必须要有缰绳,那是给那些初学者准备的,一旦入门,就可以摆脱缰绳,在想去的地方自由驰骋。"

佛教认为所有疾病的根源都在于"心",《童蒙止观》中讲:"人以四大不调,故多诸疾患,此由心识上缘,故令四大不调;若安心在下,四大自然调适,众病除矣。"我们只有安心净心,摒除纷扰烦恼,才能令身体康健。从佛教的观点来说,人类的身病就是"业"的果报,一切疾病的由来都是妄念和恶业所结成的心病。比如说,做坏事的人总是惴惴不安,容易引起猜忌和恐惧感,由此衍生出的火气与惊慌就容易造成四大不调。此外,内缘与外缘也是生病的两个主要条件。外援就是外在因素对人体的干扰,比如说,我们生存的环境,身体外界的客观物质,噪音、污水、浊气等等,都属于外缘。内缘,就是指人内心的世界,其中包括人们的性格、生活方式、思考方式等等。有的人喜欢暴饮暴食、纵欲贪欢、喜怒无常、忧郁烦闷、紧张恐惧、经常撒谎、妒忌心强、心理不平衡、内心冲突、喜欢胡思乱想等等,都是生病的引子。可是,外缘通过内缘起作用。

走入山中,心,变得空旷而宁静。在山里,一切是如此自然!花开花谢、云飞雾散、日升月落,大自然有其运行的轨则。而人类是如此渺小,自己犹如山径旁的一株小草、一朵野花,只是随着自然的法则生灭罢了。

每每置身于渺无人烟的深山,看着山壁野花怒放灿烂,林中叶片迎风舞动,树下野果静静掉落满地,悠扬鸣唱的山鸟,在眼前蓦然展翅而去……万物是如此怡然自得,依其自然的轨道生活,何曾因"我"而改变?不论"我"喜欢与否,它们依旧这般生起、消失,"我"又岂能掌控外境一分一毫呢?回想自己的种种自大，我就不觉哑然失笑。

行到无路处，我喜欢躺在寂静无人的山径，仰望天光云影，静听风声竹涛，感受万物来去生灭。霎时，仿佛那个执著的"我"，以及所执著的对象——"我所有"，都消失无踪了！天地间，只剩下无常的自然法则，而无一个常存、主宰的实体，一切都在生灭之中。

当我们将眼光从自我的烦恼中走出，转而观察大自然无常变化的同时，心逐渐专注、开放且平静，不再强烈地执取于一己的爱憎，而有较宽广的空间面对未来。

《金刚经》说："如来说一切法，皆是佛法"。《法华经》说得更明白："一切世间法，皆是佛法。"这也就是说，世上任何理论、观点、方法、行为，无论你是老庄那样高深的"道"，还是平时做事的一个小技巧，甚至只是下意识的一个举动，都是佛法。正如《法华经》说："一切治生产业，皆与实相不相违背。"

对此，南怀瑾大师进一步解释说："并不一定说脱离人世间，脱离家庭，跑到深山冷庙里专修，才是佛法。治生产业就是大家谋生！或做生意等，各种生活的方式，皆与实相不相违背，同那个基本的形而上道，并没有违背，并没有两样。"

认为"一切世间法，皆是佛法"，正是佛教精神的博大之处。它正视一切、包容一切、以平等心态对待一切。

《六祖坛经》曰："不识本心，学法无益"、"不见本性自净，起心看净，是生净妄"。觉悟的关键在于认识自己原本洁净的本性，如果求法心切，一开始就想方设法，汲汲于开悟，实际上也是一种妄念。人生长夜漫漫，命运坎坷曲折。我们往往睁着眼睛,却不用心。请点亮自己的心灯吧!其光芒不但能照亮前行的道路,更能照亮灵魂。人心不过一拳,但心灵却无限宽广。

慧能禅师见小和尚整日打坐,便问道:"你为什么终日打坐呢?"

"我参禅啊!"小和尚回答道。

"不!"慧能禅师说,"参禅与打坐完全不是一回事。"

小和尚听了,立刻反驳道:"可是,您不是经常教导我们要安住容易迷失的心,清静地观察一切,终日坐禅不可躺卧吗?"

慧能禅师说,"终日打坐,这不是禅,而是在折磨自己的身体。"小和尚听了,更加迷茫了。

慧能禅师紧接着说道:"禅定,不是整个人像木头、石头一样的死坐着,而是一种身心极度宁静,清明的状态。离开外界一切物相,是禅;内心安定不散乱,是定。如果执著于人间的物相,内心即散乱;如离开一切物象的诱惑及困扰,心灵就不会散乱了。我们的心灵本来很清净安定,只因为被外界的物相迷惑困扰,如同明镜蒙尘,就活得愚昧迷失了。"

小和尚躬身问道:"师父,那么,怎么去除妄念,不被世间迷惑呢?"

慧能禅师说道:"思量人间的善事,心就是天堂,思量人间的邪恶,就化为地狱。心生毒害,人就沦为畜生,心生慈悲,处处就是菩萨,心生智慧,无处不是乐土,心理愚痴,处处都是苦海了。"

慧能禅师接着说:"在普通人看来,清明和痴迷是完全对立的,但真正的人却知道它们都是人的意识,没有太大的差别。人世间万物皆是虚幻,都是一样的。生命的本源也就是生命的终点,结束就是开始。财富、成就、名利和功勋对于生命来说只不过是生命的灰尘与飞烟。心乱只是因为身在尘世,心静只是因为身在禅中。没有中断就没有连续,没有来也就没有去。"

听完慧能禅师的这一番如暮鼓晨钟般唤醒昏聩之人的言辞后,小和尚终于醒悟。

我们的心灵本来清净安定,只因为被外界物相迷惑困扰,如同明镜蒙尘,就活得愚昧迷失了。只要持洁身自好之心,不攀比,不动心,保持安祥的心态,就会生活得很好。无杂念,内心不乱才能禅定。

禅定者,能放弃外界色相诱惑,超然物外,保持一颗安定的心。一个人只要心里平静、安定,就能运用自己的智慧,去解决生活的问题,因为禅定给智慧提供了孕育空间。禅定是指自己不被外界色相所诱惑,不被自己的贪婪、嗔怒、愚痴、傲慢和疑心所牵动,维持醒觉的状态,这时我们才能张开法眼,看清一切,打开智慧之窗,绽放醒觉的光芒。

45、时刻想着别人,你才会快乐

【原文】处世让一步为高,退步即进步的张本;待人宽一分是福,利人实利己的根基。

【译文】为人处世遇事都要有退让一步的态度才算高明,因为让一步就等于是为日后进一步做好准备;而待人接物以抱宽厚态度为最快乐,因为给人家方便实际上是日后给自己留下方便的基础。

《菜根谭》语:为人处世要心胸开阔,与人为善,才不会招人的怨恨;死后留给世人和子孙的德泽,要流传长远,才会

赢得后人无尽的怀念。

佛法认为，人生社会是一个互相关联的缘起之网。个人的存在是缘起于群众的，不能离开群众而孤立。群众与己，己与群众，是互助生存的。

有三个愁容满面的信徒，去请教无德禅师，如何才能使自己活得快乐。

无德禅师问道："你们先说说自己活着是为了什么？"

甲信徒道："因为我不愿意死，所以，我活着。"

乙信徒道："因为我想在老年时，儿孙满堂，会比今天好，所以，我活着。"

丙信徒道："因为我有一家老小靠我抚养。我不能死，所以，我活着。"

无德禅师道："你们当然都不会快乐，因为你们活着，只是由于恐惧死亡，由于等待年老，由于不得已的责任，却不是由于理想，由于责任，人若失去了理想和责任，就不可能活得快乐。"

甲、乙、丙三位信徒齐声道："那请问禅师，我们要怎样生活才能快乐呢？"

无德禅师问道："那你们想得到什么才会快乐呢？"

甲信徒道："我认为我有金钱就会快乐了。"

乙信徒道："我认为我有爱情就会快乐了。"

丙信徒道："我认为我有名誉就会快乐了。"

无德禅师听后，深深不以为然，就告诫信徒道："你们这种想法，当然永远不会快乐。当你们有了金钱、爱情、名誉以后，烦恼忧虑就会随后占有你。"

三位信徒无可奈何地道:"那我们怎么办呢?"

无德禅师道:"办法是有,你们先要改变观念,金钱要布施才有快乐,爱情要肯奉献才有快乐,名誉要用来服务大众,你们才会快乐。"

信徒们终于听懂了生活上的快乐之道!

人人为我,我为人人。不要把个人的利益看得很重,而忘记了我们所依存的社会群众。应该将个人融化在社会群众中,去为社会群众谋福利。

禅的境界是自主、解脱、安静、快乐,但禅也是促进快乐的泉源,钱少没有关系,只要有禅,禅里的宝藏很多;没有爱情,禅里有更多美化的爱情;没有名位,禅里的名位更高,只是,禅者重要的是改变观念。

一位住在山中茅屋修行的禅师有一天趁夜色到林中散步,在皎洁的月光下,他突然领悟自性的般若。

禅师喜悦地走回住处,看见自己的茅屋里有一个小偷光顾。找不到任何财物的小偷要离开的时候,在门口遇见了禅师。原来,禅师怕惊动小偷,一直站在门口等待,他知道小偷一定找不到任何值钱的东西,早就把自己的外衣脱掉拿在手上。

小偷遇见禅师,正感到惊愕的时候,禅师说:"你走老远的山路来探望我,总不能让你空手而回呀!夜凉了,你带着这件衣服走吧!"

说着,禅师就把衣服披在小偷身上,小偷不知所措,低着头溜走了。

禅师看着小偷的背影穿过明亮的月光,消失在山林之中,不禁感慨地说:"可怜的人呀!但愿我能送一轮明月给他。"

禅师目送小偷走了以后，回到茅屋赤身打坐，他看着窗外的明月，进入空境。

第二天早晨，禅师睁开眼睛，看到他披在小偷身上的外衣被整齐地叠好，放在门口。禅师非常高兴，喃喃地说："我终于送了他一轮明月！"

拥有爱最快的方法是给予爱，如果你想要拥有美好的人生，那就常怀一颗感恩的心吧。想一些令你觉得心怀感激的事，让自己全心全意地浸润其中。令你心怀感激的或许是孩子的健康平安，或许是朋友对你从来不间断的关爱。

46、放下自己，不要拼命追逐

【原文】完名美节，不宜独任，中公与八可永远害全身；辱行污名，不宜全推，引些归己，可以韬光养德。

【译文】完美的名誉和节操，不要一个人独占，必须分一些给旁人，才不会惹发他人忌恨招来祸害而保全生命；耻辱的行为和名声，不可以完全推到他人身上，要自己承揽几分，才能掩藏自己的才能而促进品德修养。

宣化上人说："世界为什么一天比一天坏？因为人人都争。这包括争名、争利、争权、争地位，最重要的是争色。"争本来就没有赢家，你对别人动用武力，别人也会同样对你，到头来是两败俱伤，得不偿失。争的实质就是无法放下，一个无法放下的人，即便佛陀也拯救不了他。

过去有一个人出门办事，跋山涉水，好不辛苦。有一次，经过险峻的悬崖，一不小心，掉到深谷里去。此人眼看生命危在旦夕，双手在空中攀抓，刚好抓住崖壁上枯树的老枝，总算保住了生命。但是人悬荡在半空中,上下不得,正在进退维谷,不知如何是好的时候,忽然看到慈悲的佛陀,站立在悬崖上,慈祥地看着自己,此人如见救星般,赶快求佛陀说:"佛陀!求求您慈悲,救我吧!"

"我救你可以,但是你要听我的话,我才有办法救你上来。"佛陀慈祥地说着。

"佛陀!到了这种地步,我怎敢不听您的话呢?随您说什么,我全都听您的。"此人回答道。

佛陀说:"好吧!那么请你把攀住树枝的手放下!"

此人一听,心想,把手一放,势必掉到万丈深渊,跌得粉身碎骨,哪里还保得住生命?因此,更加抓紧树枝不放,佛陀看到此人执迷不悟,只好离去。

我们想明心见性,就要遵循佛陀的指示,把手放下来。在悬崖的地方,把手放下来才能得救,否则拼命执著,怎好救你脱离险境呢?

佛云:我是一切根源,一切根源在我。自然万象皆藏佛心,佛心之有无皆在自我,佛性之超然皆在修身,佛理之常皆在修心,发现自我,自己谓佛。自身修佛发掘一种本性,静下来的心是一轮明镜,不抛弃、不放弃,尊重众生的生命,摆脱物欲缠绕,纯洁身心,即心是佛。无心无佛,就能让心灵悠游于平和自由之境。

日常生活中,遇到问题,我们归于外因,而拒绝放下自我的执著,于是,就产生了苦。说到苦,有身苦与心苦两种,身苦的感觉人们大致相同,就像感冒、胃痛一样觉得难受;火烧、刀斩都会觉得疼痛;冬天、夏天大家都会觉得天冷、天热。心

苦是心灵烦恼所引起的痛苦，心苦是千差万别、因人而异的。例如，同游一处风景，有人心旷神怡，喜气洋洋，有人看到的却是满目萧然，感极悲泣；同看一轮明月，有人欢喜赞叹，有人落泪伤心。

明白苦的意义是在解脱苦。如何解脱苦呢？世间的方法是改善生存环境。所谓发展科技、发展经济，以为科技发达，经济繁荣了，生存的物质环境改善了，人类就能过得很幸福了。可事实上，今天社会出现的问题，人类面临的困惑和痛苦，可能比任何一个时代都要多，原因是什么呢？人类没有能够抓住问题的根本所在。通过改善外在的环境来解除人类痛苦，无疑是扬汤止沸，治标而不能治本的。

佛法以为解脱痛苦的方法是：明白了有情痛苦现状之后，去寻求痛苦的根源。人类的痛苦固然与外在环境有关系，但主要还是根源于有情生命的内在。从般若思想去看，人类的痛苦是对"有"（存在）的迷惑和执著造成的，解脱人生的痛苦，自然是对存在要有正确的认识。

《心经》的照见五蕴皆空，是针对我们对"有"的错误认识说的。我们执"有"为实在，这"有"就成了实在有。然而，世间的一切生灭现象并非实有，而是空的。当然，空不是什么都没有，而是说五蕴的"有"，并非有如我们所执的实在性。"有"是假有，因此，空，是对"有"的实质的透视；空，是破除我们对"有"的错误执著。倘能照见五蕴皆空，人类自然能够度脱一切烦恼痛苦。

大千世界，五色杂呈，贫民有贫民的快乐，贵族有贵族的痛苦。快乐的时候，就要笑，就不要想痛苦的事。但是，痛苦的时候，一定要记得想快乐的事。

是啊，哪个人没有痛苦呢？只不过太多的人都把痛苦留给了自己，把光辉灿烂的一面表现给了别人罢了。就像我们身边的亲人、友人及同学，假若他们不说，谁又能看出隐藏在他们微笑后面的不快乐？

世间没有永远的快乐，就像这世间没有永远的白天一样。世间也没有永远的痛苦，好似这世间没有永远的黑夜一样。生活中，快乐甜甜，也不乏痛苦连连。快乐时无须大喜大乐，因为快乐的长度并不长；痛苦时亦无须大悲大痛，因为痛苦的长度也不长。

生活的内容很多，我们不可能全部的拥有。能让我们快乐的事情也同样能让我们痛苦，所以，我们不要因为得到而欣喜若狂，也不要因为失去而痛苦不堪。谁能说得到就一定是福，失去就一定是祸？没准儿你认为是福的刚好就是祸，你认为是祸的刚好就是福。乐极生悲、因祸得福的事是常常都在发生的。

因为喜欢而拥有，就拥有了快乐；因为喜欢而失去，就失去了快乐。在你拥有快乐的同时，你也就拥有了怕失去快乐的恐惧。而在你失去的同时，你也就没有了这份恐惧。事情就是这么公平，没有永远的赢家，也没有永远的快乐。没永远的幸福，也没有永远的痛苦。在幸福的时候很容易看到背后的不幸，而在痛苦的时候又很容易忽略那隐藏在背后的幸运。

每一份快乐和痛苦，都以它独特的形式存在于我们的生活里。很多时候，我们为了拥有快乐和避免痛苦，不能太在乎它存在的形式，更不能打破这种形式。很多时候属于你的快乐就是这种形式，留念和珍惜这种快乐吗？那就接受这种形式。如

果非要打破这种形式，快乐将不复存在，痛苦将代替你的快乐。

没有永远的快乐，也没有永远的痛苦。在快乐中我们要感谢生活，在痛苦中我们也要感谢生活，因为生活原本是美丽的！

要学会怎样的去拥有一份快乐，是生活中很重要的事。一朵美丽的花朵，你不能因为喜欢就将它紧紧地攥在手里，将它放在它特定的位子上，给它送去赞美的眼光，默默地欣赏，这就是你与这朵花之间最完美的快乐。你可以欣赏它于万花丛中，你也可以欣赏它的一枝独秀，怎么样去欣赏是你的快乐。

47、做人不可显得太聪明

【原文】藏巧于拙，用晦不明，寓清于浊，以屈为伸，真涉世之一壶，藏身之三窟也。

【译文】做人要把智巧隐藏在笨拙中，不可显得太聪明，收敛锋芒，才是明智之举，宁可随和一点也不可太自命清高，要学以退缩求前进的方法。这才是立身处世最有用的救命法宝，明哲保身最有用的狡兔三窟。

意思是说，一个人不要锋芒太露，不是教人伪装自己，而是讲究智慧。常言道："大智若愚"，是说一个人平时不咄咄逼人，莫要在世俗面前夸耀自己的才华。古语警告我们，"枪打出头鸟"，"木秀于林风必摧之"等等。其实，很有道理。

三国时期的杨修文思敏捷，才华横溢。

一次，曹操、杨修等一行人来到蔡琰府上，看见墙上挂着一幅碑文图轴，上书："黄绢幼妇，外孙齑白。"曹操让随行人员破解其意，别人都答不上来，唯独杨修解释是"绝妙好辞"的意思，令曹操大为惊叹，其他人也开始佩服杨修才识机敏。

杨修为人处世过于张扬,不甘平庸。他对人对事口无遮拦,不吐不快,屡犯曹操之忌。

有一次,曹操在一个盛装酥食的盒子上写了"一合酥"三个字,并将它放在案头。杨修走进来看见了,竟和别人一起将盒子里食物吃掉了。

曹操问其原由,杨修答道:"盒子上写着'一人一口酥',我们岂敢违抗您的命令呢?"明显地带有戏弄曹操的嫌疑。

还有一次,很多人都认为曹操在睡梦中误杀了身边的侍卫,然而只有杨修知道曹操多疑的心思,并一语道破天机。侍卫下葬时,杨修指着他说:"不是曹丞相在睡梦中,而是你在梦中啊!"其实,想必曹操身边也有人知道曹操因为疑心太重而滥杀无辜,但他们不愿意去捅破那层纸。而杨修呢,举世皆醉我独醒,毫不留情地撕下了曹操的伪装,将其狡诈、残暴的一面赤裸裸地暴露在光天化日之下,怎么不令曹操恼羞成怒呢?

后来,杨修还掺和了曹丕、曹植的世子之争。曹植与杨修均是当世才子,二人气味相投,惺惺相惜,常常结伴论事,终夜不息。究竟是立曹丕为世子,还是立曹植为世子,曹操一度拿不定主意。可是,杨修却坚定地站在曹植一边,替他出谋划策,帮他打压曹丕。曹操对此十分气愤。

后来,曹操终于下定决心,立曹丕为世子,又担心杨修日后添乱,就对杨修开了杀戒。应该说,一般事情也就罢了。但是,在事关曹氏政权继承人的原则问题上,曹操丝毫不会含糊。

可以这样讲,杨修之死,不是因为杨修与曹操父子疏远造成的,而恰恰是由于过于亲近造成的。杨修不懂得掩藏锋芒,终招杀身之祸。

一个人要想拥有足以藏身的三窟以求平安,第一要藏巧于拙锋芒不露,第二还要有韬光养晦不使人知道自己才华的修养功夫。而且办什么事都应当留有余地才是,最关键的是在污浊的环境中保持自身的纯洁。不露锋芒,韬光养晦并不影响洁身自好,相反,洁身自好是前二者的基础。

老子说"夫唯不争,故天下莫能与之争",老子强调的是对待功名利禄如果不与人相争,遍天下没有人能与他相争了。据此理,如果能让出一寸地,将会得到一片天空。

看看历史就会知道,真正有成就有伟业的人倒常常是虚怀若谷,戒骄戒躁的。他们决不处处争胜、出风头,以此来故意显示自己的长处,而总是把眼光停留在别人的长处,时时想到自己的不足,善于听取他人的意见,尤其是那些身居高位的人,认识到这点是相当重要的。太聪明能干的人,由于自视高明,听不进反面意见而遭致失败。

48、保持内心的洁静

【原文】竹篱下,忽闻犬吠鸡鸣,恍似云中世界;芸窗下,雅听蝉吟鸦噪,方知静里乾坤。

【译文】当你正在竹篱笆外面欣赏林泉之胜,忽然传来一声鸡鸣狗叫,就宛如置身于一个虚无缥缈的快乐神话世界之中;当你正静坐在书房里面,忽然听到蝉鸣鸦啼的声音,你就全体会到宁静中别有一番超凡脱俗的天地。

静生悟道的人通过心灵的洁净来体现本性,这是一种超凡脱俗的人生境界。所以,人要适当放松,恢复心灵的宁静。什么是放松?放松就是没有执著,就是使我们身体所有的压力消失,就是使我们的身体像空气一样、像光一样,那么自然、那么柔软,可以渗透到宇宙中的每一个部分。

《庄子》里借颜回和孔子的对话,揭示了放松心灵的道理:

颜回问孔子:"请问什么是心斋呢?"

孔子说:"你要使心志高度集中,摒除一切杂念。运用感官如耳朵时,不要心念随声音外驰,而应该用心神去体认,不仅用心神去体认,还要用气去感应。要物来则显,物去则空,耳朵听见了就是听见了,心中知觉了就知觉了,不再向外攀缘、追逐外物。气,只有在空虚无物的状态下才能感应万物。道,只有在虚无的状态下才能明晰。心灵保持虚灵不昧、清静无为的状态,就叫心斋。"

颜回说:"我没有运用心斋时,觉得自身是实实在在的存在,运用心斋之后,就未尝觉得有我颜回存在了。这可以叫做虚吗?"

孔子说:"你已经尽得心斋之旨了。我告诉你,假如能够进入这种藩篱之中邀游,而不为名位所动,能听进的话,就说;听不进的话,就不说。不开启医生的门户就不会遭到药物的毒害,把心志专一起来寄托于不得已而为之的境地,就差不多了。走路不留痕迹容易,但要履无路之地行路,就难了。为人情所驱使容易作伪,为自然所驱使则难以作弊。只听说过有了翅膀才能飞翔,没有听说过没有翅膀也能飞翔的;只听说过有了知识才能认识事物,没听说过没有知识却可以认识事物的。看那空明虚灵的心境,就会了解,只有把内心空虚起来,心中才可以产生光明,洞照一切,吉祥就来临了。如果不能止其所止,就叫做形坐而心驰。使耳目感觉向内通达而排除心灵的理性,鬼神也会前来归附,何况是人呢?顺应这样万物的变化,正是禹和舜成为圣王的关键，伏羲和几蘧等上古帝王也将此作为终身奉行的准则，何况是普通人呢？"

庄子所说的心斋之意，便是使内心清静洁净，空明虚灵。"无听之以耳而听之以心，无听之以心而听之以气"是心斋的要领，未用此法时能实实在在感觉到自身，运用此法时，则浑然忘我，是心斋的境界；得此境界之后则无所不能、无所不知，是心斋的效验。以此养生，则能使自己精充神足、洞悉生命的规律。

世间极高深的哲理，往往产生于极平凡的事物中；极美的诗往往也是出于无心的真心流露。这样心境恬淡，没有非分之念的人，任何名利的诱惑又能奈他何？正是有意者反远，无心者自近也。

我们身心压力最根本的来源有两个：一是自我的执著，二是惯性的力量。生命自我的执著，使我们产生自我保护的本能，在这种保护之下，遇到外来的压力刺激时，身心自然会产生防卫系统与其对抗，形成我们身心的压力，这也是压力形成的最主要原因。而生命执著的惯性，让我们在经受过某种压力后，再遇到类似的情境时，心理自然也会产生防卫作用，即使当压力状况解除之后，我们的身心仍会惯性地保持在当时的一个压力状态之中，造成新的压力。"一朝被蛇咬，十年怕井绳"，就是这种现象的最佳写照。

很多人在放松时，都是注重于外在环境压力的去除，却不知道根本的压力解决之道，必须将我们生命内在的执著完全放松，而放松也就是没有执著。

当我们不执著时，生命根本防卫系统的内在紧张自然而然就会消失了，每一个心念、每一个因缘，对我们而言，都是全新的体验，每一天对我们而言，都是新生的一天。生命彻底地放松，让我们不再受到惯性的制约。

49、"清静"是一种修行

【原文】静中念虑澄澈，见心之真体；闲中气象从容，识心之真机；淡中意趣冲夷，得心之真味。观心证道，无如此三者。

【译文】清静的时候，意念思虑清澈，可以看出心性的本源；在闲暇中气度舒畅从容，可以发觉心中真正的玄机；在淡泊中性情谦静平和，可以体会心中真趣味。反省内心印证道理，没有比这三种方法更好的了。

动，是世界的阳面；静，是世界的阴面。阳面，是看世界的；阴面，是想世界的。动，是世界的亨通；静，才是世界的推动。静不下来，是对静的意义认识不足。处变不惊，你才能静下来。静能生美、静能出思、静是万动之源，你为什么不先静下来呢？

南怀瑾先生恳切地告诉我们，成佛的智慧，不需要向外寻求，它并不离开世间的一切。此话很有道理，只要顺从本心，自然而然，没有多余的想法，心灵自然清净，也就近于佛道了。

一切世间的学问、智慧、思想，一切世间的事，都可以使你悟到般若在哪里，到处都是。在看花中就能悟道了，在风景中也能成佛。

的确，一切现成，就看你怎么拣拾了。那就是在自然天地之间，有无处不在的禅机妙意。一粒沙尘中包含一方世界，一朵野花中蕴藏一个天堂。

生命中缺少的不是风景，而是一双发现美丽风景的眼睛。道理是如此平常，关键是我们有没有像孩童一般的单纯心灵来

体悟。真谛本就是为朴素的信心敞开的。

达摩祖师到中国传法，数年后，准备回天竺国。临行前，他对弟子们说："你们跟我学了这么多年，总该有些心得吧？大家说说吧！"

道副首先说："我的见解是，不执文字，不离文字。将文字作为悟道的工具。"

达摩祖师说："你得到了我的皮。"

尼总持接着说："我的见解是，就像念佛的人，必须升起信心的时候，一念就往生到了东方阿閦佛国。一见就不再见了。"

达摩祖师说："你得到了我的肉。"

道育说："我的见解是，四大本来空，五蕴亦非有，所以无一法可得。"

达摩祖师说："你得到了我的骨。"

最后轮到慧可，他什么话也不说，走到祖师前礼拜祖师，然后回到原来的地方。

达摩祖师说："你得到了我的髓。"

接着，达摩祖师告诉慧可，"从前，佛祖将正宗禅法传给了迦叶大士。后来一直辗转传承，传到了我这里。今天我就将它传给你，你要好好爱护保持。我还要授给你袈裟和传法信物。"

然后对大家说："你们刚才自己的表述，已经看出你们修炼的程度。你们心里也一定明白。"

生活之禅在于生活。我们无需钻研经典，也可从生活的各种琐碎事物当中留意观察而得到禅机。

我们很多人都会有这样的感觉，许多道理、人生哲学、规律和技巧，其实从小都知道，却为何有些事情总是在年龄逐渐上升的时候，才会真正地感悟和理解呢？许多事情，我们曾经以为懂了，明白了，事实上岁月却一而再地告诉我们，我们当初是错的。

禅宗本身就是一种疑问：什么是禅宗？怎么修习禅宗？怎么悟？怎么活得禅机？这样的问题，我们从生活中观察，可以得到许多我们曾经自以为知道而又被我们颠覆的答案。

所以，认识生活是很重要的一道修禅方法，也可以说是我们要活的一种淡然的、快乐的、无忧的生活方式和态度的一种方法。我们人类生活中，整个世界都是由各种语言体系来解释。我们认识，人类为了传承经验，是无法避开"语言——即文字"的这个体系的。而我们人类—语言体系—真实世界，是这样的三重关系，也就是说，我们对这个世界的真实情况，是隔着一层语言体系的。可是，我们的语言体系真的是可以完全解释世界和传承经验吗？

那么，我们究竟应该如何真正的认识生活呢？其实挺简单的，首先我们都知道，文字本身也是由某个人或某群人创造，他们创造文字的时候难道就对世界完全理解了吗？他们创造文字的时候又是通过什么来知道这个世界的呢？是的，就是观察。我们也一样，我们可以借助文字来观察这个世界，但是我们除了文字，还可以通过眼睛、耳朵、感受等各方面来观察这个世界。

50、从小事中消融自我

【原文】出世之道，即在涉世中，不必绝人以逃世；了心之功，即在尽心内，不必绝欲以灰心。

【译文】超脱凡尘俗世的方法，应在人世间的磨炼中，根

本不必离君索居与世隔绝；要想完全明了智慧的功用，应在贡献智慧的时刻去领悟，根本不必断绝一切欲望，使心情犹如死灰一般寂然不动。

学佛的过程，是通过认识自我、消融自我，以达到自我成长、自我提升目标的过程。提升的真正终点意味着开悟，而这个过程的顺利进行离不开个人对自我的清醒认识，认识自我又是为了消融自我。

赵州禅师非常注重生活的佛教，生活中处处都表现他的禅风。

有数名学僧前来问禅，第一位学僧问道："弟子初入丛林，请求老师开示！"

赵州禅师不答反问道："你吃粥了吗？"

学僧回答道："吃粥了！"

赵州禅师指示道："洗钵盂去！"

第二位学僧前来问道："弟子初入丛林，请求老师不吝开示！"

赵州禅师不答反问道："来多久了？"

学僧回答道："今天刚到！"

赵州禅师再问道："吃过茶没有？"

学僧回答道："吃过了！"

赵州禅师指示道："到客堂报到去！"

第三位学僧因在赵州禅师住的观音院参学十多年，所以也上前问道："弟子前来参学，十有余年，不蒙老师开示指导，今日想告假下山，到别处去参学！"

赵州禅师听后，故作大惊道："你怎可如此冤枉我？自你来此，你每天拿茶来，我为你喝；你端饭来，我为你吃；你合掌，我低眉；顶礼，我低头；哪里一处我没有教导你？怎可胡乱冤枉我！"

学僧听后，用心思想，赵州禅师道："会就会了，假若用心分别，则离道远矣！"

学僧似有所悟，但问道："如何保住呢？"

赵州禅师指示道："但尽凡心，别无圣解，若离妄缘，即如如佛。"

圣严法师说："自我是最难消融的。这是最可爱、最坚固，也是最讨厌的东西。"每个生活在社会中的人，都不可避免地要和其他人产生交集，在接触过程中，很容易犯自我中心的错误，用自己的价值观对他人的言语、表情、行为做出评判，甚至会自我揣测他人的心理，由此，人与人之间难免会产生摩擦、发生冲突。通过禅修，人能够实现自我消融，将人消融到人类社会中，进而消融到无上的禅的境界，实现从忘我到无我的过程。

这个过程的实现是需要方法的，圣严法师将其分为观念思想上的消融和方法技巧上的消融。由于覆盖众生，使众生不能明了正道的贪、嗔、痴、慢、疑以及人生五欲等心理活动的阻碍，才产生了"我"以及"我"的执著。这些心理活动存在于人的观念之中，只有将之去除或者放下，才能实现观念上的自我消融。

有一位中年人，常常觉得生活压力太大，而自己肩上的担子很沉重，因此，找到一位老禅师向他求教解脱的方法。

老禅师给了他一个背篓，然后让他沿着一条河岸边的小路朝前走，并嘱咐他每走一步，要从河边捡一块石子放进背篓中。

中年人虽困惑不解，但是依然还是按照老禅师的指引去做了。石子很小，开始的时候他并没有什么感觉，可是随着篓中石子的增多，中年人的脚印越来越深，步子越来越慢。他气喘吁吁地背着一篓石头回到禅师身边。

禅师问他："这一路走来，你有什么感觉？"

中年人喘着气说："大师，我觉得自己越来越累；篓里的石头太多，我都要迈不开脚步了。"

禅师说"我们每个人来到世上的时候都背着这样一个空篓，每往前走一步就捡起来一样东西放了进去，所以才会觉得越来越累。"

中年人问："大师，请您开示，我应该怎样做才能轻松一些呢？"

禅师问："那你觉得怎样做你的背篓才会变轻呢？"

中年人说："把背篓里的石头拿出来。"

老禅师笑着点了点头："那么，你愿意把你的名声、财富、事业拿出来一些吗？"

对于很多人而言，正是由于不愿舍弃、不忍舍弃，才会背负着自己的种种欲望和妄念前行，无法实现自我的消融，就更谈不上解脱了。仅仅从观念上消融自我是不够的，还需要身体力行，从方法的实践到身心的体验，求得证悟。

圣严法师主张通过"炼心"和"破心"以完成实践中的自我消融。炼心即通过修行，把"散心"的我变成"专心"的我，实现身心的统一、内外的统一、前后的统一；破心则是通过默照禅和话头禅的方式将"有我"的心粉碎。在破心的过程中，不论是曹洞宗提倡的默照禅，还是临济宗主张的话头禅，都并不局限于固定的形式、环境，而最好是让自我消融在当下中，让自我消融在佛号中。

用惭愧的心、智慧的心、包容的心,从一点一滴的小事做起,持之以恒才能达到无边佛法、无边慈悲,完成自我消融。

51、执心是苦

【原文】世人为荣利缠缚,动日尘世苦海。不办公白山表、川行石立、花迎鸟笑、谷答樵讴,世亦不尘,海亦不苦,彼自尘苦其心尔。

【译文】由于一般俗人都被虚荣心和利禄心所困扰,因此一开口就说人间是一个大苦海。然而他们却不知道世界的另一面是白云笼罩下的青山翠谷,奔流河水中的奇岩怪石,迎风俗展的弃丽花卉,呢喃歌唱的可爱小鸟,以及樵夫歌唱时的山鸣谷应之声,这时才会恍然大悟人间既非尘嚣万丈,世界也非苦海一片,只是人们使自己的心落人尘嚣堕入苦海而已。

充满私欲而心浮气躁的人,即使在寒冷的深潭中,心中也会烧起沸腾的波涛,就是处在深山野林中,也无法使他心灵平静;无欲无求而心静意明的人,即使在酷热的暑天,也会感到浑身凉爽,就是在早晨热闹的集市上,也感觉不到内心的喧嚣。

一潭静水,丢一个石子下去,激起一道水波,水波自然地会慢慢扩散、消失,但是,如果你异常强烈地追求水波消失,不顾自然的规律,想继续用石子去砸水波,强行让水波消失,那么,水波会越来越多,适得其反。这就会违反自然,也就是去强行做本来做不到的事,反而失去更多。人的心,岂不是如这潭静水?自然从来没有消失过,它一直在,你在强迫的时候,它也在,只是被你的执著所掩饰了。

一对师徒走在路上,徒弟发现前方有一块大石头,他就皱着眉头停在石头前面。

师父问他:"为什么不走了?"

徒弟苦着脸说:"这块石头挡着我的路,我走不过去了。"

师父说:"路这么宽,你怎么不会绕过去呢?"

徒弟回答道:"不,我不想绕,我就想要从这个石头前穿过去!"

师父说:"能做到吗?"

徒弟说:"我知道很难,但是我就是要穿过去,我就是要打倒这个大石头,我要战胜它!"

徒弟很痛苦:"连这个石头我都不能战胜,我怎么能完成我伟大的理想!"

师父说:"这两者压根就不是一回事,你太执著了。"

执著二字,对人生来说是十分重要的。所有的人,也都十分重视执著二字。执著就是苦,执著就是不悟。人生,心是根本;凡事,依人不依法。人们只有放下一切执著,一切人生的成规,才能凡事不为外物所局限,达到心灵的自由,人生的飞翔。老子说,"人之大患在我有身"。芬乃伦说,"我知道使我们受苦的乃是己的生命,如果己是死的,我们就不会受苦了"。

云岩昙晟少年时和洞山良价一起跟着百丈怀海参禅,解悟。他们都很佩服百丈禅师的风范和智慧,于是,就私下里立下一个誓愿:有生之年不离百丈禅师左右,毕生修为辅佐师父弘法兴禅。

多少年过去了,这样的誓愿没有践约。云岩昙晟来到了药山惟严的门下悟道,良价也已不在百丈的身边。云岩昙晟在药山门下一呆就是十几年,等他对佛法有所悟的时候,他就想起了他曾经立下的誓愿。

于是,他就向药山辞行,"老师,我看穿了人生的迷雾。我要告辞而去了。"

药山心想,你说"看破人生迷雾",这迷雾不还在你的心中吗?

药山问道:"你去向何处?"

"找洞山良价去。"

"噢。有什么事呢?"

于是,云岩昙晟就把誓愿的事情说了出来。药山也无可再说,就点了点头,还让道悟和另一个侍者帮他收拾行李,陪同他下山。

道悟和云岩昙晟在山下依依惜别,毕竟在一起相处了这么多年呀。天快黑的时候,道悟才不得不回到山上。回到山上时,药山还在那个蒲团上坐着,看见道悟他们只是两个人回来,就叹了口气,问道:"你送昙晟走了。"

"送走了",道悟回答着,心中就迟疑起来,接着又不安地问:"他还会回来吗?"

药山叹着气,答道:"一块相处这么久了,何必再问呢?"

道悟心中更是着急,觉得好友一生可能再也不能走出那执著了。于是,他就求老师开示一条明路。

药山说道:"眼中的执著,就是未曾驱除的迷雾;凡事,依人不依法,何必来与去。"

道悟一听,心下大喜。当晚,月亮出来时,这一对好友已经谈笑风生的向山门走着了。

每个生命都被烦恼和各种执著控制着。你的心是否正在被它占据着呢?你知道这个世界上的一切都与你有关吗?你知道

你在烦恼时的情绪也会污染了这个世界吗？你知道烦恼如何处理吗？你必须了解一下自己了，你必须了解一下烦恼的真相了。

我们为什么会有莫名的烦恼？我们年龄在增长，我们知识在丰富，我们经验在充足，但是，我们也愈来愈多地受到一个又一个烦恼的侵袭。它来自我们的心底，在一生的各个阶段，不分年龄，不分性别，不分贫富，不分地位，甚至，每时每刻平等地藏在每个生命里。

它多发生在我们想要实现某个目标、想要得到某种东西的时候，我们很想能事事如意，但是无论我们的目标能否实现，在这个过程中我们的确迎来了烦恼，我们有了各种各样的情绪，愤怒、悲伤、无奈、烦躁、不安、恐惧、喜悦。实现了目标会喜悦，同时也因怕失去而不安，不能实现目标会悲伤，会烦躁。情绪的变化交替出现，成了我们心的天气。

但我们无法做主，我们试图去找寻解决的办法，却只会在心的外面不断地寻找种种刺激来满足它的需求。生命会有结束的时候，烦恼却没有尽头，它的生起无法预知，就像死亡我们无法做主，以至于我们一生都处在这种心境中，无法挣脱。这是每个生命都面临的问题，如果我们今生都不知道怎么防治，那我们会在烦恼中离开这个世界。

要打破执著，其实困难重重。毕竟执著缘于渴望，渴望缘于苦乐感受，苦乐感受缘于根尘之触。修持不执著的最大目的，在于摆脱情绪的支配，让爱恨情仇不在内心积存。

那么怎样才能修炼放弃执著的素质呢？当你遇到下面这些情况时，你能否这样来反问一下你自己：

当你感到痛不欲生时，你反问自己，这样难过有意义吗？

当你梦想化为泡影时，你反问自己，怨天尤人有效果吗？当你面对重重难关时，你反问自己，恐惧无为能解决问题吗？当你落到一贫如洗时，你反问自己，死命赚钱能带走吗？当你头上乌纱落地时，你反问自己，权力比生命重要吗？

你会体会到你本来有的一个宝藏，叫佛性。它一直平等地存在于每个生命体里，它是抵御一切烦恼的法宝，只要你找到它，使用它，烦恼会消失，心自然会清凉，人生自然美好，世界自然和谐。从现在开始我们就进入佛法的海洋里去体验。

心是什么？是我们对一切事物的觉受。就是这个受，使我们产生了念头，它支配着我们的言行，产生了各种各样的结果。但我们面对结果的时候，从来不知道这个结果来自于我们心的力量。心天天处在无明的状态，迷迷糊糊，因为我们无法了知自己的心念，更无法掌控自己的心念。此时的心是杂乱的、也是累的，连带着身体的疲惫。如何让自己的心在念头生起来的时候就能够了了分明，从而能自然、从容地做出一切行为呢？此刻，你已经开始觉醒，因为你的心在思考生命的本性，这就是觉。有了觉我们才能悟。悟什么呢？悟真理，也就是正确的、原本存在的、真实的、一种自然的规律，也就是常说的道。悟道了又如何呢？你会知道自由，你的心从没有过的清净，你的身体无法形容的愉悦。但这需要身体力行地去悟，我们称为修行。为什么要修行呢？不是为了自己的身心快乐，而是我们在没有修行前，是不知道世界宇宙空间的一切，都与我们的心相关，我们身边所有的一切，空气、水、环境等等，都是我们心的力量所造的。如果我们用道心去造，这个世界会美好和谐，人人受益。因此，修心是如此的重要，是每个人的义务和责任。

52、心安是归处

【原文】当雪夜月天,心境便尔澄澈;遇春风和气,意界亦自冲融;造化人心混合无同。

【译文】在雪花飘落的月夜,天地间一片银色,人的心情也会随之清朗明澈;在和风吹指万物一片生机的春季,人的情绪自然也会得到适当调剂,可见大自然和人的心灵是浑然一体的。

一个人的所有欲望和想象,是由于虚幻无常的妄心而致,只要能铲除这种虚幻无常的妄心,善良的本性就会显现出来。

外在的环境不是让我们陷入痛苦的原因,是杂乱的心导致痛苦。真正知觉,我们自己才会更快乐、更满足。心安是归处。你是否迷失了自己?——在茫茫人海中,在无数过往中。

赵州禅师禅师一生疏散不羁,过着随遇而安的生活,从来都是处处无家处处家。禅师一生云水,到八十多岁都在外面行脚,有诗说:"赵州八十犹行脚,只为心头未悄然。及至归来无一事,始知空费草鞋钱。"

有一天,赵州禅师行脚到云居禅师那里,云居禅师问道:"你年纪这么大了,仍到处奔跑,为什么还不找个长居安身的住处?"

赵州禅师听后,像没听懂似的问道:"什么样的地方才是我长居安身的住处呢?"

云居禅师道:"山前有一处荒废了的古寺基地,你可以把它修复好居住。"

赵州禅师不以为然,反问道:"老和尚为什么不自己去住呢?"

又有一次,赵州禅师到茱萸禅师处,茱萸禅师道:"你年纪这么大了,仍然到处云游行脚,为什么不找个地方住下来安心修行呢?"

赵州禅师感慨地说道:"你说什么地方可以给我住下来安心修行呢?"

茱萸禅师不以为然地反问道:"你不必问别人,总之,你年纪这么大了,连自己的住处都不知道,这怎么能行呢?"

赵州禅师闻言,不禁肃然起敬地回答:"我三十年纵马驰骋山水,随缘生活,想不到今天被驴子踢了一脚。"

在当今这个科学技术迅速发展的时代,世界如朝霞暮霭般瞬息万变。这个世界是跳跃的、绚丽的、鲜活的,商品经济的高速发展,给我们带来了丰富的物质生活。

然而,当我们身穿华装丽服、觥筹交错、歌舞升平的时候;当我们雄踞商海、一掷千金的时候,人类的精神家园里却并没有因为物质的"滋补"而多出几个灵魂的伟人。相反,在惊心动魄的变革中,似乎有更多的人成为精神家园的流浪者。也许因为眼前的世界太多彩,我们能够感受到的真实质朴,已经被涂抹上了一层虚妄不明的色块。在人们的眼睛里,我看到的更多的是一种迷茫和麻木。

当然,人们在过分追求物质满足的同时,忘记了给精神世界添砖加瓦,这并不是说物质和精神就是全面对立、此消彼长的。但是,人生观、世界观、价值观的正确引导和确认,却可以指导物质生活的方向。

那么,我们究竟要用什么来作为精神的补给,用什么来指导人生的取向和选择呢?

秋天的傍晚,鼎州禅师和一个沙弥在庭院里散步,突然刮起一阵瑟瑟秋风，树上的叶子纷纷扬扬地飘落下来。禅师弯下腰，将树叶一片片地捡起来，放在口袋里。

一旁的小沙弥说道："师父，不要捡了，反正明天一大早，我们都会打扫的。"

鼎州禅师一边继续蹲下来捡落叶，一边不以为然地说道："咱们每一天都在打扫，难道地上就一定会干净吗？我多捡一片落叶，就会使地上多一点干净啊！"

小沙弥不服气地回答道："师父，落叶那么多，您前面捡，它后面又落下来，您怎么捡得完呢？"

鼎州禅师边捡边说道："落叶不光是落在地面上，还落在我们心上啊！地上的落叶捡不干净，我捡我心地上的落叶，终有捡完的时候！"

沙弥听后，终于懂得禅师为什么总是那么平静和慈祥了。

落叶落在地上，也是落在人的心里，每捡拾一片落叶，心中的落叶也就会少一片，人的心灵也就会多一片洁净。这也算是自我修行的一大心法了。

正如行善之人，需要帮助的人其实很多，一辈子也帮不过来，可他们总是尽自己的力量去做些事情，在帮助别人的同时，自己的心灵也能得到宽慰。

只要当下安心，你就是禅者，你就立刻拥有了大千世界的一切。

53、珍惜已有的幸福

【原文】天薄我以福，吾厚吾德以迓之；天劳我以形，吾逸吾心以补之；天厄我以遇，吾亨吾道以通之。天且奈我何哉？

【译文】上天不给我很多福分,我就多做善事培养品德来对待这种命运;上天使我的身体劳乏,我便用安逸的心情来保养我的身体;命运使我的生活陷于困窘,我就开辟我的道路来打通困境。上天又能对我怎么样呢?

现实生活之中,有不少人总是羡慕别人的成功,抱怨自己一无所有,因而陷入一种自我否定、丧失幸福感的状态。其实,一个人是否幸福,根本上取决于能否具备感受幸福的能力。生命的价值和活着的意义,就是能使别人感受到幸福,同时自己也感受到了幸福!

有一个富豪,驾驶自己漂亮的游轮到海边打鱼,他看到一个渔夫懒洋洋地躺在沙滩上晒太阳,心里十分不平衡,他走上前去,对渔夫进行了励志及成功的教育,大概是开会作报告做惯了,富豪一连说了好久,怎奈渔夫眼皮都不抬。

一直无动于衷,在被疲劳轰炸许久之后,渔夫终于开口了,他问富翁:"先生努力这么多究竟为了什么?"

富翁说:"到海边晒太阳、钓鱼。"

渔夫懒洋洋地说"您看,我现在不是正在晒太阳、钓鱼吗?"

两点之间,直线最短,怎奈现代人喜欢把简单的事情变复杂,把自己弄得很忙碌,结果往往是忘记做事的目的,只满足于忙碌。无事的人最幸福,其实也不简单,无事并不是鼓励人们变得懒惰,而是说做人做事不必绕大弯兜大圈,该放手时及时放手,努力体会当下的快乐,不论工作还是生活,不要忘记"我"才是主体。

《红楼梦》里,贾宝玉被称为无事忙,意思是,宝玉每天看上去忙忙碌碌,其实一件正经事没做。而在宝玉看来,自己做的事情非常重要,这正是所谓"此一是非,彼一是非"。

什么是正经事，什么是正常的生活？我们生活在无数条条框框规定好的世界中，身边有无数好生活的样板，媒体上也充斥着各类品味生活的广告与时尚，这些广告和宣传很大意义上左右甚至支配着我们的生活。为了买双名牌的鞋子，不得不加班到深夜，买了鞋子后，发现需要一件风衣来搭配，于是，又要熬夜赚外快……

这是标准的现代生活，每个人都在努力获取物质生活的最大化，房子要大，最好住别墅；车子要新，最好超过隔壁阿三；学位要高，最好是常春藤的博士后；权力要大，最好是至高无上。人们的价值被标以数字，人们的快乐建立在损伤身体的所谓生活方式基础之上。为什么会这样，成功格言告诉人们：执著的追求是通往成功彼岸的唯一路径；为了将来打基础，今天吃点苦，明日享清福。果真如此？很多功成名就的人，对自我意识和权力控制有特别强烈的敏感度，他们通过不断的成功，证明自我的存在。成功者毕竟有限，那些能力一般或者能力很强却缺少机会的人，也有证明自我价值和寻求永恒的心理需求，然而世俗的评判标准让人们证明自我的道路如此曲折，怎么办？

生活中有些人总是在哀叹着自己的贫穷，羡慕着别人的富有，沉浸在苦难的旋涡中不能自拔。其实，贫穷并不等于失去了全部，至少我们还有健康、年轻和生命。拥有健康、年轻、生命，也就拥有了快乐的资本，这是非钱财可以衡量的。整日抱怨贫穷的人不但富裕不了，还会失去快乐。

一个年轻人总是埋怨自己时运不济，发不了财，终日愁眉不展，烦恼无穷。

这一天走过来一位须发俱白的老人，问："年轻人，干吗不高兴?"

"我不明白,为什么我总是这么穷。"年轻人说。

"穷?你很富有嘛。"老人由衷地说。

"这从何说起?"年轻人问。

老人不正面回答,反问道:"假如今天斩掉你一根手指头,给你一千元,你干不干?"

"不干。"年轻人回答。

"假如斩掉你一只手,给你一万元,你干不干?"

"不干。"

"假如把你双眼都挖掉,给你十万元,你干不干?"

"不干。"

"假如让你马上变成八十岁的老人,给你百万元,你干不干?"

"不干。"

"假如让你马上死掉,给你十千万元,你干不干?"

"不干。"

"这就对了,你已经有了超过十千万元的财富,为什么还哀叹自己贫穷呢?"老人笑吟吟地问。

这个年轻人听后,豁然开朗,兴高采烈地走了。

《华严经》说:"万法唯心造。"意思是说,我们的心态发生变化,观察事物的角度发生变化,感受也会相应发生改变,生命的方向也会不同。佛祖说的其实很简单,在这个世界上还有很多种让自己满足安乐的方法,不仅仅是华山一条路。在惯常的现代思维中,有钱有权是成功的标准,而在佛祖看来,钱、权不过是人们制造出来奴役自己的工具!

想想看，我们上学、工作都是为了追求更好的生活，因为在我们的观念中，好生活就是占有更多钱财，好生活就是不断努力。在执著的追求中，我们的生活失去了快乐，最后只剩下执著本身，以及由于执著带来的心理压力、负面情绪。当我们的负面情绪不断扩大，影响到自己的生活和身边人的幸福时，我们会停下来检讨一下自己的执著吗？

许多人认为：如果我现在认真做某件事情，将来某个时刻就会享受这件事带来的好处。其实这个想法往往只是我们的一厢情愿，姑且不说我们做的事情本身是不是好事，即使我们怀着良好的愿望，努力的做某件事情，事后的发展未必如愿。每每面临这种情形，想着自己的努力化作一江春水，几人能够平衡。

所以，禅悟关键一条就是破执，破除心中虚妄的追求。人的痛苦往往不在痛苦本身，而在于你太在意，所以，痛苦的感受才会加倍。比如追星，在不追星的人看来，觉得追星的行为特别好笑幼稚，而在追星族看来，觉得不喜欢明星简直不可思议。对于追星族而言，明星的小事也格外重要，而对于局外人，大概压根儿就不会知道这些事。同样，我们对自己的亲人和对别人的亲人关注必然不同，陶渊明说亲人过世，"亲戚或余悲，他人亦已歌"。可见感受从来就不是平等的，而是非常微妙和个人化的。如果我们能够放下执著的念头，换一个角度面对伤感、痛苦、欢喜，心灵就不会那么痛楚，也能更好地面对现实的种种。

禅宗的破执不是要人们作麻木不仁的石头，为的是要人们懂得惜福。昨天已经过去，明天还没有到来，我们所拥有的仅仅是今天。如果执著于对过去的悔恨和怀想，那么，我们永远无法享受今天的花开花落；如果执著于明天的美好图景，那么，我们可能无法享受今天的努力过程。生命之喜,应日日品味。要知道,我们从出生到跌跌撞撞活到老,须经历多少磨难。每天有那么多的交通事故,每天有那么多人死于不知名的疾病,而我们还在活着,能呼吸、能感受、能品味。与所有的经济奇迹、个人成就、科技成就相比,生命本身的奇迹更值得颂扬。

没有豪华的汽车,没有宽敞的房子,没有丰厚的存款,没有令人羡慕的工作,也没有足以傲人的学历资历,同样,可以活得潇洒快活。

54、不要执迷于外相

【原文】听静夜之钟声,唤醒梦中之梦;观澄潭之月影,窥见身外之身。

【译文】夜阑人静听到远远传来钟声,可以惊醒人们虚妄中的梦幻;从清澈的潭水中观察明亮的月夜倒影,可以发现我们肉身以外的灵性。

努力和毅力要放到正确的方向上,否则,即使付出再多,花费的时间再长,也是缘木求鱼。把握事物的本质,放弃千变万化的外像。在正确的地方努力,才能事半功倍。

马祖,四川成都人,俗姓马,在佛教僧侣中,以俗姓称祖的,可能就是他了。

马祖十二岁出家当了和尚,后来到南岳拜怀让为师。

怀让看马祖整天呆呆地坐在那里参禅,于是便见机施教,问他:"你整天在这里坐禅,图个什么?"

马祖说:"我想成佛。"

怀让就拿起一块砖,在马祖附近的石头上磨了起来。

马祖不解地问:"师父,您磨砖做什么呀?"

怀让:"我磨砖做镜子啊。"

马祖:"磨砖怎么能做镜子呢?"

怀让:"磨砖不能做镜子,那坐禅又怎么能成佛呢?"

马祖:"那要怎么样才能成佛呢?"

怀让:"这道理就好比有人驾车,如果车子不走了,你是打车呢,还是打牛?"

马祖无法回答。

怀让又说:"你是学坐禅,还是学坐佛?如果学坐禅,禅并不在于坐卧。如果是学坐佛,佛并没有一定的形状。对于变化不定的事物不应该有所取舍。你如果学坐佛,就是扼杀了佛,如果你执着于坐相,就是背道而行。"

马祖听了怀让的教诲,如醍醐灌顶,从此真正悟了道,跟随怀让整整十年。

马祖离别怀让后,到江西去作方丈,在怀让的六位入室弟子当中,只有他得到了心传。下面这个故事,是马祖和弟子百丈怀海的故事:

一天,百丈怀海陪着师父马祖道一在河边散步。河边水草萋萋,河虽不宽,但那平静的水面衬着河边的树林就成了一幅美丽的风景画。师徒两人一边散步,一边欣赏着周围的景致,体悟自心的真常。

突然,一群野鸭子飞过,发出嘈杂凌乱的叫声,打破了片刻的宁静和安详。师徒的讲话也都停止了。

正沉醉在宁静的自然中的百丈怀海猛地抬起头来看着天空的野鸭子,马祖心中仍然沉醉于自己心中那份宁静。但他想知道自己的弟子最近参悟的功德如何,于是就问百丈怀海:"是什么声音?"

怀海答道:"野鸭子的叫声。"

马祖心中一叹,没有说话。怀海见师父不再发问,也紧跟在后面,静静地走着。

过了好久,马祖又问百丈怀海:"刚才的声音哪里去了?"

怀海答道:"飞过去了。"

马祖就停下来,说道:"并没有从你的心上飞过去吧?先祖师有言:事如春梦了无痕。你现在心中还记着,看来你的心中痕迹太重呀!"

怀海感觉很是惭愧。

自从六祖那首著名的偈子出现后,尘埃几乎成了心中迷误和心灵耽于外物的代名词。在佛陀看来,心本就是圆,只有圆融无碍,才能体悟到天地之心,才能去伪存真、圆悟圆觉,才是一种活生生的人的生命活动和最高存在形式。

有僧人问:"对一切外境,如何能使自己心如木石一无所动呢?"

百丈禅师说:"世界上的一切事物,本来不曾有所谓'空无',也无所谓'实有',不存在什么是非垢净,也非故意来束缚人的思想。只不过是人偏偏妄自执著算计,要按自己的意思做出若干种解释,起若干种知见,又生若干种爱畏喜恨之心。只要能悟到一切,事物本来没有种种分别,分别知见不过是从人的一念中妄想颠倒,执取外相中生出来的,这样就会心与境不相干扰,心灵才会得到解脱。"

宇宙间万事万物都是自然而又自在的,鲦鱼出游从容、飞鸟悠然掠过、田野里百合花自开自谢、阳光普照万物、大地承载一切……所有的这些，怎么会累？怎么会烦恼？又怎么会被外境束缚？

问题就在于人本身，心中时刻会生出种种分别、计较、知见以及执著，并固执地认为自己就是对的，自己无比的精明。然而，这样做只会使那心灵如蚕一样，不停地被自己吐出的丝所缠绕、束缚住，直到再也透不过一丝光亮。难道"作茧自缚"的蚕是因内外境的束缚吗？解放自己正要从自己开始才行。

第四章

活在无常的当下

人生在世，只不过数十个寒暑而已。一切是非成败、功名利禄，在历史的长河中不过是浪花上的泡沫，转眼成空。在一个智者看来，功名不过是一堆粪土。所谓人间富贵，也只是那天上转瞬即逝的几片浮云。只有放下对功名富贵的执著、妄念，才能够开启你的智慧之大门。如能心无二致地面对自己对生命真谛的探索，就能够不屈服于任何强权，成就真正的自己。

《菜根谭》告诉我们：世事无常，人生无常。知足常乐，淡泊名利。无造作，无是非，无取舍，无凡圣。以一颗平常心，直面这个惨淡的世界。身处浮躁时代，人容易在喧嚣尘世中迷失自己，作为感情动物，心难免为物欲所引，身难免为世俗所牵。大千世界，滚滚红尘，让我们心动不已的诱惑实在是太多了，但"弱水三千，只可取一瓢饮"，与其心情浮躁地眺望远方的海市蜃楼，不如踏踏实实地享受身边每一份真实的感受。

55、于繁杂人事中超然物外

【原文】忙处不乱生，须闲处心神养得甭；死时不动心，须生时事物看得破。

【译文】事务忙乱不堪时，要想保持冷静态度而本性不乱，必须在平时修身养性培养清晰敏捷的头脑；面对死亡也毫不畏惧不留恋，必须在平日对人生彻悟，看破红尘。

参透人世界，彻悟人生不是去消极遁世，老死荒郊，而是积极行道，肩天下重任。人事繁杂，常常让人痛苦不堪，而禅者的高人之处就在于，他们主张超越，只有学会超越，才能将其置之度外，不为外界凡尘之事所烦扰。

一天晚上，明月当空。马祖道一禅师的三个得意弟子西堂智藏、百丈怀、南泉普愿兴致勃勃地跟随一同赏月。

马祖道一禅师问三位弟子道:"你们看此月色如何?"

西堂智藏答道:"依我看,此时正好焚香以讲经说法供佛。"

百丈怀海答道:"照我说呀,此时正是参禅打坐的好时机。"

南泉普愿默而不答,拂袖便走。

于是,马祖道一禅师赞叹道:"经入藏,禅归海,唯有南泉普愿独超物外。"

马祖道一禅师借赏月时的心境,让三位弟子领悟禅法要旨,西堂智藏迷于对经典的讲解,百丈怀海执著于对禅的修行,只有南泉普愿不迷执一切法相,独超物外,达到了精神的绝对无碍。

之后,三位弟子相继开悟,成为著名禅师而各自分化一方,弘扬马祖道一禅师的禅法。

原来,生命就是要超越一切世俗观念,舍弃一切尘想与贪欲,因为,对于人来说,身外的一切都是多余的。只有超然物外,才能更清醒地认识人生本相,因为不识庐山真面目,只缘身在此山中。菩提,不是法相;而是心若流水,身如莲花。

有一个和尚举卧轮禅师所作的偈子:卧轮有伎俩,能断百思想;对境心不起,菩提日日长。

六祖慧能听了,说:"这首偈子尚未明白心地的究竟,如果照他的方法去做,只会更加束缚自己。"

慧能因此也作了一首偈子,开示众人:慧能没伎俩,不断百思想;对境心数起,菩提作么长。

要如何去妄存真,臻于理想的菩提境界?卧轮主张屏除、断灭诸般妄念,让内心对各种外界刺激都寂然不动,不动心起念,就不会有烦恼。但慧能指出这反而是更加束缚自己,因为它是

建立在对感官知觉、思想意识的否定和压抑上头。反之，慧能的"不断百思想"、"对境心数起"则活泼、自用不着消除烦恼，烦恼即菩提，菩提即烦恼。

赵州禅师上堂说法："佛即烦恼，烦恼即佛。"

有一个和尚问："不知道佛为谁烦恼？"

赵州禅师答："为芸芸众生烦恼。"

和尚又问："怎样消除这种烦恼？"

赵州禅师反问："用得着消除吗？"

佛菩萨为众生烦恼，父母为子女烦恼，老板为公司的前途烦恼，员工为产品的安检烦恼。不管是待人或接物，都会遇到阻碍，存在风险，难免因而烦恼。但很多烦恼，其实都是"甜蜜的负担"，用不着消除；如果你失去了烦恼的对象，那反而会让你陷入比烦恼更严重的痛苦和失落中。

张拙居士曾作了一首偈子："断除烦恼重增病，趋向真如亦是邪。"

紫柏禅师见了，说"错了，错了！应该改为：断除烦恼方无病，趋向真如不是邪。"

有一个和尚在旁边说："我看是你错他不错。"

紫柏听了，心中大疑，日夜参究，因而头面俱肿。一日，忽然恍然大悟，那肿起来的部位才消下去。

想要断除烦恼，好比想要断除妄念，如果"一心"想去断除，有所趋向，那么，心就会为此而增添新的烦恼，益形沉重，怎能算是解脱？

真正的解脱之道是不再将烦恼视为负担。首先，要了解能够烦恼其实是件好事,因为那表示我们的心,还有可以关注的对象,如果能像珍惜关注的对象般珍惜我们的烦恼,那还算是烦恼吗?

其次,把烦恼当做修行的功课。就像圣严法师所说:"当自己发现起烦恼时,要感谢使你产生烦恼的人、事、物,因为他们是在帮助你修行。"云门宗一禅师也有一首偈子说:"美玉藏顽石,莲花出淤泥;需知烦恼处,悟得即菩提。"用这种心情来看待、处理烦恼,就是对烦恼最好的治疗。

在佛法的世界里,世间万物都是拥有生命的,所谓大千世界一花一草皆有佛性,大自然原本就是一个和谐的整体,一草一木皆为生命。世间的一切事物者,在彼此的因缘际会中生生不息地存在着,存在即为合理,即使我们人类成为自然界的最高生命体,但我们依然不能去主宰大自然,因为我们也是大自然的一部分,而且也要依赖大自然而生存。

56、坦然不滞锋芒

【原文】澹泊之士,必为浓艳者所疑;检饰之人,多为放肆者所忌。君子处此,固不可稍变其操履,亦不可太露其锋芒。

【译文】对名利淡泊而又有才华的人,必定会受到那些热衷于名利的人猜疑;一个生活俭朴谨慎的人,往往会遭受那些邪恶放纵之辈的妒忌。一个坚守正道的君子,固然不应该因此而稍稍改变自己的操守,但是也不能够过于锋芒毕露。

一个真正觉者的智慧,不是他自认为达到了什么大境界,而是意识到了自己的局限,为此他在谦虚和淡泊的哲人胸中,不断消融自我。

一位学僧在无德禅师座下学禅，刚开始还非常专心，学到了不少东西。可是一年之后，他觉得学得差不多了，就想下山去四方云游。

这天，学僧来到无德禅师面前说："禅师！在您座下参学多年，我感到学到的已经足够了，现在想跟您告假去行脚云游。"

无德禅师问："足够了是什么意思？"

学僧回答："足够了就是满了，装不下去了。"

无德禅师问"那么，在你走之前，先去装一盆大石块来吧！"

学僧不明白无德禅师的意图，但还是按照他的吩咐，装了一大盆大石块，拿到他的面前。

无德禅师指着盆里的大石块，问学僧："现在盆满了吗？"

学僧回答："满了。"

无德禅师随手抓了一些小碎石放进盆里，小碎石顺着大石块的缝隙滑了下去。

无德禅师问学僧："现在满了吗？"

"满了！"学僧肯定地说。

无德禅师又抓起几把沙子撒在盆里，沙子顺着小碎石的缝隙滑了下去。

无德禅师再问："现在满了吗？"

"满了！"学僧心想，这回可放不下什么东西了吧。

无德禅师又向盆中倒了一杯水。

"现在满了吗？"无德禅师又问。

学僧无言以对，从此不再提告假云游这件事。

佛教是引导人往内看，去寻找隐藏于个人内在的潜力。而不是导向不可知的外力。是向内完成，而不是向外获得。学僧没有彻悟这样一个道理，他觉得自己满了。在觉悟的境界中所见，才是真正地见到了佛。

有僧人问明州的令参禅师："达到大智慧的境界，却坦然不滞锋芒，这种状态怎么样？"

令参禅师道："有很多人能够达到那个境界。"

僧人便问："那究竟是种什么样的境界呢？"

令参禅师答曰："坦然不滞锋芒！"

不滞锋芒，才有可能达到身心自在解脱。《老子·第五十六章》说："和其光，同其尘，挫其锐，解其纷。"大意是，调和其光辉，混同于尘垢，挫掉其锋芒，消解其纷乱。

据《史记》中记载，孔子曾经拜访过老子，向他请教礼。老子告诉孔子说："一个聪明而富于洞察力的人经常隐藏着危险，那是因为他喜欢批评别人。雄辩而学识渊博的人也会遭遇相同的命运，那是因为他暴露了别人的缺点。因此，一个人还是节制为好，不可处处占上风，而应采取谨慎的态度。"老子还告诫世人："不自见，故明；不自是，故彰；不自伐，故有功；不自矜，故长。"这句话的大意是，一个人不自我表现，反而显得与众不同；一个人不自以为是，会超出众人；一个人不自夸，会赢得成功；一个人不自负，会不断进步。相反，老子告诫世人："自见者不明，自是者不彰，自伐者无功，自矜者不长。"

某先生在年轻时代以兼有三种特长而自负，笔头犀利，口才出众。

在学校读书时，已是一员狠将，不怕同学，不怕师长，以为谁都比不上他。初入社会，还是这样的骄傲自负，结果得罪了许多人，不过他觉悟很快，一经好友提醒，便连忙负荆请罪，倒是消除了不少的嫌怨。但是无心之过仍然难免，结果终究还是遭受了挫折。俗语说久病成良医，他在受足了痛苦的教训后，才知道做人锋芒太露，就是自己为自己前途安排荆棘，自己把自己的成功路堵死。

因此，如果一个人锋芒毕露，一定会遭到别人的嫉恨和非议，甚至会引来杀身之祸。历史上和现实生活中的这种例子比比皆是。做人应该有锐气，但锐气不代表锋芒。《易经》上说："君子藏器于身，待时而动。"锐气可以展现自我的内心，但锋芒却给别人压力，想要在事业上一展才华，可以用一点"心机"巧妙展露，要记得时机没有成熟之前，千万别锋芒太露。

57、恪守中道，不失人生的节度

【原文】居逆境中，周身皆针砭药石，砥节砺行而不觉；处顺境中，眼前尽兵刃戈矛，销膏靡骨而不知。

【译文】一个人如果生活在逆境中，身边接触到的全是犹如医治自身不足的良药，在不知不觉中会使你敦品砺行，磨炼自己的意志。反之，一个人如果生活在顺境中，这就等于在你的面前摆满了消磨你精神意志的刀枪，在不知不觉中使你身心受到腐蚀而走向失败的路途。

《周易》上说："复，其见天地之心乎！""日盈则昃，月盈则食"。中国人从周而复始的自然变化中得到心灵的启示："无来不破，无往不复"，老子要言不烦地概括为："反者道之动。"人生变故，犹如水流，事盛则衰，物极必反。洞悉天下万物有盈有虚的规律，所以，得到也不欢喜，失去也不成天犯愁，要知道得失无常啊。

生活既然如此，做人就应处处讲究恰当的分寸。过犹不及，不及是大错，太过是大恶，恰到好处的是不偏不倚的中和。

有一天，子僵向老师孔子求教，他问："颛孙师和卜商君哪个更好些呢？"

孔子说："颛孙师做事好过分，卜商君做事常常达不到本来的要求。"

子僵说："您这么说，是颛孙师好些了？"

孔子说"过分和达不到是一样的，做事恰到好处，才是最好。做事情，不是做过了头，就是做得不到位，而且不明白自己究竟错在了哪里，这在我们的生活中并不少见。"

其实，这里的全部奥妙就在一个"度"字上。"度"是事物合理存在的内部规定性，人的想法只有符合了它的要求，才是正确的。做人不要做绝，说话不要说尽。做事不可太走极端，动静合宜。处乱不惊，才不失人生的节度。

"适可而止"的人生，实在是一个圆满的结局。一个人是否成熟的标志之一，是看他会不会退而求其次。退而求其次并不是懦弱畏难，当人生进程的某一方面遇到难以逾越的阻碍时，善于权变通达，才是明智的。在人际交往中，说话的艺术是非常重要的，因为一旦说话失去了分寸，就会给别人留下坏的印象，导致把好的事情搞砸。

阴阳调和之道对于为人处世的作用也是大有裨益的。不论你是豪门大户，还是一介平民；也不论你是高官勋爵，还是普通百姓，立身处事都应以"平易"而处之，而平易即是阴阳平衡的外在表现。老子云："大直若屈，大巧若拙，大辩若讷。"这是平易的最高境界。平易近人的领袖从不希望别人把他当成神圣，而是希望历史承认"我是人民的儿子"。那些对老百姓张口闭口自称"老子"的家伙，永世难为"大直、大巧、大辩"。不会平易，并不是不懂平易，而是不懂人生。懂得了平易和自然朴实，就有了"若屈、若拙、若讷"的朴实，为言则"道之出口，淡乎其无味，视之不足见，听之不足闻，用之不足既。"

用巴金的话说，就是"最高的技巧就是无技巧"。一个"无"字，就可能把凡家文字接引到佛国境界。一个"无"字，洗尽了铅华粉脂，摒弃了哗众取宠，淘空了名闻利养，销蚀了贪嗔痴慢。身与思，思与文，文与义，就浑然一体。

昙照禅师每日与信徒开示，都离不开："快乐呀！快乐呀！人生好快乐呀！"

可是，有一次他害病了，在生病中不时叫到："痛苦呀！痛苦呀！好痛苦呀！"

住持大和尚听到了，就来责备他："喂！一个出家人有病，老是喊苦呀，苦呀，不好看呀！"

昙照答："健康快乐，生病痛苦，这是当然的事，为什么不能叫苦呢？"

住持说："记得当初你有一次，掉进水里，快要淹死时，你且面不改色，那种无畏的样子，视死如归，你那豪情如今何在？你平时都讲快乐，快乐，为什么到病的时候，要讲痛苦，痛苦呢？"

昙照禅师对住持和尚道："你来，你来，你到我床前来！"

住持到了他床边，昙照禅师轻轻地问道："住持大和尚，你刚才说我以前讲快乐呀，快乐呀！现在都是说痛苦呀，痛苦呀！请你告诉我，究竟是讲快乐对呢？还是讲痛苦对呢？"

人生有苦乐的两面，太苦了，当然要提起内心的快乐；太乐了，也应该明白人生苦的真相。热烘烘的快乐，会乐极生悲；冷冰冰的痛苦，会苦得无味；人生最好过不苦不乐的中道生活。

佛学认为，"看得破，放得下"。其实，咱们俗家百姓求得平静生活，也需要做到这六个字方可保持心态平衡，心态平衡了，你就不会有烦恼，什么事情你都能放得下，这时你才能有一个幸福美满的人生。

58、能拯救自己的只能是自己

【原文】天之机缄不测，抑而伸，伸而抑，皆是播弄英雄，颠倒豪杰处。君子是逆来顺受，居安思危，天亦无所用其伎俩矣。

【译文】上天的奥秘变幻莫测，有时让人先陷入困境，然后再进入顺境，有时又让人先得意而后失意，不论是处于何种境地，都是上天有意在捉弄那些自命不凡的所谓的英雄豪杰。因此，一个真正的君子，如果能够坚忍地度过外来的困厄和挫折，平安之时不忘危难，那么就连上天也没有办法对他施加任何的伎俩了。

生活中那些真正的有智慧的人，都是不等、不靠、不要，凭借自身力量去克服困难、战胜一切的人。

当我们身处逆境时，常希望着有"贵人"来相助，却不明白，最大的救星往往是自己。不管你多么绝望，走出困境的方法却非常简单，即把不利因素变为有利因素，并在逆境中要保持清醒的认识，正确地估计形势，充分利用已有的资源，帮自己走出困境。

一个年轻人，总抱怨没有人在自己困难的时候向自己伸出援助之手,于是,他把自己的苦闷告诉了一位禅师,并且觉得世人之心已经越来越不善良了。

禅师听完他的抱怨,给他讲了一个故事。从前,一个农夫赶着一辆满载干草的马车行驶在回家的路上,谁知半路上车子陷入了泥坑,马车无法再往前挪动一步。而此时天色已晚,路上没什么行人,农夫心知在此时此刻很难出现一个帮助自己的人,于是,他心灰意冷了起来。过了一会儿,这种心灰意冷就变成了恼火愤怒,他开始咒骂泥坑、马车甚至是自己,最后骂累了,只得向大力神求救。

农夫恳求说道:"大力神啊,天都能被你扛起,就请你帮我把马车推出来吧。"

农夫的话音刚落,大力神的声音就从云端传来:"神要世人必须先自己动脑筋想办法,然后才会给予帮助。所以,你应该先看看马车陷在泥坑里的原因是什么。你应该拿起锄头将车轮周围的泥浆铲去,把碍事的石子都砸碎,把车辙填平,只有在你完成这些之后我才会帮助你。"

农夫按照大力神所说的做完了一切,然后对大力神说:"我已经干完了,你现在可以帮助我了吧。"

大力神说:"那好,我现在就来帮助你,现在听我的号令,拿起你的鞭子,然后甩下去。"

农夫照做了,然后惊叫道:"这是怎么回事,我的车子能动了,大力神,你真行。"

这时,大力神说:"你瞧,现在你的马车不是顺利地脱离了泥坑吗?所以遇到困难,要先自己开动脑筋,只要积极寻找解决的办法,一切困难都会迎刃而解。"

禅师讲完这个故事后，微笑着看着那个苦恼的年轻人。年轻人的脸上此时已经露出了笑容，他向禅师深鞠一躬后就离去了。自此之后，这个年轻人虽然遇到过不少的坎坷，但他都依靠自己的努力将坎坷化为了坦途。

故事中那个沮丧失落的年轻人经过禅师的点化，终于将自己的心灵世界修到了一个新的境界，这就是自助自救，自强不息。

可见，不要把改变自己命运的希望寄托在别人的身上，要信任自己。学会对自己负责，学会对自己的生命和命运负责，学会对自己面临的挑战和自己所做出的每一项抉择负责，这就是一个人向着成功所迈出的至关重要的一步。别人是别人，你是你，都有各自的活法。要活出自己，不要活在别人的阴影下。

当年佛陀降生于刹帝利王家，放大智光明，照十方世界。佛陀往东西及南北，各行七步，步步生莲花。他一手指天，一手指地，目顾四方，大声地说："天上天下，唯我独尊。"这是何等的自信！

后来，佛陀得道成佛，广度众生，取得如此大的功业当与此种自信不无关系。有一次，年轻的佛陀住在舍卫城郊的吉那林精舍，可撒拉国的巴谢那迪国王听到这个消息之后，首次前往拜访佛陀。

国王看到佛陀年纪并不大，就漫不经心地说："老师，听说你已经得到最高的悟境，这是不是真的？"

佛陀满怀信心地回答："是的。如果世界上有人达到最高的悟境，那个人便是我。"

国王听了，愈加轻视："不过，像你这样拥有很多弟子并受人尊敬的沙门、婆罗门的人不计其数，但是，他们始终不敢说自己已经达到最高的悟境呢。何况，你的年纪还轻，出家也不久。"

佛陀在29岁出家，35岁悟道，所以当时的年纪还没过40岁，故而国王怀有轻视之心。

佛陀却轻轻一笑："国王，请不要以年纪轻来轻视别人。世界上有四种事情是不可小看它的：第一，不要以太子年轻而轻视他；第二，不要以为蛇小而小看它；第三，不要以为火小而忽视它；第四，不可因为比丘年纪小而蔑视他。"

国王听了这些话后，深觉佩服，于是，皈依佛陀。

事业的成败，不是取决于年龄、出身。每个人都有自己的魅力、力量。这个世界是由自己创造出来的。充分的自信，发出势不可挡的魅力，可以影响别人，可以影响世界。佛家讲众生平等，并不是在单单讲生存平等、人格平等，也是在讲精神平等。所谓精神平等，就是在讲人格之独立，性格之坚强，在面对险境困难的时候，仍是将希望寄托在自己而非他人身上。这种平等才是佛家所讲的平等之至境。

59、静心谛听花开的声音

【原文】 山林是胜地，一营恋变成市朝；书画是雅事，一贪痴便成商贾，盖心无染著，欲境是仙都；心有系恋，乐境成苦海矣。

【译文】 山川秀丽的林泉本来都是名胜地方，可是一旦沾迷留恋，就会把胜景变成庸俗喧嚣的闹区；琴棋书画本来是骚人墨客的一种雅好，可是一产生贪恋念头，就会把风雅变成俗不可耐的市侩。所以，一个人只要心地纯洁，丝毫不被外物所感染，即使置身人欲横流之中，也能建立自己内心的仙境；反之，一旦迷恋声色物欲，即使置身山间的乐境，也会使精神坠入痛苦深渊。

佛是一种境界，禅是一种生活，需要我们细细品味。汲取瞬间的领悟，不经意间，但可得之法门，渗透生命的玄机，能由一物而知天下，能由小事而识大理。

佛不是高高在上，更不是远在天边，只要觉悟了，你就是佛，就能以一颗佛心面对看似复杂，实则静的世界，就能享受快乐平和的人生。

有一次，奕尚禅师坐禅之后，忽然听到一阵阵悠扬的钟声。奕尚禅师竖耳倾听，待钟声停下来后，便吩咐人将那个敲钟的僧人叫到自己的禅房来。

过了一会儿，一个小沙弥来到禅师的禅房门前，禅师示意这个小沙弥进来，然后问道："你来了多久了？"

小沙弥回答说："一个月。"

禅师微微点点头，继续问道："那你今天早上敲钟时，心情如何啊？"

小沙弥没料到禅师会有此问，一时不知道怎么回答，只好说道："没什么心情，只为敲钟而敲钟而已。"

奕尚禅师摇摇头道："我今天听到的钟声，非常高贵非常响亮，而只有真心诚意之人，才可敲出如此声音来。是以我想那个敲钟人一定心有所念，故寻你来有此一问，你再想一想，内心当真别无他念吗？"

小沙弥想了一会儿回答说："禅师，其实我在敲钟的时候也没有刻意想着什么，只是在我出家之前，家父叮嘱我说，打

钟之时应想钟即是佛，必须用虔诚礼拜之心打钟才行。"

奕尚禅师听完后满意地点点头，然后对这个敲钟的小沙弥训诫道："切记，今后为事，皆要有这敲钟之心。"

这位小沙弥谨遵教诲，养成了事事恭谨的好习惯，后来终成一代禅师，就是后来的森田悟由禅师。

什么又是净心呢？净心就是"不可测、无障碍"，达到一种无垢无染、无贪无嗔、无痴无恼、无怨无忧、无系无缚的空灵自在湛寂明澈之境。

惹尘与净心乃是互为因果之关系。世人皆出于红尘俗世，本就是惹了一身的尘埃，此乃因；而当世人了悟红尘，看穿俗世之后，自然会生出皈依净土之心，此乃果。也就是说，只有先惹尘埃，才可后净心灵。

佛语有云："离烦恼之迷惘，即般若之明净，止暗昧之沉沦，登菩提之逍遥。"这几句佛语就是在告诉我们，俗世之中的"尘埃"，当惹可惹，须避则避，只有如此才能净心修性，方可远离迷惘暗昧之苦，达至般若菩提之境。

清净之心乃德之根本。静下心来，谛听到花开的声音。花开花落，云卷云舒，静心之人对于这些往往看到的、听到的会比其他人更多尘世俗心，皆有躁静之时。

人心焦躁时，双目所视、双耳所闻的一切人一切物，都会被涂上厌恶怨憎的色彩。叶皆枯萎，花尽凋零，人生旅途从山水的游历变为了沙漠的跋涉，无论沿途的风景多么美好，脚步却依旧是匆匆忙忙，不会给如诗如画的年华一点点欣赏的时间。这样的人心，只是在与时间彼此进行着无谓的消耗，即使终老死去也不会带给心灵世界一次真正的解脱。这样的人生是多么的痛苦啊！

而人心平静时，潺溪翠峰，幽谷长河，鸟唱兽啸，山鸣云歌，大千世界里的一切景象，一切声音，都是那么的美好，那么的动人。一颗平静之心，带来的会是对人生滋味的细细品尝，会是对人生意义的慢慢扣问。这样的人生为时光的推移流转所滋养浇灌着，在结束的时候，必将会开出一朵超脱之花。

60、没有什么可以留住

【原文】宁守浑噩而黜聪明，留些正气还天地；宁谢纷华而甘淡泊，遗个清白在乾坤。

【译文】做人宁可保持纯朴自然的本性，抛弃机心巧诈的聪明，留些浩然正气在大自然；宁可谢绝世俗富丽繁华的诱惑，甘心过着淡泊宁静的生活，也要在世间留个清白的声名。

如今，生活在这个物欲旺盛的时代里，许多人迷失了，他们迷失在欲望之中，找不到前进的方向。他们没有可以信赖的朋友，甚至丧失了自我，终日浑浑噩噩。选择逃避的结果是变成一个弱者，最终一事无成；如果总是学着别人的活法，到最后将会一无所有。

曾有一位守财奴在临终前，叫来了他的牧师、医生和律师，给他们三个人每人一个信封，每个信封里都有三万元钱，他告诉他们在葬礼上，将信封投进棺材。

葬礼那天，三个人果然每人往棺材里投了一个信封。但是在葬礼回来的路上，牧师突然哭了，他对他的同伴说，他只往那个信封里装了两万元钱，因为他需要花一万元钱建洗礼池。

听了这话，医生也哭了起来，他说他只往那个信封里装了一万元，因为他需要花两万元给医院买医疗设备。

"你们怎么可以这样做呢？"律师说："我可是在那个信封里装了一张三万元的个人支票。不知在那边是否能取。"

这位守财奴看护自己的钱财，看护了一辈子，但是在最后还是没护住。试想，连我们的生命都看护不住，又如何能看护住其他呢？世间的一切都并非永恒不变，一切都迟早会舍离我们而去，所以要看开，一切随缘享受。遇到幸福，不贪求，不执著；遇到灾祸，不抱怨，不仇恨，得也淡然，失也淡然，方可以安然度此生。

个人努力获得的就是如何快乐，但快乐从何而来？快乐来自于我们的内心。大家都想得到快乐，但却并不懂得获得它的方法。所以，快乐须从我们的自心，而并非其他如钱财物质上来寻找。很多人把快乐寄托在名利的获取上，认为这就是快乐的源泉。其实这只是一个假象，是我们自性的无明。如果名利是快乐之源，那么，为何当得到时，却并没有以前想象中的那般快乐，有时反而痛苦更多呢？有了钱又害怕失去，越有钱便越舍不得花钱，反而吝啬之心更重。日夜担心钱会花完，给自己招来无形的压力。

有另外一种人，他们虽然过着平凡的日子，却比别人活得好，他们没有浮夸的目标，够吃、够穿、够用便已满足，快乐轻安、随缘自在。一个人的内心能获得满足快乐而平静，是颇值得羡慕的，而这也是一个修行人的快乐所在。他能认识自心、调伏自心，纵然拥有钱财名利，也并不执著，而是仅以平静的心去享受这一切，这正是我们的普通人要去学习的可贵品质。

61、屏蔽妄念进入自在

【原文】人心多从动处失真。若一念不生,澄然静坐,云兴而悠然共逝,雨滴而冷然俱清,鸟啼而欣然有会,花落而潇然自得。何地无真境,何物无真机。

【译文】人的心灵大半是从浮动处才失去纯真本性。假如任何杂念都不产生,只是自己静坐凝思,那一切念头都会随着天际白云消失,随着雨点的滴落心灵也会有被洗清的感觉,听到鸟语呢喃就像有一种喜悦的意境,看到花朵的飘落就会有一种开朗的心得。可见任何地方都有真正妙界,任何事物都有真正的玄机。

人活于世,只要不是心如死灰,就有欲望。面对变化和诱惑,心不动,手不痒,不受功名利禄的拖累,没有成败得失的烦恼,就能在喧嚣纷繁的世事中,始终保持身心的健康与活力,真正成为欲望的主人,进入自在的人生境界。

有一个人向一位禅师请教:"师父,修行要用功吗?"

禅师回答说:"当然要用功。"

那个人又问道:"如何用功?"

禅师回答道:"饥来吃饭,困来即眠。"

那人非常奇怪地说:"我和你一样去吃饭睡觉,为什么就不算用功呢?"

禅师微笑着回答:"你和我当然不一样了,你该吃饭时不好好吃饭,该睡觉时不好好睡觉,整天千种计较,万般思量,心不宁静,怎么叫做用功?如何算得修行?"

禅家认为平常心是道。意思是说,为人要踏踏实实,舍弃急功近利的思想平静地去做每一件事,这就是道。道,其实是

心中了无杂念,亦不起妄念,这个时候,无论你是搬柴运水,还是做其他任何事情,你都是在道中。否则,内心斑驳不堪,干什么都免不了妄念纷飞,怨气四起,便与道无缘。

因此,"饥来吃饭,困来即眠",平实简单的话中蕴涵着深刻的人生哲理。这是一种没有矫饰、超然物外、清净自然的生活态度。就是把自己视为极其平常的人,认定当下就是真理,化繁为简、回归本源,认真踏实地去做每一件事,从中享受生活的平凡和简单。平常心既不是"看破红尘",也不是消极遁世,而是积极和睿智地随顺事物的发展规律来处理世事。

静坐凝思保持"空杯心态",才能让焦躁的自我逐渐沉淀起来。

一个佛学造诣很深的人,听说某个寺庙里有位德高望重的老禅师,便去拜访。

老禅师的徒弟接待他时,他态度傲慢,心想:我是佛学造诣很深的人,你算老几?

后来,老禅师十分恭敬地接待了他,并为他沏茶。可在倒水时,明明杯子已经满了,老禅师还不停地倒。

他不解地问:"大师,为什么杯子已经满了,还要往里倒?"

大师说:"是啊,既然已满了,干吗还倒呢?"禅师的意思是,既然你已经很有学问了,干吗还要到我这里求教?

这就是"空杯心态"的起源,象征意义是,做事的前提是先要有好心态。如果想学到更多学问,先要把自己想象成"一个空着的杯子",而不是什么都装,最后把心灵累死。

对于现代人而言,且容易在得意之时忘形,却又最不该忘形的员工们而言,"空杯心态"无疑是一剂心理良药。所谓空杯心态，最直接的含义就是一个装满水的杯子很难接纳新东西。这是每一个现代人所必须拥有的最重要的心态。

62、回归自然找回灵性

【原文】兴逐时来，芳草中撒履闲行，野鸟忘机时作伴；景与心会，落花下披襟兀坐，白云无语漫相留。

【译文】偶尔兴致来的时刻，在草地上脱鞋漫步，野鸟也会忘了被捕捉的危险飞到身旁来作伴；当景致与心灵互相融合时，在飘落的花朵下披着衣裳独自静坐，白云也似乎无言地停留在头上不忍离去。

找不到心，也就失去灵性，是现代人的悲哀，也是这个世界的毒瘤。身心不得安住，是人生苦恼的根源。

《庄子·齐物论》中有这样一个故事：

有一天黄昏，庄周梦见自己变成了蝴蝶。他拍了拍翅膀，果然像是一只蝴蝶，快乐极了。这时候，他完全忘记自己是庄周。

过了一会儿，他在梦中大悟，原来那得意的蝴蝶就是庄周。那么，究竟是庄周做梦变成蝴蝶，还是蝴蝶做梦变成庄周？

其实，到底是庄周变成了蝴蝶，还是蝴蝶变成了庄周并不重要，重要的是在变成人和变成蝴蝶的时候，人的心灵都可以得到一种自由与快乐。对于大自然中的一分子来说，所有凭借都是随心而变，随心而动的，所谓"乘物游心"也就是这个道理。

今天，物质世界非常丰富，海量信息无限延伸，有时候，人们对这膨胀的世界缺乏明确的判断和把握，这恰恰是现代生活的一种悲哀。于丹说，从古人的身上，每个人都应该学会庄子的"乘物以游心"，也就是说，我们把人世间的万物穿越，

穿越之后达到心游万仞。每一件事都是可以穿越的。

人的确能看，能听，能想，可这些都是心的本能的表象。将这些见识之类的东西剔除掉，剩下来的那个能识、能见的"能"就是心。我们能见到阳光，能听到雷声等等，若我们把这些所见所闻还回去，把阳光还给太阳，把雷声还给天空，还剩什么呢？不就剩下你能见能闻的本体心性了吗？

禅宗的"明心见性"，明的不就是那个本体的心性吗？有心就有念，心是念之体，念是心之用。念是现象，心是本质。念的现象中可以看到心的本质，正是禅宗宗旨的核心。

陶渊明原是晋朝大司马陶侃的曾孙。他一生仕途不达。曾做过五次官，最后一次在家乡附近得了一个小县令，他在任大概100多天时，有名督邮前来视察，旁人提醒他"应束带见之"，还要送些厚礼给他。陶渊明一听心里不高兴，督邮算个什么人物？乃乡里小儿。我怎能为五斗米折腰呢？这样他就找了理由辞去了这个县令，归乡隐居，回归自然。

返乡后，陶渊明过着耕读的生活，生活虽然并不富裕，但精神上自由，"采菊东篱下，悠然见南山"，"舟摇摇以轻飏，风飘飘而吹衣"，他过着悠然自得的生活。以后他写下了《桃花源记》等著名散文和诗篇，表达了他的理想。

自然可以开启人的心灵，陶冶人的情操。月明风清时，人立于月下，就会突然觉得自己生活得很可笑、荒唐。整日绞尽心思与人斗，为官职而不耻说那些不愿说的话，为何要这样难为自己？

老子认为，"道，可道，非常道"，即道是不能用语言来表述的，它无形、无声，"视之不见"、"听之不闻"、"博之不得"。一句话，是虚，是无。所以，"道生万物"，即"万物生于有，有生于无"。

道是自然而然的，对万物的生长，它不强制，不干预，顺其自然。它产生万物而又不据为己有，有利于万物而不认为是自己的功劳，不以万物的主宰自居。这种"玄德"，是自然和社会的最高法则。由道出发，老子认为人要"虚其心"、"知足"、"不争"、"无为"、"自然"。庄子一生穷困潦倒，却看破名利，超越贫困，将人生的意义升华为"独与天地精神往来"，这才是现代人最应该学习的心态。也只有这种内在的自信与优游，才能让我们将现代科技看成"物"，从心所欲，穿越在奢豪、浪漫的人生之旅上，带给心灵以真正意义的自由与超越。

63、看清事物的本质

【原文】真空不空，执相非真，破相亦非真，问世尊如何发付？在世出世，徇欲是苦，绝欲亦是苦，听吾侪善自修持！

【译文】超出一切色相意识的"空"的境界，并不就是空掉一切，执著于事物外在形象并不能看清事物的本质，同样地，破除事物外在形象也不能看清事物的本质，请问佛陀怎样解释这个道理？身处俗世要能超脱于俗事之外，追求欲望是一种痛苦，断绝一切欲望也是一种痛苦，这就要靠我们自己好好领悟修持了。

六祖大师慧能到韶关以后，有一个比丘尼，名字叫无尽藏，这个比丘尼学习佛法特别地恭敬认真。

然后，她就问六祖说："别人都说你是开悟的人，继承了佛门的衣钵，那你要给我讲经说法。"

六祖慧能说:"让我教给你讲《涅槃经》,照着文字说,我不会。你如果把《涅槃经》给我念一遍,我就可以给你讲了。"

无尽藏比丘尼有文化,据说是曹操的后裔,他就把《涅槃经》从头到尾念一遍,六祖便讲了涅槃大意。

无尽藏比丘尼心生快感,赞叹说:"非常了不起,竟然和佛说的一模一样。"

六祖慧能开演妙法,对我们现在的人学习佛法会有很大的启发。他说什么呢?他说:"诸佛妙理,非关文字。"佛是觉悟,文字是什么呢?文字是桥梁,是窗口。我们学习知识,学习文化,学习智慧,通过法师讲经说法,通过文字,我们有了桥梁,有了窗口,获得了知识,开发了智慧。但是仅此而已。一个人觉悟的高低与文字无关,现在的众生特别迷惑,他的眼睛就盯在文字上面,不是通过文字语言,而是在文字上抠来抠去,抠字眼。

六祖慧能就直指人心,说"诸佛妙理,非关文字。"我们在生活当中也会有这样的体验。如果我们对人生有某种觉悟,有某种体验,那么用语言表达出来是非常困难的,别人会不理解,和别人沟通不了,更何况佛法是非常幽玄。无尽藏比丘尼和其他的弟子一样,对六祖慧能,佩服得五体投地。六祖启发我们,不要把知识当文化,也不要把文化当智慧。我们有时候听得很多,看得很多,学得很多,反而把自己的自性给障蔽掉了。有很多的居士,本来学佛应该让自己自性的心光流露出来,打开自己的胸怀。由于自己的心智比较薄弱,学习佛法以后把自己捆得死死的,每天行住,腿都是哆哆嗦嗦的,心是颤颤的,不阳光,不坦荡。很多东西自己的心性给障蔽掉了。

六祖慧能非常的纯朴,他所讲的法是平民化的。也就是说,他所讲所有的法，是要解决老百姓的问题的，而且短、平、快，直指入心、见性成佛，听了就能懂，学了就能会，回家就能用。像我们讲的《六祖坛经》里头的一些法语，一两句如果你把它领会了，用在你的生活当中，处处都得心应，它是照着诸法的理谛去说的。

比如，文里所说的"空"非真空，但是"有"也非真有，而是条件的聚合而已，是"真空妙有"，不能执著。

有僧人问道："狗子有没有佛性？"

赵州禅师从谂答："没有。"

那僧又问："上至诸佛，下至蝼蚁，皆有佛性，为什么狗子却没有？"

赵州禅师从谂答："因为它有业识在。"

又有一个僧人问："狗子也有佛性吗？"

赵州禅师从谂却答："有。"

僧又问："既有，为什么进这皮袋里来？"

赵州禅师从谂答："知而故犯。"

这就是最流行的，名噪丛林的"狗子佛性"，赵州禅师一说无，一说有，均是对机设教。赵州当然是肯定佛性的，他曾说："未有世界，早有此性；世界坏时，此性不坏。"而"一切众生皆有佛性"本就是中国禅宗"明心见性"的理论基础，在佛经中可以找到根据。六朝晋宋期间，著名的义学高僧道生曾提出佛性，就是无所不在的实相，遍于一切众生。他指出："即使一阐提"（不具信，断善根者）也有佛性，也能成佛。这在当时犹如一石激水，波澜连连，引起轰动，也引起了非议，因为当时佛教界的普遍观点是一阐提没有佛性，不能成佛。道生可谓孤明独发。但是，

不久以后，完本的大本《涅槃经》译出并传入南方，与道生的说法不谋而合，如《卷九》说："彼一阐提虽有佛性，而为无量罪垢所缠，不能得出。"意思是说一阐提并不是没佛性，只是佛性被罪垢遮蔽住了。人们这才佩服道生的先见之明。

提倡"顿悟成佛"的禅宗自然重视《涅槃经》的这一观点，唐代以后，丛林中一直用典型的禅宗方式讨论关于佛性的问题，赵州的"狗子佛性"是最著名的。赵州说狗子无佛性，实际上是正言反说，意在言外。因为当时丛林中有不少禅僧迷信经典，数人之宝，拾人之唾，嘈嘈杂杂，逐气寻香，造成了不好的后果。面对这种风气，赵州禅师告诫学人不要知而故犯，加重"业识"，以致把佛性装到狗袋子里去。

赵州的"狗子佛性"公案，体现了他的独特风格。后人很重视这一公案，把"狗子佛性"列为第一则公案。赵州的一个"无"字，成为后代学人参究入门的"话头"。宋代慧开禅师就特地拈出赵州一个"无"字。他说："且道如何是祖师关？只者一个'无'字，乃宗门一关也。"他因此而把自己的书题名为《无门关》。根据他的说法，不是与"有"相对的"无"，而是"不涉有无"之"无"。参透一个"无"字，也就是否定一切相对的概念，如生死与涅槃、烦恼与菩提、差别与平等、事与理、凡与圣、是与非等等。

64、都在为名利而奔波

【原文】石火光中争长竞短，几何光阴？蜗牛角上较雌论雄，许大世界？

【译文】在电光石火般短暂的人生中计较时间的长短，又能争到多少的光阴？在蜗牛触角般狭小的空间里你争我夺，又能争夺到多大的世界空间？

做人要有心计，要能容人所不能容，忍人所不能忍，团结大多数人。豁达而不拘小节，大处着眼而不会目光如豆，不斤斤计较，纠缠于非原则的琐事，这样才能成大事、立大业，使自己成为不平凡的人。

世事难料，人生如梦，岁月蹉跎，心如云烟。大家都应该活得轻轻松松。千万别为过去无法回避，如今又要面对的那些恩恩怨怨所累。试问自己，十年以后，你还记得今天为谁，为什么生气吗？今有人侮我、笑我、蔑视我、毁我、伤我、嫌我、恨我，则奈何？你只需依他、避他、耐他、不理他。再过几年，你且看他如何。

当我们回首往事时，昔日那些让我们最仇视、最痛恨，给我们严厉指责的人，恰恰是我们最怀念的人。例如，那个对我们严格要求得近乎残酷的老师，那个与我激烈竞争的同事等等。正是他们，促使我们的人格升华。

淡泊是一个人的修养，是一个人的精神境界，是一种灵魂的典雅。非淡泊无以明志，非宁静无以致远，古人这寥寥数语，道出了人生的许多真谛。淡泊名利，是一种佳境；追逐名利，是误入歧途。淡泊名利，可能平凡，但还不至于平庸；追逐名利，可能会风光，但心灵不会自由，这样做人还有什么意思呢？名利无非是身外之物，面对名利，我们要做到：得之泰然，不惊不喜，失之淡然，不悲不怒。

乾隆皇帝下江南的时候，曾问镇江金汕寺寺中高僧法盘一个问题：

"长江中船只来来往往,这么繁华,一天到底要过多少条船啊?"

法盘回答:"只有两条船。"

乾隆问:"怎么会只有两条船呢?"

法盘说:"一条为名,一条为利,整个长江中来往的无非就是这两条船。"

为什么这么多人都在为名利而奔波呢?因为人活在世上,无论贫富贵贱,穷达逆顺,都不是生活在真空里,要生存要发展,都离不开名利二字。

人为什么必须反思自己?因为,自知之明是智慧的开端,在其中含藏着整个宇宙,也包含了人性所有的挣扎。

袁隆平一生致力杂交水稻研究,获得了19项国内外大奖,可是他在名利面前仍然是心如止水。他说:"科研工作者要淡泊名利,踏实做人。现在有少数人搞学术腐败,就是功利心、享乐心太重,急功近利,弄虚作假,到头来害人害己,做人还是踏踏实实的好。"在金钱面前,袁隆平自己仅仅是满足于最基本的生活需求,而将国内外获得的巨额奖金无私地捐献给了国家。

对此,他解释道:"精神上要丰富一点,物质生活上则要看得淡一点。一个人的时间和精力是有限的,如果老想着名利,哪有心思搞科研?在吃方面以清淡和卫生为贵,穿方面只要朴素大方就行了。这样身心才会健康,心情才会愉快,事业才会做得长久。"

但是,现实情况是很多人"不知足",这几乎成了一种现代病。古人"采菊东篱下,悠然见南山"的怡然心境无处可寻,

"乐天知命，故不忧"的心灵至境被物欲冲击得支离破碎。

《法句经·心意品》中说得好："轻躁难持，唯欲是从；制意为善，自调则宁。"轻率、浮躁、欲望无度，这是社会的通病。处世之道，即应变之术，人有大度才能成大器。若不能容下几句恶言，偏执一端之理，就是一个心胸狭窄的人。理达则和通，乱气不烦于胸中，故不气。记住：人生最大的礼物是宽恕。心的宽度修炼对偏执者、狭隘者、爱钻牛角尖者、欲成大事者、治学者等等，最能帮助其完善自我。

65、把握当下的幸福

【原文】神酣布被窝中，得天地冲和之气；味足藜羹饭后，识人生淡泊之真。

【译文】只要安然舒畅地睡在粗布棉被中，也可以吸收天地间的和顺之气；满足粗茶淡饭的人，才能体会淡泊人生的真实乐趣。

星云法师开示：昨天已经过去，不必担心，今天正在发生，不需担心，明天还没到来，不用担心。

佛家常劝世人要"活在当下"。何谓"当下"？简单地说，"当下"指的就是你现在正在做的事、你现在所在的地方、现在与你一起工作和生活的人。"活在当下"就是要你把关注的焦点集中在当下这些人、事、物上面，全心全意地去接纳、品味、投入和体验这一切。

有一座寺庙，每天都有许多人上香拜佛，香火很旺。

在寺庙前的横梁上有个蜘蛛，由于每天都受到香火和虔诚祭拜的熏陶，便有了佛性。经过了一千多年的修炼，蛛蛛的佛

性增加了不少。

有一天,佛祖光临寺庙,看见这里香火甚旺,十分高兴。离开寺庙的时候,佛祖不经意地抬头,看见了横梁上的蜘蛛,于是停下来,问这只蜘蛛:"你我相见总算是有缘,问你个问题,怎么样?"

蜘蛛遇见佛祖很是高兴,连忙答应了。

佛祖问:"世间什么才是最珍贵的?"

蜘蛛想了想,回答:"世间最珍贵的是得不到和已失去。"

佛祖点了点头,离开了。

又过了一千年的光景,蜘蛛依旧在寺庙的横梁上修炼,它的佛性大增。一日,佛祖又来到寺前,对蜘蛛说道:"一千年前的那个问题,你现在可有什么更深刻的认识?"

蜘蛛说:"我觉得世间最珍贵的是得不到和已失去。"

佛祖说:"你再好好想想,我会再来找你的。"

又过了一千年。一天,刮起了大风,风将一滴甘露吹到了蜘蛛网上。蜘蛛望着甘露,见它晶莹透亮,很漂亮,顿生喜爱之意,它觉得这是三千年来最开心的几天。突然,一阵风将甘露吹走了。蜘蛛一下子觉得失去了什么,感到很寂寞和难过。

这时,佛祖又来了,问蜘蛛:"世间什么才是最珍贵的?"

蜘蛛想到了甘露,对佛祖说:"世间最珍贵的是得不到和已失去。"

佛祖说:"好,既然你有这样的认识,我让你到人间走一走吧。"

于是,蜘蛛投胎到了一个官宦人家,成了一个富家小姐,父母为她取了个名字叫蛛儿。一晃,蛛儿十六岁了,成了一个婀娜多姿的少女，长得楚楚动人，十分漂亮。

这一日，皇帝决定在后花园为新科状元郎甘鹿学士举行庆功宴席。来了许多妙龄少女，包括蛛儿，还有皇帝最喜爱的长风公主。状元郎在席间表演诗词歌赋，大献才艺，在场的少女无一不被他折倒。但蛛儿却一点也不吃醋，因为她知道，这是佛祖赐予她的姻缘。

过了些日子，蛛儿陪同母亲上香拜佛的时候，正巧甘鹿也陪同母亲而来。拜过佛后，两位长者在一边说上了话，蛛儿和甘鹿来到走廊上聊天。蛛儿很开心，终于可以和喜欢的人在一起了，但是甘鹿并没有表现出对她的喜爱。蛛儿对甘鹿说："你难道不曾记得十六年前的事情了吗？"

甘鹿很诧异，说："蛛儿姑娘，你很漂亮，也很讨人喜欢，但你想象力未免也太丰富了一点吧。"说罢，便和母亲离开了。

蛛儿回到家，心想，佛祖既然安排了这场姻缘，为何不让他记得那件事，甘鹿为何对我没有一点的感觉？几天后，皇帝下诏，命新科状元甘鹿和长风公主完婚；蛛儿和太子芝草完婚。这一消息对蛛儿如同晴空霹雳，她怎么也想不通，佛祖竟然如此对她。几日来，她不吃不喝，不说不睡，生命危在旦夕。

太子知道了，急忙赶来，扑倒在床边，对奄奄一息的蛛儿说道："那日，在后花园众姑娘中，我对你一见钟情，我苦求父皇，他才答应。如果你死了，那么我也就不活了。"说着，拿起宝剑准备自刎。

就在这时，佛祖来了，他对快要出壳的蛛儿灵魂说："蜘蛛，你可曾想过，甘鹿是由谁带到你这里来的呢？是风带来的，最后也是风将它带走的。甘鹿是属于长风公主的，他对你不过是生命中的一段插曲。而太子芝草是当年寺庙门前的一棵小草,他看了你三千年,爱慕了你三千年,但你却从没有低下头看过它。蜘蛛,我再来问你,世间什么才是最珍贵的?"

听了这些真相之后,蜘蛛顿时大彻大悟了。她对佛祖说:"世间最珍贵的不是得不到和已失去,而是现在能把握的幸福。"

刚说完,佛祖就离开了,蛛儿的灵魂也回来了,她睁开眼睛,看到正要自刎的太子芝草,马上打落宝剑,和太子深深地拥抱着……

活在当下最宝贵,并不是人人都能理解的,更不是人人都能珍惜。他们往往体会不到当下身边的幸福,而一味追求得不到的或一味怀念已逝去的,这样他们的心中只有烦恼和悲伤。明白了"活在当下,体验当下,乐住当下",你便已点亮了智慧的心灯。佛教讲"一灯能除千年暗,一智能灭万年愚"。有了光明智慧心灯的照耀,人的生活立马就会改观。

人生在世,心愿与现实常常会发生矛盾和冲突。身处浮躁时代,人容易在喧嚣尘世中迷失自己,作为感情动物,心难免为物欲所引,身难免为世俗所牵。

人的一生其实就是一次长远的旅行,沿途中虽然有数不尽的坎坷泥泞,但也有看不完的春花秋月。没有必要去羡慕别人的富裕,嫉妒别人的权势,我们的生命中也有很多让别人心动不已的精彩华章,我们的生活也有无数的欢声笑语。我们应该心存感激,学会用感恩之情来滋润浮躁的心性。

所谓一切幸福与悲伤来自于心,心境平和,便是幸福。生活中的波折虽然不可避免,但只要我们安于平淡,换一种角度去思考问题,一切就会变得有所不同。当一片伤感的阴霾笼罩着你的时候，其实只要跨出一小步，立刻就会置身于和煦温暖的阳光中。当回过头去看刚才还不断纠缠你的阴霾时，你会看到，它们其实只是一些随处漂泊而来的乌云，稍有风吹草动便会销声匿迹。

当你从浮躁的心态日渐走向平和，在幽幽茶香中手捧此书时，你会发现，你的心情已经融入到窗外明媚的阳光中，变得越来越轻盈，越来越清静，越来越空灵，越来越快乐，越来越灿烂。

66、是否快乐，由心决定

【原文】不然，纵一琴一鹤，一花一卉，嗜好虽清，魔障终在。语云："能休尘境为真境，未了僧家是俗家。"信夫！

【译文】要不，纵使是和琴鹤为伍，花草为伴，爱好虽然清雅，但羁绊的魔障终究还在。俗话说："能够摆脱尘世才能进入真正的境界，没能了却尘缘的僧人也和俗家人没有两样。"这句话千真万确。

不是风动，不是幡动，而是心动。想解脱世俗的纠缠，关键是看自己的内心，如果内心能够了悟，那么，世间也会变成极乐净土。

慧能离开弘忍后，在岭南老家隐居修行了十几年。唐高宗仪凤元年正月八日到了南海，住在法性寺。法性寺中有位印宗和尚，正在讲经，慧能也常去听讲。

有一天傍晚，一阵风吹动了刹幡。有两位僧人触景动议，争论起来。一个说是幡动，一个说是风动，各执一端，很不相契。

慧能听了，开导他们说："不是幡动，不是风动，是心动。"

恰好，印宗听到了慧能"心动"说，也颇感震惊，就把慧

能请到自己的室内,询问"心动"的根据。慧能谈了自己的见解,印宗大为佩服,不禁问道:"行者肯定不是一个普通人,你师傅是谁?"

慧能就把他在黄梅求法的经过如实告诉了他。印宗听罢忙行弟子礼,想拜慧能为师。慧能当然婉转拒绝。

印宗再讲法时,对座下众人说:"我虽受了具足戒,都还是位凡夫,今天我遇到一位肉身菩萨。"说着向慧能指了一下。

正月十五,印宗召集当地名僧大德,亲自为慧能剃度。原来慧能得了法衣后,遵照五祖的嘱咐,一直保持行者的身份。慧能受戒后,就在法性寺里弘扬东山法门。

风吹幡动,风动、幡动都不对,是因缘和合所以动,但是这种动只是动的幻想,因缘和合决定了动的真实性在于人的判断,在于心的感受。因此,只有"心动"这一点才是最真实的。由此推来,大千世界本无所谓动、无所谓静,一切全在人心的感受。

一是心安。《四十二章经》上说:"心若调适,道可得矣。"我们要学会安顿自己的心灵,做到内心安适。一个人内心迷惘、混乱、暗淡,必不能端正人生方向,经常误入岔道歧途。人一旦失去了安详,同时便会褪失了生命的华彩。是女孩子,不会再容光照人;是男孩子,就面目可憎。

初祖达摩说:"不谋其前,不虑其后,无恋当今。"行也安然,坐也安然;穷也安然,富也安然。宠辱不惊,看庭前花开花落;得失无意,随天际云卷云舒。这才是真正的解脱。你内心安适,就会俯仰无愧,从一天到一年,从一年到一生,都能够俯仰无愧,心安理得,活得很踏实,秒秒感受安详,活在至真、至善、至美当中，这才是人生的最高幸福。

二是心慈。心田要多播善的种子，多一粒善的种子，就减少一棵杂草。土地不耕种，则必杂草丛生，所以，行善要日日行、时时行，不断去行，哪怕是举手投足也要存有一分善念。一个人作恶时，他的心智就有了污垢；一个人不作恶时，他的内心就清净。及时行善，以免你的心里再起坏念头。诸恶莫做，众善奉行，我们要发慈悲心，帮助一切生命，要一辈子都不懈地身体力行，才能摒绝恶而不断接近善，人格才会日臻完善，人生才会日臻完美，这样才能获得更多的爱和幸福。

三是心正。若一念心起，则有天堂地狱。不要怕天堂和地狱，要怕的是心的偏向。无妄想时，一心即是佛国；有妄想时，一心即是地狱。众生造作妄想，以心生心，故常在地狱；菩萨观察妄想，不以心生心，故常在佛国。学佛就是在学做人而已，一个人做到公正无私，就能光明磊落，实事求是，主持正义，惩恶扬善，就会努力建立一个更为公正合理的社会和世界。

四是心明。愚痴的人，一直想要别人了解他；有智慧的人，却努力地了解自己。对内心世界的陌生，导致了生活中的无数挫折。不知自己，不明道理，亦即所谓无知无明，是为一种罪过。不要常常觉得自己很不幸，世界上比我们痛苦的人还很多。不懂得自爱的人，是没有能力去爱别人的。狂妄的人有救，自卑的人才没有救。认识自己，就会战胜烦恼，就会拥有自信，不再悲观委靡，才会懂得生命的意义，乃至于珍惜生命。而且，认识自己，降伏自己，改变自己，我们还能影响别人。

五是心定。最伟大的事业，最需要坚定的心力，急，只会退步，执，只会错误。佛经说："制心一处，事无不办。"如果我们把全部生命、理智和热情投注到一个目标上，使它形成一个焦点，在那个焦点上就会绽放出智慧的花朵，我们做事就会有收获，有好的结果，人生就会圆满。

六是心诚。一瓣心香，至虔至诚，即心即佛，心心相印。在这个世界上，真诚是一缕阳光，照亮一个人的心灵。以诚待人，不存欺诈之心，则威信自立。获取他人的信任与拥戴，从而成就大业。不欺诈，不妄语，言行如一，表里如一，有良好信用的人，才能求得他人的支持，立足于世。

七是心宽。要有欢喜心，欢喜心即是一副良药，佛家常讲"欢喜充满"，这个"欢喜"就是能量、精力充沛的现象。大乘经上常说："若能转境，则同如来。"与人相处之道，在于无限的容忍。不宽恕众生，不原谅众生，是苦了你自己。憎恨别人对自己是一种很大的损失。要有宽容心，我们就会健康长寿，就会宽容他人，就会获得从容、自信和超然，达到精神的成熟和心灵的丰盈。

八是心谦。人生无止境，事业无止境，知识无止境。谦虚的人获得成功、赢得别人尊重；骄傲的人总是在骄傲里毁灭自己。谦虚的人善于谋求外人的助力，你谦虚时显得对方高大；你朴实和气，他就愿与你相处，认为你亲切可靠。谦虚的人得人心、合人意，极易获得人们的喜爱和欢迎。谦卑是深埋在地下的甜根，一切神圣的美德都从那里萌生。

佛陀说："人的生命，只在一个呼吸间。"生命短促，我们应该善待自己，思索活着的意义。生命不是用来寻找答案，也不是用来解决问题的，它是用来愉快地过生活的。人生多一分烦恼，就需要有一分禅心来解救。红尘凡夫，人人都需要一颗禅心。

《六祖坛经》说:"前念迷是凡夫,后念觉是圣人。"圣人与凡夫就是一念之转呀,一个觉,一个迷。生命不觉醒,成长的过程就是迷失的过程。佛陀的伟大在使人从生命的根源上得到彻底的救赎、解脱,佛法就是完成生命觉醒的方法。

"药医不死病,佛度有心人。"以佛疗心,心灵获得解脱,人格得到美化,智慧得以产生,力量得到强化,不为物牵,不为烦扰,平静、安适、充实、愉悦、幸福、成功,就在身边,人生自如达观,生命超脱自在。

梦窗国师诗云:"青山几度变黄山,世事纷飞总不干;眼内有尘三界窄,心头无事一床宽。"心无物欲,方寸之间皆海阔天空,永无涯畔;胸怀坦荡,宛若长空旭日驱除晨雾,烦恼无处藏身。我们何不也做一个这样的快乐佛呢?

67、"慈心"和"悲心"

【原文】立百福之基,只在一念慈祥;开万善之门,无如寸心抱损。

【译文】建立百般幸福的根基,只在于一个念头的慈爱祥和;开辟万般善良的大门,比不上方寸心念的挹降冲损。

佛陀说:人以慈悲为怀。如果说世上什么力量是最大的,那非慈悲莫属。因为慈悲可以赋予我们巨大的勇气和信心,带给我们真正的快乐,慈悲的力量不可思议。

唐代著名僧人赵州从谂禅师在河北赵县观音院(今柏林禅寺)修行,他是一位悟得佛道奥妙深义的高僧。

有一次,一位信徒请教赵州禅师说"禅师,像您这样有修行、有慈悲心的大善知识,请问有没有烦恼?"

"不瞒你说,我有许多的烦恼。"赵州禅师回答。

"禅师,以您这么一位有悲愿的高僧,为什么还会有那么多烦恼呢?"信徒再问。

"因为你有许多烦恼,所以我也有许多的烦恼。如果我没有烦恼的话,那么我们彼此之间又如何去交流呢?"赵州禅师再答。

"那么,像您这样以慈悲修行菩萨道的人,将来会不会堕入地狱呢?"信徒又追问。

"当然会堕入地狱呀!"赵州禅师又答。

"像师父这样的大菩萨,为什么还会堕入地狱呢?"信徒又问。

"如果我不堕入地狱,将来你们这些地狱中的众生靠谁来拯救呢?"最后,赵州禅师怀抱无限慈悲心答道。

爱和慈悲是支持我们生活和快乐的基本元素。透过修行,它们会变成生活中有益又有效的动力。在生活中,有时心会倾向生气和执著,有时倾向满足、出离、爱和慈悲。爱的修行可以带来心灵的平静,也可以帮助别人。西藏喇嘛古努丹增贾赞说:"如果想成为众生的朋友,要有爱和慈悲;如果想成为众生的精神导师,也要有爱和慈悲;如果想帮助每个人,更要有爱和慈悲。"

佛教所强调的慈悲、平等的精神,对于提高人类道德的情操,促进人类和平友好,具有重要的现实意义。人们已经意识到,在人的一生中,会遇到各种各样的痛苦与灾难,这是因为生活本身就存在着灾难性的因素。当人处在灾难的悲苦处境中时,会产生不幸的境遇和感觉。这些境遇、感觉与苦难环境融合在一起，使人和周围的人处在息息相关的关系状态之中。当悲苦展示在人们眼前时，它就直接进入人的心灵，引发人的感情，产生强烈的怜悯与恐惧，人们意识到，如果当自己身受其难时，该是怎样地渴望能够得到别人兄弟般的关爱和援手。为此，佛家提出应具有的慈悲精神，也是一种具普遍意义的道德情操。

佛家的慈悲，也可从心理角度加以分析。慈悲的心理，也就是仁慈心和怜悯心，被看作是人心中两种善良情感的表达，这就是"慈心"和"悲心"。在佛家看来，悲悯行为发源于人的怜悯心理。佛教中的"悲"，含义是怜悯他人之苦、欲救拔他的心理意愿与行动。怜悯他人之苦、欲救拔他的心理意愿，就是"悲心"。佛家认为，一个人对于他人的不幸能够保持冷淡和无动于衷，虽说不上是一种残暴行为，但至少说明这个人是缺乏生活热情，不行善的，表明了这个人同情心的缺乏。

佛家认为，心怀一念的慈悲，就可以使人化除贪欲，化除嗔恨，化除骄慢，也可以化除怖畏。一念的慈悲使万恶不赦的干达多也有得救的机会，但是，由于不能行广大的慈悲，干达多最后仍然沦入了生死苦海之中。六道轮回的佛家主张是缺乏科学依据的，但我们从这个传说中可以看出佛家的慈悲主张是劝人向善的！

68、吃苦了苦，苦尽甘来

【原文】苦心中，常得悦心之趣；得意时，便生失意之悲。

【译文】心存俭苦，常能感受到追求成功的喜悦而觉得乐趣无穷；顺心得意时，因为面临着顶峰过后的低谷，往往潜藏着失意的悲伤。

证严法师开示说:"吃苦了苦,苦尽甘来;享福了福,福尽悲来。"有一种果实,尝起来是这种味道,第一口咬下去那苦味可以和胆汁相比,然而慢慢咀嚼,你会发觉味道由苦变甜,前面越苦后面越甜。联系生活你会发现,苦尽甘来是个非常浅显而又意蕴深刻的道理。

1924年,兵荒马乱的时代,弘一法师搭褡于宁波七塔寺。

他的挚友夏丏尊邀他到白马湖小住,他所带的铺盖只是一床破席,衲衣为枕,洗脸的毛巾虽破旧但洁白。夏先生要替他换掉这些所携之物,弘一法师婉言坚拒。

他淡然地说:"还可以用,好好的,不需换了。"

夏先生带来的饭菜咸了些,弘一法师微笑着说:"这样蛮好的,咸有咸的滋味嘛!"

夏先生说:"你在这里安心住好了,每天我会差人送饭来的。"

"不必了,出家人化缘是本分。"弘一法师还是婉拒。

"那么,下雨天就让人送饭来吧!"夏先生还是请求说。

"不用了,我到你家去好了,下雨天也不要紧,我有木履,可走潮地,这可是我的法宝呢!"

后来,夏丏尊先生说到弘一法师,总是赞叹不已:"在他心目中,凡这个世界上的东西,都看成是宝,很是珍惜。小旅店、大统舱、破席子、旧毛巾,白菜也好,萝卜也好,走路也好,木履也好,他都觉得好得不得了。人家说,这太苦了,他却说这是一种享受,是真正的享乐!"

弘一法师悯物悲天,世间万物皆自由,存一颗悯物的心,不仅是一种博大的情怀,更是对人生与自然的理解和顿悟。

世界不是圆满的，不圆满就会有不如意，不如意就会有辱。一切不如意就是辱，一切痛苦就是辱。现代人并没有因物质的丰富而减少痛苦，相反，焦虑和苦闷反而与日俱增！

修行是为了突破诸多的困难，修行的过程不可能都是顺境，遇到困难时应拿出毅力、信心去克服。佛陀的修行过程，也经历了十几年的磨炼，其心灵同样要经过一番彻底的挣扎，最后降服魔军而成道。

"魔"就是障碍，学佛难免会遇到障碍；不是外来的障碍，便是自我内心的迷障。顺者易，逆者难。无论在逆境，或者顺境，只要有一颗至心，努力地付出爱心，自然会证得善果。

人生在世，遭遇凄风苦雨实属自然。困苦如春日的早晨，虽带霜寒，但已有暖意；天气的冷，足以杀掉土中的害虫，但仍能容许植物的生长。世上没有始终波澜不惊的大海，也没有永远平坦的大道。纵使惊涛骇浪，纵使沟壑纵横，跨过去了人生也就变得多彩而丰富。璞玉需要精心打磨才能晶莹光亮，生命也需要锤炼才能饱满厚重。

苦尽甘来，福尽悲来。享福就是消福，吃苦就是了苦。在这个娑婆世界里，每个人的福报不是无穷尽的。如果一味地贪图享乐，终有一天你会把福报消耗尽。古人早就告诉我们："福不可尽享。"如果每天只想着吃喝玩乐，过着颓废的生活，日子久了，自己也变成一个懒人。

现实生活中，有些人懒于用脑，饱于口福，有的甚至每天大部分时间是在沙发和床上度过的。岂不知如此"享福"，会导致免疫力下降，往往会疾病上身，易于罹患高脂血症、高血压病、动脉硬化、冠心病等等疾患。

"享福"会导致未老先衰。大量事实证明,中年人的健康有赖于心理上的平衡,有赖于神经系统保持一定的紧张性。过逸少动可使中年人对外界环境的适应能力降低,易致未老先衰。"享福"会导致智能降低,大脑功能呈渐行性退化,思维及智能逐渐迟钝,分析判断能力降低,反应迟钝,懒散健忘。

苦与乐是交替出现的,相互转化,相互衬托,相互补充,构成人生的节奏。中国有句俗话:"没有吃不了的苦,却有享不了的福。"凡事不可做过,过度必然导致灾害。我们享受快乐,不要陷入物欲上的极度贪婪之中,一定要以正确的方式,这样就不会有灾祸产生。

69、用修行破除迷失的障碍

【原文】吾身一小天地也,使喜怒不愆,好恶有则,便是燮理的功夫;天地一大父母也,使民无怨咨,物无氛疹,亦是敦睦的气象。

【译文】人们的身体就是一个小天地,如果能使自己喜怒不逾越规矩,使自己的好恶遵守一定的规则,这就是做人的一种调理谐和的功夫;天地就像是万物的父母,如果能让百姓没有怨恨和叹息,万事万物没有了灾害,大自然便能够呈现一片祥和太平的景象。

迷失是因为你并不认识自己。人最难认知的是自己的心,一个人只有清楚地了解自己的内心,才能够在这个世界上找到最基本的出发点,才能够去善待他人。

世间万物,千差万别。站在不同的角度,看到的事物就会完全不一样。如果我们仅仅站在自己的角度,以自己的方式,去看待推断所有的事物,就会产生巨大的偏差,这是我们难以正确认识自己的第一个障碍。正确认识自己的第二个障碍,便是好为人师。世间的一切事物都应该顺其自然,而不能自以为是地把自己的想法强加于人。

朱慈目居士是一个对净土法门非常有修持的信徒,有一天,他去拜访佛光禅师,见面后,他问佛光禅师:"大师!我虔诚的拜佛已经有二十年了,但是我感觉最近在持佛号的时候,好像与往常不太一样。"

佛光禅师问道:"有什么不一样呢?"

朱慈目居士回答道:"过去我在持佛号的时候,感觉心中一直有佛性,就算嘴里不念,心中仍然能感觉到佛声绵绵不断,就是不持佛号,那种声音仍像泉源一样,会自动在心里流淌。"

佛光禅师一本正经地说:"这非常好呀!说明你念佛已念到净念相继,与佛相应,找到自我的真心了。"

朱慈目说:"但现在不行了,我感觉不到那种声音了,所以很苦恼,觉得自己的真心不见了。"

佛光禅师疑惑地问道:"真心怎么会不见了呢?"

朱慈目苦恼地说道:"我与佛相应的心没有了,心中佛声绵绵不断的净念消失得无影无踪,想要找也找不回来了。禅师!我非常痛苦,请你告诉我,我该到哪里去找回我的真心呢?"

佛光禅师笑着说道:"你应该知道,真心就在你的身上。"

朱慈目问:"可我为什么感觉不到了呢?"

佛光禅师说道:"因为你欲念不绝,和妄心打交道,所以,真心就离开你了。"

信徒朱慈目听后,似有所悟。

佛光禅师继续说:"正如永嘉大师所说'君不见,绝学无为闲道人,不除妄想不求真,无明实性即佛性,幻化空身即法身,法身觉了无一物,本源自性天真佛。'"

人为什么会迷惑呢?是因为虚妄盖覆了真心,所以迷失了自我。迷惘痛苦并不可怕,只要丢掉心中的欲念和虚妄,就可以重新找回自我。可怕的是丢失了自我,却不知道悔过,这样就会一直在错误里打转,永远迷失真我。只要心存善念,只要有力争上游的心,无论有多大的障碍,人都能够实现自己的梦想。

70、去除分别心、是非心、得失心

【原文】矜高倨傲,无非客气,降服得客气下,而后正气伸;情俗意识,尽属妄心,消杀得妄心尽,而后真心现。

【译文】一个人之所以会心高气傲自以为是,无非是表现出一种脱离实际的虚浮之气,如果能消除这种浮夸的不良习气,心中光明正大刚直无邪的浩然正气才会出现;一个人心中的七情六欲都是由于虚幻无常的妄心所致,只要能够消除这种虚幻无常、胡思乱想的妄心,真正的善良本性就会显现出来。

心是自己的主人,所有的境界都是由心造成的。内心的想法决定了人的表现。心中有什么,眼里就会看到什么。因此,要修炼自己的内心,做到心无旁骛,坦然处世。

有一天,坦山和尚准备拜访一位他仰慕已久的高僧。高僧是几百里外一座寺庙的住持。早上,天空阴沉沉的,远处还不时传来阵阵雷声。

跟随坦山一同出门的小和尚犹豫了,轻声说:"快下大雨了,还是等雨停后再走吧。"

坦山连头也不抬，拿着伞就跨出了门，边走边说："出家人怕什么风雨。"

小和尚没办法，只好紧随其后，两人才走了半里山路，大雨便倾盆而下。雨越下越大，风越刮越猛，坦山和小和尚合撑着伞，顶风冒雨，相互搀扶着，深一脚浅一脚艰难地行进着，半天也没遇上一个人。

前面的道路越走越泥泞，几次小和尚都差点滑倒，辛亏坦山及时拉住他。走着走着，小和尚突然站住了，两眼愣愣地看着前方，好像被人施了定身法似的。坦山顺着他的目光望去，只见不远处的路边站着一位年轻的姑娘。在这样大雨滂沱的荒郊野外出现一位妙龄秀女，难怪小和尚吃惊发呆。

这真是位难得一见的美女，瓜子脸上两道弯弯的黛眉，一对晶莹闪亮的大眼睛，挺直的鼻梁下是一张鲜红欲滴的樱桃小口，一头秀发好似瀑布披在腰间。然而她此刻秀眉微蹙，面有难色。原来她穿着一身崭新的绸布衣裙，脚下却是一片泥潭，她生怕跨过去弄脏了衣服，正在那里犯愁呢。

坦山大步走上前去："姑娘，我来帮你。"说完，他伸出双臂，将姑娘抱过了那片泥潭。

之后一路行来，小和尚一直闷闷不乐地跟在坦山身后走着，一句话也不说，也不要他搀扶了。

傍晚时分，雨终于停了，天边露出了一抹淡淡的晚霞，坦山和小和尚找到一间小客栈投宿。

直到吃完饭，坦山洗脚准备上床休息时，小和尚终于忍不住开口说话了："我们出家人应当不杀生、不偷盗、不淫邪、不妄语、不饮酒，尤其是不能接近年轻貌美的女子，您怎么可以抱着她呢?"

"谁?哪个女子?"坦山愣了愣,然后微笑着说,"噢,原来你是说我们路上遇到的女子,我可是早把她放下了,难道你还一直想着她吗?看来你还没有放下,因为你心中有太多的杂念啊!"

小和尚顿悟。

放下才能得到解脱。困扰我们的是我们的心灵,而不是当下的生活。如果能以一颗平常心去对待生活中的一切,就会祛除心中的杂念,享受一种超然的人生。

有些事之所以放不下,是因为心中有太多的杂念。想要祛除杂念,就要在心中保持一份清澄,让杂念没有滋生之处。只有这样,才能达到"放下"的境界。

人生在世如身处荆棘之中,心不动则人不妄动,不动则不伤;如心动则人妄动,伤其身痛其骨,于是,体会到世间诸般痛苦。

心主宰人的一切行为,一个内心清净的人,他的所行所思也必定是清净的。但心一旦被杂染,起了分别,他的所行所思也必定有所偏颇,所以佛经上说:"心杂染故,有情杂染;心清净故,有情清净。"这世间种种的痛苦烦恼,皆由心造,均因我们的分别心而起。其实,我们的心原本也像佛陀一样,单纯清净,能够包容一切。但是,因为分别心,无明一起,我们就把单纯清净的生活复杂化了,也因而痛苦和烦恼。

人生最大的幸福是放得下。所谓的放下,就是去除你的分别心、是非心、得失心、执著心。一个人在处世中,拿得起是一种勇气,放得下是一种肚量。对于人生道路上的鲜花、鼓掌,能等闲视之,对于坎坷和泥泞等大的挫折和灾难,能不为之所动,坦然承受,则是一种肚量。佛家以大肚能容天下之事为乐事,这是一种超脱。拿得起,实为可贵,放得下,才是人生处世的真谛。若能一切随它去,便是世间自在人。

人之所以痛苦,在于追求错误的东西。我们认为金钱可以代表地位,但金钱带给我们的烦恼也很多。我们认为赌博可以带来快乐,但为了赌博导致家庭破碎或自杀的事,却时有耳闻。谈恋爱时卿卿我我,好不浪漫,但是分分合合、为情所困所伤的事情每天都有。痛苦大多是人们自酿自斟自饮的酒。身在迷局中的人,执迷不悟的人,必将为痛苦买单。所以,在人生追求的过程中,我们要善于总结自己,反思自己,比较自己,找到正确的追求方向和追求方式。这样,我们就不会沿着错误的方向一直走下去,我们的痛苦就会少一些。

在这个世界上,最快乐的人并不是最成功的人,而是那些有趣的和悟道的人。悟者,觉悟本性;本性不动,是名自己。若心污浊,则行为就污秽,行为污秽,就不能避免其痛苦。一般人的生命,根本就不属于自己、完全随着环境在团团转,为了别人的错误而自我折磨。

众生与佛在佛性上是平等的,人人皆具佛性,人人皆可成佛。一切众生皆有如来智慧德相,只因妄想执著不能证得。所以,修心成佛,成佛当先修心。《佛说四十二章经》上说:"譬如磨镜,垢去明存。"三界唯心造,修心可了道。欲生净土,当净其心,随其心净,则佛土净。清净为心即弥陀,慈悲济物皆观音。

71、人死之后，如水归水

【原文】忙处不乱性，须闲处心神养得清；死时不动心，须生时事物看得破。

【译文】要想在忙碌的时候心性不乱，就必须在清闲的时候培养清醒敏捷的头脑；要想在死亡面前不感到畏惧，必须在平时就对人生觉悟得透彻。

生命是一幅生死流转的过程，那过程充满着无限的痛苦和无尽的挣扎。庄子曾发出过"人生天地之间，如白驹过隙，忽然而已"的感慨，任何时候，不要懈怠放逸，把握生命的每一个当下，勤奋精进，为短暂的人生赢得最大的精彩！

佛陀问身边的一个弟子："你知道人的生死有多长时间吗？"

这个弟子想了想回答道："有几天时间吧。"

佛陀遗憾地说："你不知道啊。"

然后，又就这个问题问第二个弟子，第二个弟子回答说："有一顿饭的时间吧。"

佛陀听了仍遗憾地说："你也不知道。"

最后，又就同样问题问第三个弟子，这个弟子回答说："人的生死就在呼吸间。"

佛陀喜悦地说："很好，你回答对了。"

这是《四十二章经》记载的一个故事，它形象地阐释了人生无常的道理。其实，不仅仅是人的生命无常，世间的万事万物，凡是可以言说的事物，都是因缘和合的产物，随着缘生而生，随着缘灭而灭。佛家把"无常"分为两种，即一期无常和念念无常。所谓一期无常，是指万事万物的迁流变化到最后还归于坏灭的过程。正如人的生命流转现象一样，有生老病死、生住异灭四个变化过程。在这一个过程中,又是念念无常,刹那间生,刹那间灭,并没有一个永恒不变的真我,这就是说,诸行无常,诸法无我。在佛家的记载中,刹那是个极短极短的瞬间。佛经中说,一弹指间,有六十刹那。

生死是人生的一大事端,也是很多人烦恼的根源。很多人不知道人出自什么地方,但是人既已出生了可以不问从何而来;那么,人死后的归处就是必须关心的事了。正如你要是没有过生命,就不知生命的珍贵;既有了还要失去,就是人生之大痛。

禅师也是人,而且比一般的和尚更有烟火气,死亡的事更要看透。在玄沙备师的寺院里,一个从江西来的老和尚就要去世了。这老和尚因为一生总在云游,得了一种不治的重病,非常的痛苦。很多僧人不免哀挽,加上那痛苦的呻吟更是引来一片的怜悯之声。

看着这样的情景,一个叫神楚的和尚不自然地问了一句:"不知这老僧迁化之后,归往什么地方呢?"

"人死之后,如冰归水。"身边竟是一个悟道的禅师。

神楚听了浑身一震,暗责自己陷入了生死的执著。生于何处,归于何处。

后来,玄沙备师问起弟子们对生死的领悟,神楚就说出了这段公案。玄沙备师听后,就告诉神楚说:"这样说当然也无不可,只是还不够好。"

"师父会怎么说?"神楚接着就问玄沙备师。

我会说:"人死之后,如水归水。"

无常,是佛陀的基本教导,即没有什么东西是永恒的,每一样东西都是转瞬即逝的。所以,我们没有理由要有那么多的

烦恼？即使是同一条河流，也没有一样东西可以保持永恒，只要有耐心，只要等上片刻，那些叶子将会流走，那些泥沙将会再度沉淀，那些水就会再度变得纯净。

参透无常，一切看空，这就是说佛家的空观，它能生智慧、破妄执、去贪欲，让人时刻保持清醒的认识，把握生命的本质。因为此刻生，才可能下刻亡，所以要珍惜每一个当下，过一个完美潇洒的人生。然而，世间却有人看不透人生无常的道理，不知道养心去欲，而是心力交瘁，执迷不悟。这个世界上没有任何东西是永恒的，不刻意去改变，也不怨天尤人，顺其自然，掌握自然的规律，你总能得到自己想要的东西。

万事万物均依因缘而自然发展：先是产生，然后维持状况一会儿，最终就改变消失。佛陀教导我们要正视无常、面对无常以及不要去执著无常。从缘起论出发，佛陀认为宇宙人生是无常的，宇宙中没有什么永恒不变、万古长存的东西，有生必有死，有始必有终，有盛必有衰。万事万物都是因缘而起，因缘而灭，缘起缘灭，迁流不断。

生老病死是自然规律，明白了这一点，对于生死不妨看得达观一些，自然也少掉一些无谓的烦恼。了解生命的无常，就能轻易地面对死亡。以正确的心态来面对死亡，可以给人勇气、宁静，并进而了解生命的本质。人，最忌讳的就是浪费生命，最要紧的就是在时空中，运用思想，发挥智慧，将有限的生命活得更加长久。只有敬畏一切生命，才是珍爱人类自身。

世间的一切都是生灭无常，世间没有不散的筵席，没有不凋谢的花朵，也没有不飘落的叶子。自然界的现象是如此，人生一切均是如此，何必徒自悲伤？佛教这种独特的生命观，为我们面对人生中的种种问题提供了很好的指导。听佛陀教化，离苦得乐，圆满解脱，得大自在。佛教给我们的，正是这份超越生死的希望与勇气。

人生只有几十年，过得再风光，也只是时间长河中的一个片断，死后均会化为尘土。个人生不带来，死不带去，我们来到这个世界时，一无所有，离开这个世界的时候，也是两手空空。儿女、财富、事业、我们哪一样也带不走。世间的富贵荣华是虚幻不实的，人生的吉凶祸福更是变化无常。而伴随着我们生命的，只有一样东西，那就是业力，为来世留下的是善业还是恶业。佛陀教导众生将眼光放远一点，不仅着眼现世的生命，更考虑到未来的命运。看淡生死，着眼对自己生命的安顿，也是对自己灵魂的升华，让自己更自由更坦然。

佛经记载：一日，悉达多王子出北门游玩，看见一出家之人，圆顶缁袍，相貌不俗，精神朗澈，威仪有度。那出家人告诉他修行解脱之道，王子听后，决计弃绝富贵享乐，刻意修行，以求解脱"老"、"病"、"死"、"苦"。

故世界上一切事物，皆由因缘和合而生，既是因缘所生，自不免有迁流变化。因此，人生的生老病死，万物的生住异灭，世间的时序流转，宇宙的成住坏空，这一切都逃不脱无常的范围。人生无常，一切皆苦，要想离苦得乐，只有逃出"无常"的圈子，在空寂清静的涅槃境界中解脱这痛苦的人生。

生命偶然来到人间，对于每一个个体来说，都不能永存、永恒，而关键在于我们如何利用有限的生命，为众生服务，做一个对自己负责，对社会有用的人。一个完整的、健全的生命，应该利用他的素质修养，真挚的感情，健康的体魄和顽强的毅力来帮助他实现生命的过程。

其实,生死只是一个因缘和合的过程。坦然面对,生死一如,善用其心,善待一切。要免生死,就索性不生死,那就连人也免了。人自空而生,死了又归空而去,了悟这点,便不惧生死。生,就踏踏实实,抓紧时间做人做事;死,就轻轻松松,安然而去,又免它作什么?这才是达观者的生死观。

人从哇哇坠地到老死病榻最多不过百年,这在历史长河里只不过是短暂一瞬。人的一生无时不与痛苦相伴,少时有少时的痛苦,青年有青年的痛苦,中年有中年的痛苦,老年有老年的痛苦,人的一生就是在痛苦中挣扎。回顾人生,真可谓是"人生苦短"。

《法华经》上所讲:"佛为一大事因缘出现于世。"什么大事呢?生死事大,佛教修行就是为了"了生死"。佛教既关注人生痛苦,又要进行改变,将人从痛苦、不觉悟的状态中解脱出来,达到更高层次、更加理想的生存状态。

人来到世上是偶然的,走向死亡却是必然的。感慨生命的短暂,不是学曹孟德"譬如朝露,去日苦多"的叹息,也不是拾苏东坡"人生如梦"的无奈,更不是看破红尘的消极颓唐。而是想,人生苦短,生命易逝,今天能健康、自在、安乐地活着,我们就没有什么理由不去珍重生命、热爱生活、好好活着,过好生命中的每一天。

六祖慧能知道自己尘缘已尽,将不久于人世,便召集门人,把这一消息告诉他们。在场的弟子都放声大哭,唯独弟子神会面色依然如故,也不哭泣。

六祖道:"只有神会超越了善恶的观念,达到了毁誉不动、哀乐不生的境界。其余的人跟随我这么多年,求的是什么道?今天哭泣究竟是为了谁?我很清楚自己要去哪里,才能预先告诉你们。要知道,真如佛性是不生不灭、不去不来的。你们哭泣是因为不知道我死后往哪里去,如果知道的话,便不会哭泣了。"

几乎每个人在生活中都要遭受类似失去亲人的不幸,我们要冷静客观地看待这种境遇,生老病死、聚散离合都是自然规律,我们要以一颗坚忍的心忍受自然带来的悲痛。不要因此而盲目怨天尤人。只有这样,我们才能真正做到无大喜,亦无大悲。

72、嫉恨是心灵的毒药

【原文】炎凉之态,富贵更甚于贫贱;妒忌之心,骨肉尤狠于外人。此处若不当以冷肠,御以平气,鲜不日坐烦恼障中矣。

【译文】世态炎凉冷暖的变化,在富贵之家比贫穷人家显得更鲜明;嫉恨、猜忌的心理,骨肉至亲之间比陌生人显得更厉害。一个人处在这种场合,假如不能用冷静态度来应付这种人情上的变化,用理智来压抑自己不平的情绪,那就很少有人不陷于有如日坐愁城中的烦恼状态了。

权力容易腐蚀人心,富贵之家往往为了争权夺利不惜杀戮。隋炀帝、汉武帝、武则天、唐太宗等等,无不为了权力而曾骨肉相残,二十四史中这样的事例随处可见。人往往是有了钱还要更多些,有了权还要更大些;以至生活中终日钻营处处投机的小人,像苍蝇一样四处飞舞,个人的私欲总处于成比例的膨胀状态。如果站在佛家的立场,一切皆妄心所致,用佛性来战胜私欲物欲。否则亲情何在,富贵又有什么意义?

人的一生，大多时候是处在各种不良情绪的克制过程中。如果不及时地克制，人的灵魂也会被不良的魔鬼控制，最终干扰正常的生活。自我克制是一种高贵的品质，一切美德的根本体现便是人的自我克制。如果一个人仅由本能和激情来支配，那么，他极易丧失道德上的行动和良心的自由，他就会沦为不良情绪的奴隶。

其实，不仅是富贵人家，就是普通人，嫉恨之心也是心灵的常见疾病。众生的心常常是无厌足的。财产多，还要更多，权势大，还要更大，名利、物欲、爱情、亲情……永远都无休无尽，在多欲多求的生活中苦不堪言。

一个年轻人有诸多的烦恼和痛苦缠身。

年轻人问法师："我为什么会有烦恼和痛苦？"

法师说："人生的三大烦恼：妄想、分别与执著。"

年轻人问法师："怎样才能无忧无虑呢？"

法师说："如果你不给自己烦恼，别人也永远不可能给你烦恼。因为你自己的内心，你放不下。放下过去的不快之事，不妄想于未来，不分别于对立，不执著于现在，人生即可无忧无虑。"

年轻人似有所悟。

法师接着说："当你快乐时，你要想，这快乐不是永恒的；当你痛苦时，你要想，这痛苦也不是永恒的。除此之外，你还要知道宽恕众生，放过自己。不宽恕众生，不原谅众生，是苦了你自己。你永远要宽恕众生，不论他有多坏，甚至他伤害过你，你一定要放下，才能得到真正的快乐，这也是最为善待自己的方法。"

年轻人说:"感谢佛祖的启示。我明白了,原来烦恼和痛苦都是自找的啊!"

法师笑了。

佛陀曾譬喻说,众生贪嗔痴的烦恼如果不能去除,就像一只大象踩入烂泥沼中,愈踩愈深,无法拔出。象是表示众生的烦恼很重,这个烦恼就是人的欲心,人的欲心重,贪念重,有嗔恨心,爱发脾气,并且还不明道理,对世事看不开,不断争执、计较,这就是烦恼,是世间的陷阱,一旦踏下去就没办法再拔出来。因此,佛陀要弟子好好控制,不随着欲心而沉浮,用心去转境,千万不可心随境转。众生造业的主因是心,一切的作为完全由心所左右,所以控制好自己的心,将其调伏好,身才不会去造罪。

如果我们体悟生命的意义,怀着一颗平静、圆融的心去面对生活中的一切人和事,你会发现,世界给你带来的并不是痛苦和无常的不安,宇宙中的万事万物都是那样和蔼可亲,在每个人的内心深处都埋藏着一颗本来的心,只是你以前没有察觉,这颗心就是慈悲的佛陀的心,只要你摆脱事俗中的执著与贪恋,你就会发现它,你的生活也会坦荡安然。生活中,我们会经常遇到各种各样的诱惑。比如,你明明清楚抽烟喝酒对身体有害,但却由于抽烟喝酒给自己带来的快感而依然照旧,继续抽烟喝酒;明明清楚贪一时之快和一时之乐有可能会给自己带来身败名裂,但却对眼前的诱惑难以拒绝,越陷越深。这就是欲望、欲心,如果我们不能有效地克服,它就会成为我们人生道路上的巨大障碍。因为它会烧毁我们的理智,烧毁我们的道德,使人生失去正确的方向。

心造就生命的一切感觉：痛苦、烦恼、得失、仇恨、恐惧、绝望、分别、快乐、喜悦、安详、慈悲、爱和同情……

得道的人被唤作佛，是因为佛的心在面对世上种种诱惑、欲望时巍然不动。佛的心在华藏世界里，得大自在。

断除了烦恼的人，活在世上，自由自在，心地光明圣洁，能在五欲六尘中打滚而自身清净，如同莲花出污泥而不染，这叫真工夫。

73、感谢曾经伤害你的人

【原文】持身不可太皎洁，一切污辱垢秽要茹纳得；与人不可太分明，一切善恶贤愚要包容得。

【译文】做人不能太清高，所有污浊、屈辱、丑恶的东西都要能够容忍接受；与人相处不能太过计较，对于善良的、邪恶的、智慧的、愚蠢的人都要能够理解包容。

给我们带来痛苦与伤害的到底是什么？我想不是人们所遭遇的苦难与疾病本身，而是这一切在我们心里所投射的影像，也就是，我们是如何看待和面对自己所遭遇的。当人心中有真正可交托依靠的对象时，就可以承受极重的患难。而当人没有可依靠和盼望的对象时，一颗极轻的稻草就足以把他压垮。

人为什么会害怕、忧愁、痛苦呢？是因为人感受到自己的生命是何等的软弱，是那么容易就会受伤甚至逝去。更因为在物质世界，我们根本找不到可以真正交托和靠赖的！难道不是吗？我的心哪，你为什么害怕？因为人出于尘土，仍必归于尘土，怎样空空的来，也必怎样空空的去。我的心哪，你为什么哀愁？因为人心中有永生，却活在一个转瞬即逝的物质世界。我的心哪，你为什么痛苦？因为心无所依，因为空缺的心，渴望添补，却不知谁可医治，谁可添补。

很多人的忍力非常差，不要说别人伤害自己，斤斤计较的话，就是自己也会怒火中烧、火冒三丈。其实，我们没必要计较。憨山大师曾言："红尘白浪两茫茫，忍辱柔和是妙方。"在这红尘俗世中，忍辱柔和是为人处世的一剂良方。如果这个看惯、那个听不惯，整天活在愤世嫉俗当中，真的特郁闷！

实际上，人与人之间有一点摩擦，应该早点把它忘得一干二净。即使有些人在公共场合谩骂你、侮辱你、诽谤你，你也要披上安忍的铠甲，"忍一时风平浪静，退一步海阔天空"。

当然，这说起来简单，可事情落到自己头上时，许多人"肚子"太小，根本没办法包容。不像弥勒佛的"大肚"，可以容得下一切。有一副描写弥勒佛的对联非常好，上联是"大肚能容，自天下难容之事"，下联是"开口便笑，笑世上可笑之人"，应常以此对照自己。

最难行持的苦行是什么？就是当我们面对无缘无故的羞辱、无中生有的诽谤，或有人以百般手段来折磨自己，这时候还能忍得下来。

忍，是人生中最难修的。俗话说："忍字高来忍字高，忍字头上一把刀。"《入菩萨行论》中也说："罪恶莫过嗔，难行莫胜忍。"所有的罪恶中，没有一个像嗔心那么可怕的；所有的苦行中，没有一个像安忍那样难行的。

世上有各种各样的苦行，如外道有绝食无意义苦行，佛教中有守八关斋戒及为了修法的苦行，但比较而言，这些苦都算不得什么，只是身体受些磨难罢了。最难行持的苦行是什么？

就是当我们面对无缘无故的羞辱、无中生有的诽谤,或有人以百般手段来折磨自己,这时候还能忍得下来。

有些人在修安忍时,过了一段时间,感觉修行不错,好像到了一定的境界,就开始沾沾自喜起来。其实,你没必要高兴过早,有时候,这种境界不一定经得起考验。

以前有一位老人,他脾气不太好,为了让自己不生嗔,就在客厅写下"百忍堂"三个大字,以此来提醒自己要安忍。

过了不久,他自认为安忍修得不错,对此相当满意,逢人便开始夸耀。

一天,有个乞丐为了试探他,故意来到客厅里,装作不知道地问:"这三个字怎么读?"

他微笑着回答:"百忍堂。"

"噢,百忍堂。"乞丐重复念了一遍,然后就出去了。

过了一会儿,乞丐又回来问:"实在抱歉,我忘了它叫什么,您可不可以再说一遍?"

老人有点不耐烦,没好气地说:"百忍堂。"

"好好好,谢谢你。"乞丐说。

过一会儿,乞丐又回来,再次问同样的问题。

老人特别生气,吼道:"难道三个字都记不住吗?是百忍堂!"

乞丐听了,笑笑说:"噢——原来是不忍堂!"

可见,安忍是最难修的,别人稍不中意的语言或行为,就能让自己的嗔心一触即发。

还有一个故事,也讲了同样的道理:

有位久战沙场的将军,已厌倦战争,专程到宗杲禅师处要求出家。

禅师说:"不要着急,慢慢来。"

将军祈求道:"我现在什么都放得下,妻子、儿女、家庭都不是问题,请您即刻为我剃度吧!"

禅师劝他:"慢慢再说吧。"

将军没有办法,只好回去。

某日,将军起了个大早,跑到寺院里礼佛。宗杲禅师一见他,便问:"将军为何这么早就来拜佛?"

将军说:"为除心头火,起早礼师尊。"

禅师开玩笑地回道:"起得这么早,不怕妻偷人?"

将军一听非常生气,骂道:"你这老怪物,讲话太伤人!"

禅师哈哈一笑:"轻轻一拨扇,性火又燃烧。如此暴躁气,怎算放得下?"

从上面的故事可以看出,凡夫人不能过早地说大话,自认为一切都看得破、放得下,可是一碰到违缘,什么境界都一扫而光了。

人都是有恶念的,也许只是一瞬间的想法,不必为自己有这种恶念而恐慌。人的思想是复杂的,不是只有善念。有时一些恶念,还可以帮助人发泄心中不满。比如被人欺负,你可以幻想自己把他痛扁一顿等等。这都是可以的,关键是要能控制住自己的恶念,让它不去左右自己的行为。所以,恶念不可怕,只要运用得当,反而可以帮人疏解压力。

人总有情绪低落的时候,也许因为一个人,也许因为一件事,让人久久不能释怀。情绪的低落,既会影响生活,也会影响日常的工作学习。不良的情绪就像一支隐形毒箭,时时箭在弦上伺机而发。于是,阳光下多了纷争,多了干戈,多了猜忌,多了饶舌。多了一些因嫉恨而变得丑陋、扭曲的面孔。

黑暗的心情、负性的心情、不善的心情、邪曲的心情、不满的心情,与嫉恨心一样,都是吞噬人善心的毒药,而这些都是心的魔障。唯一有效的方式,就是你内在的态度。你的嫉恨消失!一切你看不顺眼的人、你看不顺眼的事,你看不顺眼的物,你看不顺眼的情境,统统消失!

对于那些有智慧的人,对于常怀谦卑心、柔软心和宽容心的人,伤害和快乐,就像天边飘过的浮云,都是不能干扰他的。除了曾经帮助过你、施恩于你的人之外,还有那些小人,那些令你厌恶排斥的人。老实说,这种不受欢迎的人好像还蛮多的,年纪愈大冤家愈多,愈来愈觉得世上数来数去没几个可爱的人。还有些人被自己的偏执蒙蔽,总喜欢躲到心灵的阴暗角落,把别人都当成敌人、入侵者,只有自己才是对的,用仇视、敌对的眼光打量别人。这些人,当他受到一种非意志所能控制的外界影响时,就自动退缩回自我的狭小世界里,变得格外自我保护。以上对于他人的种种敌视态度,不妨也来调整一下看法。

静下心来,把这些让你感觉像冤家,死对头,厌恶甚至仇视的人,一位一位地请出来,仔细思索:为什么这些人让你觉得如此讨厌、如此懊恼、心烦意乱?心平气和思索之后,你也应该谢他一下。为何要感谢他呢?有些人实在是可恶之极,我还要谢谢他。以社会的价值观而言,大概没有人会做这种傻事。各位要明白,我说的感谢并非肯定对方的错误行为,而是以不带任何价值判断色彩,打从内心真诚地谢谢他,因为在你成长的过程中,对方也扮演了一个类似老师的角色,让你能够很深刻地体会到各种无法想象的事情、世界上的形形色色、复杂人性等等，对方通过一种令人不愉快的方式，让你体会到各种酸甜苦辣的情绪，愤怒怨恨、挫败忧伤、人性黑暗面……换个角度来看，这岂非也在帮助你成长，提早适应人生未来的各种苦难？

一个人如果不是亲身体会过各种情绪，你的人生实际上是不完整的。所以，这些让你感觉非常不舒服、讨厌、愤怒、憎恨的人，说穿了也是你的老师，他出了题目帮助你在生命中学习。学习什么？学习驾驭各种不同的情绪、控制内心的力量，看它爆发出来的时候，你是否有应变能力？

当你明白这点，其实我们的烦恼、怨恨、痛苦、各种负面的情绪，不都是在一念之间吗？整个归纳起来，这些也只不过是个念头罢了！好好坏坏的念头。用这种态度，可以帮助我们逐渐明白，令我们苦恼的各种情绪、烦恼，累积多了，人生就会变得很苦，除非你愿意懵懵懂懂、糊里糊涂地过日子，不过只要有一天你开始生病衰老，不如意的事就会接踵而来，寿命再长，也不过一百年左右，毕竟生命短促、无常弹指即至。到了这时候你才惊觉，原来悲欢离合、喜怒哀乐也只不过是刹那间的事。原来那些令我厌恶憎恨的人，居然也帮助过我，把我各种非常情绪化的负面个性、不安定的因子全挖出来！原来那些人也是一面镜子，让我能够看清自己、深刻地面对自己的各种缺点。原来在今生中，这些人的出现也在帮助我学习、帮助我成长、帮助我明白自己的问题死角。

感恩这门功课，很多人嘴上都会讲，但实际应该怎么去做却一头雾水。它需要很认真的、诚恳的把自己摆在一个安静的状态之中,让思绪沉淀下来,换上一种积极、热情的心,仔细去体会个中滋味,这个功课也是开发自性的方法。你可以学习在每天晚上做,连续做几个星期,将会发觉内心非常舒坦愉悦,心门会敞开,见到任何人都欢欢喜喜,遇到棘手问题也会泰然处之。由此你可以体会出,生活中有太多事情值得我们去感谢!